님의

소중한 미래를 위해 이 책을 드립니다.

이호중의 부동산경매 실전노트 Ⅲ

이호중의 부동산경매 실전노트 Ⅲ

지식공감 _{도서출판}

　재테크를 잘 하기 위해서는 싸게 사서 비싸게 팔아야 한다. 그 여러 가지 방법 중 경매는 최고 우수한 시스템이다.

　처음 경매 공부를 하면서, 저자도 어렵다는 생각을 많이 했다. 그럼 부동산 경매가 왜 어려울까? 부동산과 경매 두 가지를 모두 잘 알아야 하기 때문이다. 부동산도 어렵지만 경매는 더 어렵다. 그럼에도 불구하고 부동산경매를 잘 하려면 어떻게 하면 될까? 꾸준히 공부하고, 실전투자 하는 것이 최선이다.

　이 책에는 경매 투자를 하는 독자에게 꼭 필요한 내용을 중심으로 다루었다. 특히 실전투자를 위한 권리분석에 초점이 맞추어져 있다. 책을 반복해서 공부하고, 실전투자를 꾸준히 한다면 독자에게도 좋은 재테크 수단이 될 거라 믿는다.

　아무쪼록 경매 투자를 하는 이들에게 조금이나마 도움이 되었으면 좋겠다.

Contents

Contents

Chapter

1

경매의
기본개념

제1절 임의경매와 강제경매

1. 경매

(1) 일반적 경매

경매는 **경쟁적 매매**로서, 다수의 매수 희망자 중에서 최고가격으로 청약을 한 사람에게 매도승낙을 함으로써 이뤄지는 **매매의 한 형태**이다.

즉, 돈을 빌려 간 채무자가 약속한 날짜까지 차용한 돈을 갚지 못할 경우, 돈을 빌려준 채권자의 신청에 의해 **법원**에서 대신 돈을 받아 주는 것을 말한다.

(2) 사전적 의미

경매(법원경매)란 법원의 강제집행절차를 통하여 채무자 소유의 재산을 매각하여 그 대금으로 **채권자의 금전 채권에 충당시키는 것을** 목적으로 하는 절차다.

(3) 법률적 의미

경매(법원경매)란 부동산에 대한 강제집행(금전집행)의 한 방법이다.

2. 임의경매와 강제경매

(1) 의의

법원경매는 다시 **임의경매**(任意競賣)와 **강제경매**(强制競賣)로 나누어
진다.

임의경매	저당권, 전세권, 가등기담보권 등 담보물권 실행을 위한 경매
강제경매	확정판결 등 채무명의에 의한 경매

(2) 차이점

❶ 낙찰자가 낙찰대금을 완납함으로써 소유권을 취득한 후에 임의경
매에서는 경매신청 전에 저당권 등 담보권에 부존재, 무효 등의 사
유가 있는 때에는 낙찰자의 소유권취득도 무효가 되지만, 강제경
매에서는 채무명의에 표시된 권리가 당초부터 무효라고 하더라도
낙찰자의 소유권취득이 그대로 인정되는데, 이는 **강제경매**의 경우
에는 **공신력**(公信力)**이 있다**는 의미이다.

❷ 따라서 임의경매에서는 낙찰자가 낙찰대금을 납부하기 전까지는
담보권 부존재 등을 이유로 언제든지 경매개시결정에 대한 이의를
할 수 있고 또 경락허가결정에 대한 즉시항고로도 다툴 수 있지만
강제경매에서는 채무명의에 표시되어 있는 채권의 부존재 등을 다
투려면 경매절차 밖에서 청구이의소로서 다투어야지 경매개시결
정에 대한 이의를 할 수도 없고 나아가서 경락허가에 대한 이의신
청사유나 항고사유로도 되지 않는다. 다만 저당권등기 등의 실체
적 사유가 아니라 **경매절차상의 하자**는 임의경매냐 강제경매냐를

불문하고 경매개시결정에 대한 이의사유가 된다.

❸ 일반인의 입장에서는 강제경매와 임의경매를 엄밀히 구별할 필요는 없으며, 다만 정보지 상에 '임의'라고 되어있으면 임의경매를, '강제'라고 되어있으면 강제경매를 의미한다는 정도만 이해하면 된다.

3. 경매 용어의 변천

경매법	민사소송법 (입찰제 실시 이후)	민사집행법
경매기일	입찰기일	매각기일
경락기일	낙찰기일	매각 결정 기일
최고가 매수 신고인	최고가 입찰자	최고가 매수 신고인
차순위 매수 신고인	차순위 입찰 신고인	차순위 매수 신고인
경락 허부 결정	낙찰 허부 결정	매각 허부 결정
경락인	낙찰자	매수인
경매명령	입찰명령	매각명령
경락허가	낙찰허가	매각허가

제2절 경매의 장·단점

1. 경매의 장점

- 시세보다 **싸게** 부동산을 구입할 수 있다.
- 부동산 거래물건이 **다양하고** 풍부하다.
- 정부의 토지허가규제로부터 자유롭다.
- 부동산 매매가격을 **매수자가 결정**한다.

2. 경매의 단점

- **인도·명도 문제**가 따른다.
- 경매물건의 입찰 시 변수가 많다.
- **권리분석에 대한 지식**이 필요하다.
- 소멸되지 않는 **인수할 권리**가 발생할 수도 있다.

Chapter **2**

경매절차 해설

제1절 경매물건 접근방법

1. 경매정보지에 의한 물건 선택

경매정보지에 의한 물건 선택 시 다음 사항을 점검하여야 한다.

(1) 말소기준권리분석

(2) 경매신청권자 확인

(3) 청구채권액 확인

(4) 대위변제 가능성 확인

(5) 최우선변제금 지급기준권리 확인

(6) 물건분석 및 가격시점 확인

(7) 수익분석

(8) 명도분석

2. 현장답사, 시세조사 및 동사무소, 구청, 등기소 방문

(1) 현장답사

경매물건의 현장답사를 반드시 하여야 한다. 참고로 낙찰된 물건에 대한 현장답사 등을 통하여 **낙찰자의 입찰금액**을 분석해 보는 것도 경매투자의 감을 잡을 수 있는 한 방법이 될 수 있다.

(2) 시세조사

시세조사는 경매부동산 인근에 소재하는 **중개업소 두 군데 이상**을 방문하여 현재의 부동산가치 및 미래가치에 대한 조사를 하여야 한다.

(3) 동사무소 방문

경매부동산을 관할하는 동사무소에 가서 **주소별 세대열람내역**을 확인하여 세대주 성명 및 전입일자를 확인하여야 한다.

(4) 구청방문

경매대상 부동산을 관할하는 구청이나 시청 또는 군청에 가서 **건축물대장, 토지대장, 토지이용계획확인원, 지적도, 개별공시지가 확인원**을 발급받도록 하자. 이는 물건분석의 한 방편이 될 수 있다.

(5) 등기소 방문

부동산 관할 등기소 또는 대법원 홈페이지에서 **부동산등기부등본**을
발급받아 최종적인 권리분석을 하여야 한다.

3. 매각물건명세서, 현황조사보고서, 감정평가서 열람

매각기일 **7일 전**에 경매법원 민사집행과를 방문하여 매각물건명세서
와 현황조사보고서 및 감정평가서를 열람하여야 한다. 참고로 대법
원(www.scourt.go.kr)의 법원경매정보 사이트(www.courtauction.go.kr)
를 방문하여 초기화면 경매정보검색창의 '경매물건검색'에 들어가서
경매법원을 선택하여 담당 경매계를 클릭하면 매각물건명세서 등을
확인할 수 있다.

▼ 법원경매정보 사이트

소 재 지	서울 노원구 상계동 652 상계주공 1105동 13층 1306호 [도로명주소]		
경 매 구 분	강제(기일)	채 권 자	신한카드 ㈜		
용 도	아파트	채무/소유자	오진규	낙 찰 일 시	12.07.30 (217,599,900원)
감 정 가	270,000,000 (11.11.03)	청 구 액	7,676,276	종 국 결 과	12.10.09 배당종결
최 저 가	216,000,000 (80%)	토지총면적	43.36 m² (13.12평)	경매개시일	11.10.18
입찰보증금	10% (21,600,000)	건물총면적	58.01 m² (17.55평)[24평형]	배당종기일	12.01.09
조 회 수	· 금일 1	공고후 66	누적 129 · 5분이상 열람 금일 0	누적 0	[조회통계]

관리비미납금	· 12년4월분까지 미납액없음 수도만포함.1944세대 (2012.06.04 현재)

우편번호및주소/감정서	물건번호/면 적(㎡)	감정가/최저가/과정	임차조사	등기권리

139-200
서울 노원구 상계동 652
상계주공 1105동 13층
1306호
 	
●감정평가서정리
- 동일초등학교동측인근
- 주위대단위아파트단
  지,학교및근린생활시
  설등형성된주거지대
- 차량출입가능,제반교
  통상황보통
- 인근버스(정)및마들역
  소재
- 난방설비
- 부정형대체로평탄한토
  지
- 단지내외도로개설
- 주택건설용지
 	
- 도시지역
- 3종일반주거지역
- 1종지구단위계획구역
  (상계1,2단지택지,자세
  한사항별도확인:도시
  관리과)
- 가축사육제한구역
- 대공방어협조구역
  (위탁고도:77-257m)
- 과밀억제권역
- 학교환경위생정화구역
  (최종확인은관할교육
  청에반드시확인)
- 한강폐기물매립시설설
  치제한지역
  (자세한사항은자원순
  환과로문의)
 	
2011.11.03 드림감정
	물건번호: 단독물건
	
	대지 43.36/85205
	  (13.12평)
	건물 58.01
	  (17.55평)
	방2
	15층-88.09.30보존
		감정가 270,000,000
		· 대지 189,000,000
		  (70%)
		(평당 14,405,488)
		
		· 건물 81,000,000
		  (30%)
		(평당 4,615,385)
		
		최저가 216,000,000
		  (80.0%)
		
		●경매진행과정
		  270,000,000
		① 유찰 2012-06-18
		
		20%↓ 216,000,000
		② 낙찰 2012-07-30
		
		낙찰자 김경희
		응찰수 1명
		낙찰액 217,599,900
		  (80.59%)
		
		허가 2012-08-06
		납부기한 2012-09-13
		  (납부완료)
		
		종결 2012-10-09
			●법원임차조사
			정미경 전입 2010.06.30
			  확정 2010.06.30
			  배당 2011.12.14
			  (보) 109,000,000
			  주거/전부
			  점유기간
			  2010.6.29-2012.6.29
			
			*전입세대주 오진규 가족은
			거주하지 않는다고 진술하였
			음.
			
			●지지옥션세대조사
			[세] 10.06.30 강만석
			주민센터확인:2012.06.08
				소유권 오진규
				2006.11.06
				전소유자:한종연
				
				저당권 국민은행
				  마들역
				  2006.11.06
				  78,000,000
				
				저당권 국민은행
				  마들역
				  2009.10.15
				  25,200,000
				
				저당권 우리은행
				  구로동
				  2010.08.19
				  60,000,000
				
				가압류 신한카드
				  2011.08.03
				  7,185,018
				
				가압류 삼성카드
				  강북콜렉션
				  2011.09.01
				  6,593,808
				
				강 제 신한카드
				  노원채권
				  2011.10.18
				  *청구액:7,676,276원
				
				임 의 국민은행
				  여신관리집중
				  2012.05.14
				  2011타경11204
				
				등기부채권총액 176,978,826
				  원
				
				열람일자 : 2012.05.31

전입세대열람 내역(동거인포함)

2011타경18772

행정기관: 서울특별시 노원구 상계8동

작업일시 :　2012년 06월 08일 09:25
페 이 지 :　1

주소 :　서울특별시 노원구 (일반+지하) 주공아파트 1105동 1306호
　　　　서울특별시 노원구 상계동 (일반+산) 652 주공아파트 1105동 1306호

순번	세대주성명	전입일자 등록구분	최초전입자	전입일자 등록구분	동거인수	동거인사항		
		주　소				순번	성명	전입일자 등록구분
1	강 만석　(姜萬石)	2010-06-30 거주자	강 만석	2010-06-30　거주자				
	서울특별시 노원구 동일로227길 25, (10/7) 1105동 1306호 (상계동,주공아파트)							

- 이하여백 -

서울북부지방법원 2011-18772 부동산표시목록

번호	소재지	용 도/구 조/면 적	비 고
1	서울특별시 노원구 상계동 652 상계주공아파트 1105동 13층 1306호	1동의 건물의 표시 　서울특별시 노원구 상계동 652 　상계주공아파트 　철근콘크리트 벽식조 콘크리트 　평지붕 15층 아파트 　1층 348.82m² 　2층 447.36m² 　3층 447.36m² 　4층 447.36m² 　5층 447.36m² 　6층 447.36m² 　7층 447.36m² 　8층 447.36m² 　9층 447.36m² 　10층 447.36m² 　11층 447.36m² 　12층 447.36m² 　13층 447.36m² 　14층 447.36m² 　15층 447.36m² 　지하층 451.39m² 전유부분의 건물의 표시 　건물의 번호 : 1105동 13층 1306호 　구　　조 : 철근콘크리트 벽식조 　면　　적 : 58.01 m² 대지권의 목적인 토지의 표시 　토 지 의 표시 : 1. 서울특별시노원구상계동652 　　　　　　　　대 47982.6m² 　　　　　　2. 서울특별시노원구상계동656 　　　　　　　　대 37222.4m² 　대지권의 종류 : 1. 소유권 　　　　　　　2. 소유권 　대지권의 비율 : 1. 85205 분의 43.36 　　　　　　　2. 85205 분의 43.36	—
부동산강제경매			

▼ 매각물건명세서

– 서울북부지방법원 2011-18772 [1] 매각물건명세서 –

서울 노원구 상계동 652 상계주공 1105동 13층 1306호

사건	2011타경18772 2012타경11204(중복)	매각물건번호	1	담임법관(사법보좌관)	김종민
작성일자	2012.07.12	최선순위 설정일자	2006.11.06.근저당권		
부동산 및 감정평가액 최저매각가격의 표시	부동산표시목록 참조	배당요구종기	2012.01.09		

점유자의 성명	점유부분	정보출처 구분	점유의 권원	임대차 기간 (점유기간)	보증금	차임	전입신고일자. 사업자등록신청 일자	확정일자	배당요구 여부 (배당요구 일자)
정미경	전부	현황조사	주거 임차인	미상	1억900만원	없음	2010.06.30.	미상	
	전체	권리신고	주거 임차인	2010.06.29.부터 2012.06.29.까지	1억900만원		2010.06.30.	2010.06.30.	2011.12.14

〈비고〉

※ 최선순위 설정일자보다 대항요건을 먼저 갖춘 주택.상가건물 임차인의 임차보증금은 매수인에게 인수되는 경우가 발생할 수 있고, 대항력과 우선 변제권이 있는 주택,상가건물 임차인이 배당요구를 하였으나 보증금 전액에 관하여 배당을 받지 아니한 경우에는 배당받지 못한 잔액이 매수인에게 인수되게 됨을 주의하시기 바랍니다.

※ 등기된 부동산에 관한 권리 또는 가처분으로 매각허가에 의하여 그 효력이 소멸되지 아니하는 것

해당사항 없음

※ 매각허가에 의하여 설정된 것으로 보는 지상권의 개요

해당사항 없음

※ 비고란

※ 주1 : 경매.매각목적물에서 제외되는 미등기건물 등이 있을 경우에는 그 취지를 명확히 기재한다.
　　2 : 최선순위 설정보다 먼저 설정된 가등기 담보권, 가압류 또는 소멸되는 전세권이 있는 경우에는 그 담보가등기,가압류 또는 전세권 등기일자를 기재한다.

▼ 현황조사서

서울북부지방법원 2011-18772 현황조사내역

■ 임대차정보

번호	소재지	임대차관계
1	서울특별시 노원구 상계동 652 상계주공아파트 1105동 13층 1306호	1명

■ 점유관계

소재지	1. 서울특별시 노원구 상계동 652 상계주공아파트 1105동 13층 1306호
점유관계	임차인(별지)점유
기타	- 전입세대주 오진규 가족은 거주하지 않는다고 진술하였음.

■ 임대차관계

[소재지] 1. 서울특별시 노원구 상계동 652 상계주공아파트 1105동 13층 1306호

	점유인	정미경	당사자구분	임차인
1	점유부분	전부	용도	주거
	점유기간	미상		
	보증(전세)금	1억900만원	차임	
	전입일자	2010.06.30.	확정일자	미상

본 내용은 2012-07-17 오전에 취재된 내용입니다. 이후 변경사항이 있을 수 있습니다.

2011-1007

<u>(아파트)감정평가표</u>

본 감정평가서는 부동산가격공시 및 감정평가에 관한 법률에 따라 공정, 성실하게 감정평가하였음.

감 정 평 가 사　　　　　　　　　　　　　　　　(인)

평 가 가 액	一金이억칠천만원整 (₩270,000,000.-)			
평가의뢰인	서울북부지방법원 사법보좌관 서영식		평 가 목 적	경매
소유자또는 대상업체명	오진규 (2011타경18772)		제 출 처	경매5계
채 무 자	-		평 가 조 건	-

목　　록 표 시 근 거	귀 제시목록	가 격 시 점 2011.11.03	조 사 기 간 2011.10.31~2011.11.03	작 성 일 자 2011.11.03

	공 부 (의 뢰)		사　　　정		평 　 가 　 가 　 액	
	종 별	면 적(㎡)	종 별	면 적(㎡)	단 　 가	금 　 액
평 가 내 용	건물	58.01	건물	58.01	일괄	270,000,000
	대	43.36 85,205x----- 85205		43.36		
		이	하	여	백	
	합 　 계					₩270,000,000

평가가액 산출근거 및 그결정에관한 의견

" 별 지 참 조 "

드림감정평가사사무소

경매사건검색 

사건내역	기일내역	문건/송달내역

🖨 인쇄   〈 이전

● 사건기본내역

사건번호	2011타경18772	사건명	부동산강제경매
중복/병합/이송	2012타경11204(중복)		
접수일자	2011.10.17	개시결정일자	2011.10.18
담당계	경매5계 전화 : 910-3675		
청구금액	7,676,276원	사건항고/정지여부	
종국결과	미종국	종국일자	

관심사건등록

● 배당요구종기내역

목록번호	소재지	배당요구종기일
1	서울특별시 노원구 상계동 652 상계주공아파트 1105동 13층 1306호	2012.01.09

● 항고내역

물건번호	항고제기자	항고접수일자	항고		재항고		확정여부
		접수결과	사건번호	항고결과	사건번호	재항고결과	
검색결과가 없습니다.							

● 물건내역

물건번호	1	물건용도	아파트	감정평가액	270,000,000원
물건비고					
목록1	서울특별시 노원구 상계동 652 상계주공아파트 1105동 13층 1306호 🖾	목록구분	집합건물	비고	미종국
물건상태	매각준비 -> 매각공고 -> 매각 -> **매각허가결정**				
기일정보		최근입찰결과	2012.07.30 매각(217,599,900원) 2012.08.06 최고가매각허가결정		

🖾 : 등기기록 열람

● 목록내역

목록번호	소재지	목록구분	비고
1	서울특별시 노원구 상계동 652 상계주공아파트 1105동 13층 1306호 🖾	집합건물	미종국

● 당사자내역

당사자구분	당사자명	당사자구분	당사자명
채권자	신한카드 주식회사	채무자겸소유자	오진규
임차인	정미경	근저당권자	주식회사국민은행
근저당권자	주식회사우리은행	가압류권자	신한카드 주식회사
가압류권자	삼성카드 주식회사	교부권자	마포세무서
교부권자	서울특별시노원구(징수과)	교부권자	마포세무서(부가가치세과)

관심사건등록   🖨 인쇄   〈 이전

사건내역	**기일내역**	문건/송달내역

🖨 인쇄   ‹ 이전

◉ 기일내역

물건번호	감정평가액	기일	기일종류	기일장소	최저매각가격	기일결과
1	270,000,000원	2012.06.18(10:00)	매각기일	도봉동 신청사 10 1호 법정	270,000,000원	유찰
		2012.07.30(10:00)	매각기일	도봉동 신청사 10 1호 법정	216,000,000원	매각 (217,599,900원)
		2012.08.06(14:00)	매각결정기일	도봉동 신청사 10 1호 법정		최고가매각허가결정
		2012.09.13(14:00)	대금지급기한	민사신청과 경매 5계		진행

🖨 인쇄   ‹ 이전

사건내역	기일내역	**문건/송달내역**

🖨 인쇄   ‹ 이전

중복/병합사건	선택하세요 ▼

◉ 문건처리내역

접수일	접수내역	결과
2011.10.18	등기소 북부등기소 등기필증 제출	
2011.10.25	가압류권자 삼성카드 주식회사 채권계산서 제출	
2011.10.26	채권자 신한카드 주식회사 채권계산서 제출	
2011.10.28	교부권자 마포세무서 교부청구 제출	
2011.10.31	법원 북부 집행관 이명언 현황조사서 제출	
2011.11.04	채권자 신한카드 주식회사 특별송달신청 제출	
2011.11.09	감정인 드림감정평가사사무소 감정평가서 제출	
2011.11.10	근저당권자 주식회사우리은행 채권계산서 제출	
2011.11.14	근저당권자 주식회사우리은행 채권계산서 제출	
2011.12.14	임차인 정미경 권리신고및배당요구신청 제출	
2011.12.19	교부권자 노원구 교부청구 제출	
2012.02.28	채권자 신한카드 주식회사 야간송달신청 제출	
2012.04.05	채권자 신한카드 주식회사 야간송달신청 제출	
2012.05.21	채권자 신한카드 주식회사 보정서 제출	
2012.06.19	교부권자 마포세무서(부가가치세과) 교부청구 제출	
2012.07.26	임차인 정미경 열람및복사신청 제출	

송달일	송달내역	송달결과
2011.10.19	채무자겸소유자 오진규 개시결정정본 발송	2011.10.20 수취인불명
2011.10.19	채권자 신한카드 주식회사 대표이사 이재우 개시결정정본 발송	2011.10.20 도달
2011.10.19	감정인 박정현 평가명령 발송	2011.10.21 도달
2011.10.19	가압류권자 삼성카드 주식회사 최고서 발송	2011.10.19 도달
2011.10.19	가압류권자 신한카드 주식회사 최고서 발송	2011.10.19 도달
2011.10.19	근저당권자 주식회사우리은행 최고서 발송	2011.10.19 도달
2011.10.19	근저당권자 주식회사국민은행 최고서 발송	2011.10.19 도달
2011.10.19	최고관서 서울특별시 노원구청장 최고서 발송	2011.10.19 도달
2011.10.19	최고관서 노원세무서 최고서 발송	2011.10.19 도달
2011.10.24	채권자 신한카드 주식회사 대표이사 이재우 주소보정명령등본 발송	2011.10.26 도달
2011.11.01	임차인 정미경 임차인통지서 발송	2011.11.07 도달
2011.11.01	임차인 오진규 임차인통지서 발송	2011.11.03 수취인불명
2011.11.07	법원 서울중앙지방법원 집행관 귀하 촉탁서 발송	2011.11.09 도달
2011.11.07	채무자겸소유자1 오진규 개시결정정본 발송	2011.12.01 도달
2011.11.08	임차인 오진규 임차인통지서 발송	2011.11.08 도달
2012.02.20	채권자 신한카드 주식회사 대표이사 이재우 보정명령등본 발송	2012.02.21 도달
2012.02.20	채무자겸소유자 오진규 개시결정정본 발송	2012.02.21 수취인불명
2012.03.02	채무자겸소유자1 오진규 개시결정정본 발송	2012.03.09 기타송달불능
2012.03.02	법원 서울북부지방법원 집행관 귀하 촉탁서 발송	
2012.03.27	채권자 신한카드 주식회사 대표이사 이재우 주소보정명령등본 발송	2012.03.29 도달
2012.04.06	법원 서울중앙지방법원 집행관 귀하 촉탁서 발송	2012.04.12 도달
2012.04.19	채무자겸소유자1 오진규 개시결정정본 발송	2012.04.29 도달
2012.05.09	채권자 신한카드 주식회사 대표이사 이재우 보정명령등본 발송	2012.05.11 도달
2012.05.17	채권자 신한카드 주식회사 대표이사 이재우 중복경매통지서 발송	2012.05.18 도달
2012.05.17	채무자겸소유자 오진규 중복경매통지서 발송	2012.05.21 도달
2012.05.30	채권자 신한카드 주식회사 대표이사 이재우 매각및 매각결정기일통지서 발송	2012.05.30 도달
2012.05.30	채무자겸소유자 오진규 매각및 매각결정기일통지서 발송	2012.05.30 도달
2012.05.30	임차인 정미경 매각및 매각결정기일통지서 발송	2012.05.30 도달
2012.05.30	근저당권자 주식회사국민은행 매각및 매각결정기일통지서 발송	2012.05.30 도달
2012.05.30	근저당권자 주식회사우리은행 매각및 매각결정기일통지서 발송	2012.05.30 도달
2012.05.30	교부권자 마포세무서 매각및 매각결정기일통지서 발송	2012.05.30 도달
2012.05.30	교부권자 서울특별시노원구(징수과) 매각및 매각결정기일통지서 발송	2012.05.30 도달
2012.08.16	최고가매수인 대금지급기한통지서 발송	

제2절 입찰방법

1. 법원가기 전의 준비

(1) **최저입찰가의 10%** 또는 20%를 현금 또는 수표로 입찰보증금으로 준비하고, 본인이 입찰 시는 **도장과 신분증**(주민등록증, 운전면허증, 여권 중 하나)을 준비한다.

〈경매 입찰시 준비 서류〉

	구분	준비물
본인 입찰	개인	① 신분증(주민등록증, 운전면허증, 여권 중 하나) ② 도장 ③ 매수보증금
	법인	① 법인등기부등본 ② 법인인감증명 ③ 대표이사 신분증 ④ 법인인감도장 ⑤ 매수보증금
	법률행위 무능력자	① 법정대리인 신분증 ② 법정대리인 증명서류(가족관계등록부) ③ 대리인 도장 ④ 매수보증금
대리 입찰	개인	① 대리인 신분증 ② 본인의 위임장(본인 인감도장 날인 必) ③ 본인 인감증명서 ④ 대리인 도장 ⑤ 매수보증금
	법인	① 대리인을 증명하는 위임장 ② 대리인 신분증 ③ 대리인 도장 ④ 법인등기부등본 ⑤ 법인인감증명 ⑥ 매수보증금

- 대리입찰 시는 대리인의 도장과 신분증, 그리고 **본인의 인감이 날인된 위임장과 인감증명서**를 준비한다.
- 입찰자가 법인인 경우에는 대표자가 입찰에 참가할 경우에는 대표자의 도장과 신분증 외에 **법인의 등기부등본 또는 초본**을 첨부해야 하고, 법인의 직원 등이 입찰에 참가할 경우에는 그 직원의 도장과 신분증 외에 대표자의 위임장과 법인의 인감증명서 및 법인의 등기부등본을 첨부해야 한다.

(2) 입찰 당일 경매개시 약 30분 전쯤 법원에 도착해서 경매법정 입구에 **게시되어 있는 입찰사건목록표**를 읽어 보고 경매가 진행되는지 아니면 취하, 변경, 연기되었는지를 확인하고 좌석에 앉아 입찰개시를 기다린다.

(3) 입찰에 참가할 수 없는 자
- **채무자**
- **채무자인 소유자**(채무자가 아닌 소유자, 즉 물상보증인은 입찰에 참여 가능)
- 미성년자 등 무능력자
- 재매각사건의 전 최고가매수신고인
- 강제집행면탈죄의 범죄자 및 경매를 방해하거나 교사한 자
- 기타 이해관계 법원의 법관, 법원직원, 감정인 및 그 친족 등

2. 법원의 입찰 진행 순서

법원은 다음과 같은 순서로 입찰을 진행시킨다(입찰 시작부터 약 3시간 정도면 끝난다).

(1) 경매개시 시각이 되면 집행관이 경매개시를 알림과 동시에 약 10분간 경매에 관한 일반적인 설명을 들려준다.

(2) 이어서 입찰표와 입찰봉투, 입찰보증금 봉투를 무료로 배부받음과 동시에 법대열람과 입찰봉투 투함이 시작된다.

(3) 약 30~40분의 법대열람시간 동안 권리변동사항 등 마지막 자료를 점검한다.

(4) 기재대에서 입찰표, 입찰봉투, 보증금 봉투에 기재사항을 적는다(기재대에는 칸막이와 커튼이 쳐져 있고 필기도구 등이 비치되어 있다).

(5) 집행관에게 입찰표와 보증금 봉투를 안에 집어넣은 입찰봉투를 제출한다.

(6) 집행관은 번호표 부분을 찢은 후 입찰봉투와 번호표를 입찰참여자에게 돌려주는데, 입찰 참여자는 **번호표**를 잘 간직하고, 입찰봉투는 사건번호가 안 보이도록 반을 접어 법대 앞의 유리함에 투함한다.

(7) 개찰되면 자신의 사건번호가 호명될 때까지 좌석에 앉아서 기다린다.

(8) 사건번호가 호명되어 최고가매수인으로 결정되면 번호표를 반납하고 입찰보증금 영수증을 받아 나오고, 최고가매수인이 아니면 번호표를 반납하면서 보증금 봉투를 반환받는다.

3. 입찰표 기재요령

- 입찰참가자는 입찰표에 사건번호, 물건번호, 입찰자의 성명과 주소, 입찰가액, 보증금액을 기재하고 날인해야 하며, 입찰표는 응찰하고자 하는 물건마다 1장의 용지를 사용해야 한다.
- 1장의 입찰표에 여러 개의 사건번호를 기재하면 무효로 처리되며, 일단 **제출된 입찰표는 취소, 변경, 교환이 불가능**하므로 주의해야 한다.

(1) 사건번호와 물건번호

사건번호는 **반드시 기재**해야 하며, 물건번호는 한 사건에서 2개 이상의 물건을 개별적으로 입찰에 부쳐진 경우에 기재하는데 만일 물건번호가 없으면 쓸 필요가 없다.

(2) 입찰자 및 대리인의 인적사항

- 입찰자가 법인인 경우는 본인의 성명란에 법인의 이름과 대표자의 지위 및 성명을, 그리고 주민등록번호란에는 법인등록번호를 기재한다.
- 주소는 주민등록상의 주소를, 법인은 등기부상의 본점소재지를 기재한다.
- 날인은 대리인의 도장만 날인하면 되고 어떤 경우든 **무인**(拇印)**은 인정되지 않는다.**

(3) 입찰가액 및 보증금액

- 입찰가액은 법원이 공고한 **최저입찰가액 이상**이어야 하고, 보증금은 **최저입찰가의 10% 또는 20%**에 해당하는 금액을 아라비아 숫자로 기재해야 한다.
- 금액의 기재는 **수정할 수 없으므로** 수정을 원할 경우에는 새로운 용지를 사용해야 한다.

(4) 보증금 반환란 및 기재장소

금액기재란 밑의 보증금 반환란은 **입찰에서 떨어진 사람**이 보증금을 돌려받을 때 영수증 대신 기재하는 것이므로 미리 기재해서는 안 된다.

〈기일 입찰표 작성샘플〉

(앞면)

기 일 입 찰 표

서울중앙지방법원 집행관 귀하　　　　　　입찰기일 : 2012년 10월 11일

사건번호	2009 타경 12345 호	물건번호	2

입찰자	본인	성 명	홍 길 순 (홍길순인)	전화번호	010-7777-8888
		주민(사업자)등록번호	123456-2345678	법인등록번호	
		주 소	서울시 강남구 삼성동 777-7		
	대리인	성 명		본인과의 관계	
		주민등록번호		전화번호	
		주 소			

입찰가격	천억	백억	십억	억	천만	백만	십만	만	천	백	십	일	
				6	1	1	1	1	0	0	1	0	원

보증금액	백억	십억	억	천만	백만	십만	만	천	백	십	일	
				5	0	0	0	0	0	0	0	원

보증의 제공방법	☑ 현금·자기앞수표　□ 보증서	보증을 반환 받았습니다. 　　　　　입찰자 홍 길 순

(앞면)

기 일 입 찰 표

서울중앙지방법원 집행관   귀하   입찰기일 : 2014년 01월 10일

사건번호	2014 타경 123 호	물건번호	1

입찰자	본인	성 명	서울경매(주) 대표이사 홍 길동 (홍길동인)	전화번호	010-7777-8888
		주민(사업자)등록번호	법인사업자번호	법인등록번호	법인등록번호
		주 소	서울시 강남구 삼성동 777-7		
	대리인	성 명	-	본인과의 관 계	
		주민등록번호		전화번호	
		주 소			

입찰가격	천억	백억	십억	억	천만	백만	십만	만	천	백	십	일	
			₩3	1	5	9	9	9	0	0	0		원

보증금액	백억	십억	억	천만	백만	십만	만	천	백	십	일	
			₩2	9	0	0	0	0	0	0		원

보증의 제공방법	☑ 현금·자기앞수표 ☐ 보증서	보증을 반환 받았습니다. 서울경매(주) 입찰자 대표이사 홍 길동

4. 보증금 봉투, 입찰봉투의 작성 및 투입요령

(1) 보증금 봉투

- 입찰보증금을 입찰보증금 봉투(흰색 작은 봉투)에 넣고 풀칠하여 봉한 후, 봉투의 앞면에는 사건번호, 물건번호, 제출자의 성명을 기재하고 날인한다.

- 대리입찰의 경우에는 대리인이 제출자로 되며, 사건번호, 물건번호의 기재요령은 입찰표와 같다.

- 또한 보증금 봉투의 뒷면에는 날인의 표시가 되어 있는 곳에 날

인해야 한다.

- 만일 **보증금이 모자라면** 신청인의 입찰이 **무효**로 되므로 주의해
야 한다.

(2) 입찰봉투

- 입찰보증금을 넣고 봉한 입찰 보증금 봉투와 입찰표를 입찰봉투(
황색 큰 봉투)에 넣고 봉한 후, 입찰봉투의 앞면에는 사건번호, 물건
번호 및 입찰자의 성명을 기재해야 한다.
- 입찰봉투의 뒷면에는 날인의 표시가 있는 곳에 날인해야 하며, 입
찰하고자 하는 물건마다 1개의 봉투를 사용해야 한다.

(3) 입찰봉투 투입요령

- 입찰봉투를 다 봉한 후 입찰함에 투입하기 전에 집행관에게 제출
하면 집행관은 봉투에 일련번호를 부여하고 **입찰자용 수취증**의 절
취선에 날인한 후 봉투의 수취증을 찢어 봉투와 수취증을 다시 입
찰자에게 반환하는데, 입찰자는 수취증은 간직하고 봉투는 유리
로 된 투명입찰함에 투입하면 된다.
- 수취증은 잘 보관했다가 나중에 입찰에 떨어져 **보증금을 반환받
을 때** 제출해야 한다.

5. 입찰금액의 결정

입찰금액을 결정하는데 있어서는 다음 세 가지를 유의해야 한다.

(1) 시가(時價)

- 감정가는 들쭉날쭉해서 때로는 시가보다 턱없이 높고 또 때로는 시가보다 턱없이 낮다.
- 시가확인 방법으로는 인근 **부동산업소**를 활용한다.
- 서너 군데 업소에 문의하여 가격을 **평균**해보는 것이 바람직하다.

(2) 평균 낙찰가액

- 아무리 그 물건이 마음에 든다 하더라도 **과거의 평균 낙찰가액**을 훨씬 상회하는 금액으로 입찰할 필요는 없을 것이다.
- 평균낙찰가액은 경매업소에 문의하거나 아니면 스스로 과거의 자료를 분석한다.

(3) 입찰 당일날의 입찰경쟁률

- 단독 입찰(자기 혼자 입찰)하면서 최저경매가보다 훨씬 높은 금액을 쓰는 것은 바람직하지 않다.
- 개인이 스스로 입찰할 때는 일찍 법원에 가서 **법대열람**을 시작하자마자 그 물건의 자료를 먼저 열람하고서 법원을 나오지 말고 계속 **몇 사람이나 더 열람하는지**를 지켜본다.

6. 개찰 및 최고가매수인의 결정

- 개찰결과 응찰자 중 **최고의 가격으로 응찰한 사람**이 최고가입찰자로 정해진다. 만일 그 사람이 보증금을 제출하지 않았으면 그의 응찰은 무효로 되고 바로 다음 가격으로 응찰한 사람이 최고가입찰자로 정해진다.
- 만일 최고가응찰자가 2인 이상이면 그들만을 상대로 즉시 추가입찰을 실시하는데, 또다시 2인 이상이 최고가로 응찰한 경우에는 추첨에 의해 최고가입찰자를 결정한다(이때 처음 가격보다 낮은 가격으로 입찰 불가).
- 최고가입찰자 및 차순위 입찰신고인 이외의 입찰자가 제출한 입찰보증금은 입찰법정에서 즉시 반환한다.
- 이때 간직하고 있던 **입찰자용 수취증과 주민등록증**을 제시하고 보증금을 수령한다.
- 보증금을 수령하는 때에는 영수증을 작성하는 대신 입찰표의 **보증금반환란에 서명 날인**하면 된다.

7. 차순위매수신고

- 최고가입찰자 이외의 입찰자 중 **최고가 입찰액에서 보증금을 공제한 액보다 높은 가격**으로 응찰한 사람은 차순위 매수신고를 할 수 있다.
- 즉 최고가입찰가가 1억이고 그때의 입찰보증금이 2천만원이라면

8천만원 이상 1억 미만을 써낸 응찰자는 차순위 매수신고가 가능하다.

- 만일 그때의 입찰보증금이 1천만원이었다면 입찰가를 9천만원 이상 1억원 미만을 써낸 입찰자가 차순위 매수신고가 가능하다.
- 차순위 매수신고를 하면 최고가입찰자의 개인적인 사정으로 **낙찰이 불허가**되거나 아니면 그가 **낙찰잔금을 납부하지 못할 경우**에 다시 입찰을 실시하지 않고 차순위 매수신고인에게 낙찰이 허가된다.
- 낙찰자의 잔금미납이 흔하지 않을 뿐만 아니라 낙찰자가 잔금을 납부하기 전까지는 보증금을 반환받지 못하는 등의 불편이 따르므로 저자의 생각으로는 굳이 차순위 매수신고를 하지 않는 것이 바람직하다고 본다.

8. 주의사항

다음과 같은 경우는 입찰이 무효로 되므로 주의해야 한다.

〈기일입찰표의 유·무효 처리기준〉

번호	흠결사항	처리기준
1	입찰기일을 적지 아니하거나 잘못 적은 경우	입찰봉투 기재에 의하여 그 매각 기일의 것임을 특정할 수 있으면 개찰에 포함시킨다.

2	사건번호를 적지 아니한 경우	입찰봉투, 매수신청보증봉투, 위임장 등 첨부서류 기재에 의하여 사건번호를 특정할 수 있으면 개찰에 포함시킨다.
3	매각물건이 여러 개인데, 물건번호를 적지 아니한 경우	개찰에서 제외한다. 다만, 물건의 지번·건물의 호수 등을 적거나 입찰 봉투의 기재가 있어 매수신청 목적물을 특정할 수 있으면 개찰에 포함시킨다.
4	입찰자 본인 또는 대리인의 이름을 적지 아니한 경우	개찰에서 제외한다. 다만, 고무인·인장 등이 선명하여 용이하게 판독할 수 있거나, 대리인의 이름만 기재되어 있으나 위임장·인감증명서에 본인의 기재가 있는 경우에는 개찰에 포함시킨다.
5	입찰자 본인과 대리인의 주소·이름이 함께 적혀 있지만(이름 아래 날인이 있는 경우 포함) 위임장이 붙어 있지 아니한 경우	개찰에서 제외한다.
6	입찰자 본인의 주소·이름이 적혀 있고 위임장이 붙어 있지만, 대리인의 주소·이름이 적혀 있지 않은 경우	개찰에서 제외한다.
7	위임장이 붙어 있고 대리인의 주소·이름이 적혀 있으나 입찰자 본인의 주소·이름이 적혀 있지 아니한 경우	개찰에서 제외한다.
8	한 사건에서 동일인이 입찰자 본인인 동시에 다른 사람의 대리인이거나, 동일인이 2인 이상의 대리인을 겸하는 경우	쌍방의 입찰을 개찰에서 제외한다.
9	입찰자 본인 또는 대리인의 주소나 이름이 위임장 기재와 다른 경우	이름이 다른 경우에는 개찰에서 제외한다. 다만, 이름이 같고 주소만 다른 경우에는 개찰에 포함시킨다.

10	입찰자가 법인인 경우 대표자의 이름을 적지 아니한 경우(날인만 있는 경우도 포함)	개찰에서 제외한다. 다만, 법인등기사항증명서로 그 자리에서 자격을 확인할 수 있거나, 고무인·인장 등이 선명하며 용이하게 판독할 수 있는 경우에는 개찰에 포함시킨다.
11	입찰자 본인 또는 대리인의 이름 다음에 날인이 없는 경우	개찰에 포함시킨다.
12	입찰가격의 기재를 정정한 경우	정정인 날인 여부를 불문하고, 개찰에서 제외한다.
13	입찰가격의 기재가 불명확한 경우(예, 5와 8, 7과 9, 0과 6 등)	개찰에서 제외한다.
14	보증금액의 기재가 없거나 그 기재된 보증금액이 매수신청 보증과 다른 경우	매수신청보증봉투 또는 보증서에 의해 정하여진 매수신청보증 이상의 보증제공이 확인되는 경우에는 개찰에 포함시킨다.
15	보증금액을 정정하고 정정인이 없는 경우	
16	하나의 물건에 대하여 같은사람이 여러장의 입찰표 또는 입찰봉투를 제출한 경우	입찰표 모두를 개찰에서 제외한다.
17	보증의 제공방법에 관한 기재가 없거나 기간입찰표를 작성·제출한 경우	개찰에 포함시킨다.
18	위임장은 붙어 있으나 위임장이 사문서로서 인감증명서가 붙어 있지 아니한 경우, 위임장과 인감증명서의 인영이 틀린 경우	개찰에서 제외한다.

〈첨부서류 등에 흠이 있는 경우의 처리기준〉

번호	흠결사항	처리기준	비고
1	입금증명서 또는 보증서, 법인등기사항 증명서, 가족관계 증명서, 공동입찰자 공동입찰자 목록은 같은 입찰봉투에 함께 봉합되지 않고 별도로 제출된 경우	① 직접제출 : 접수하지 않는다	입찰봉투에 넣어 제출 하도록 한다.
		② 우편제출 : 접수는 하되 개찰에는 포함시키지 않는다.	클립 등으로 입찰봉투에 편철하고, 입찰봉투와 접수부에 그 취지를 부기한다.
2	입금증명서 또는 보증서, 법인등기사항 증명서, 가족관계 증명서, 공동입찰자 등록이 누락된 경우	개찰에 포함시키지 않는다.	
3	주민등록표 등·초본이 누락되거나 발행일이 입찰기간 만료일 전 6월을 초과하는 경우	개찰에 포함시킨다.	
4	대표자나 관리인의 자격 또는 대리인의 권한을 증명하는 서면으로서 관공서에서 작성하는 증명서, 대리위임장 및 인감증명서가 누락되거나 발행일이 입찰기간 만료일 전 6월을 초과하는 경우	개찰에 포함시키지 않는다.	

제3절 경매절차

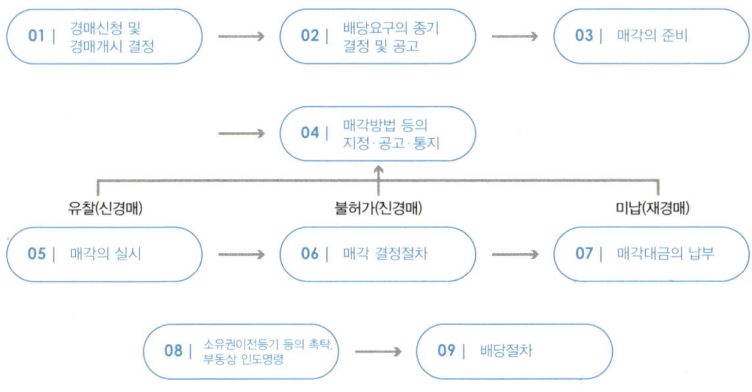

경매절차는 대체로 ❶ 목적물을 압류하여, ❷ 현금화한 다음, ❸ 채권자의 채권을 변제하는 3단계의 절차로 진행된다. 다음부터 설명하는 내용은 **2002년 7월 1일부터** 시행된 **민사집행법**에 따른 것이다.

1. 경매신청 및 경매개시결정

채권자가 **경매신청**을 하면 법원은 **경매개시결정**을 하여 매각할 부동산을 **압류**하고 관할등기소에 경매개시결정의 기입등기를 촉탁하여 경매개시결정 사실을 **등기부에 기입**하도록 한다.
법원은 경매개시결정 정본을 **채무자**에게 송달한다.

2. 배당요구의 종기 결정 및 공고

매각할 부동산이 압류되면, 집행법원은 채권자들이 배당요구를 할 수 있는 기간을 **첫 매각기일 이전**으로 정한다. 법원은 경매개시결정에 따른 압류의 효력이 생긴 때부터 1주일 안에 경매개시결정을 한 취지와 배당요구의 종기를 법원경매정보 홈페이지의 법원경매공고란 또는 법원게시판에 게시하는 방법으로 공고한다.

3. 매각의 준비

법원은 **집행관**에게 매각할 부동산의 현상, 점유관계, 차임 또는 보증금의 액수, 기타 현황에 관하여 조사를 명하고, **감정인**에게 매각할 부동산을 평가하게 한다. 법원은 감정인의 평가액을 참작하여 **최저매각가격**을 정한다.

4. 매각방법 등의 지정·공고·통지

매각방법으로는, ❶ 매수신청인이 매각기일에 매각장소에서 입찰표를 제출하는 **기일입찰방법**과 ❷ 매수신청인의 지정된 입찰기간 안에 직접 또는 우편으로 입찰표를 제출하는 **기간입찰방법**이 있다. 법원은 두 방법 중 하나를 선택하고 매각기일 등을 지정하여 통지, 공고를 한다.

5. 매각의 실시

기일입찰의 경우, 집행관이 미리 지정된 매각기일에 매각장소에서 입찰을 실시하여 최고가매수신고인과 차순위 매수신고인을 정한다.

6. 매각 결정절차

법원은 지정된 매각결정기일에 이해관계인의 의견을 들은 후 **매각허가 여부**를 결정한다. 매각허가 여부의 결정에 불복하는 이해관계인은 **즉시 항고**를 할 수 있다.

7. 매각대금의 납부

매각허가결정이 확정되면 법원은 **매각 대금의 지급기한**을 정하여 매수인에게 매각대금의 납부를 명한다. 매수인은 지정된 지급기한 안에는 **언제든지 매각 대금을 납부할 수 있다.** 매수인이 지정된 지급기한까지 매각대금을 모두 납부하지 아니하면, 법원은 차순위 매수신고인이 있는 때에 그에 대하여 매각을 허가할 것인지 여부를 결정하고 차순위 매수신고인이 없는 때에는 **재매각**을 명한다.

8. 소유권이전등기 등의 촉탁, 부동산 인도명령

매수인은 **대금을 모두 납부하면 부동산의 소유권을 취득**한다. 법원은 매수인이 필요한 서류를 제출하면 관할등기소에 매수인 명의의 소유권이전등기, 매수인이 인수하지 아니하는 부동산에 관한 부담의 말소등기를 촉탁하게 된다. 매수인은 대금을 모두 납부한 후에는 부동산의 **인도명령을 신청할 수 있다.**

9. 배당절차

매수인이 매각대금을 모두 납부하면 법원은 배당기일을 정하고 **이해관계인과 배당을 요구한 채권자**에게 그 기일을 통지하여 배당을 실시하게 된다.

▼ 상세 경매절차

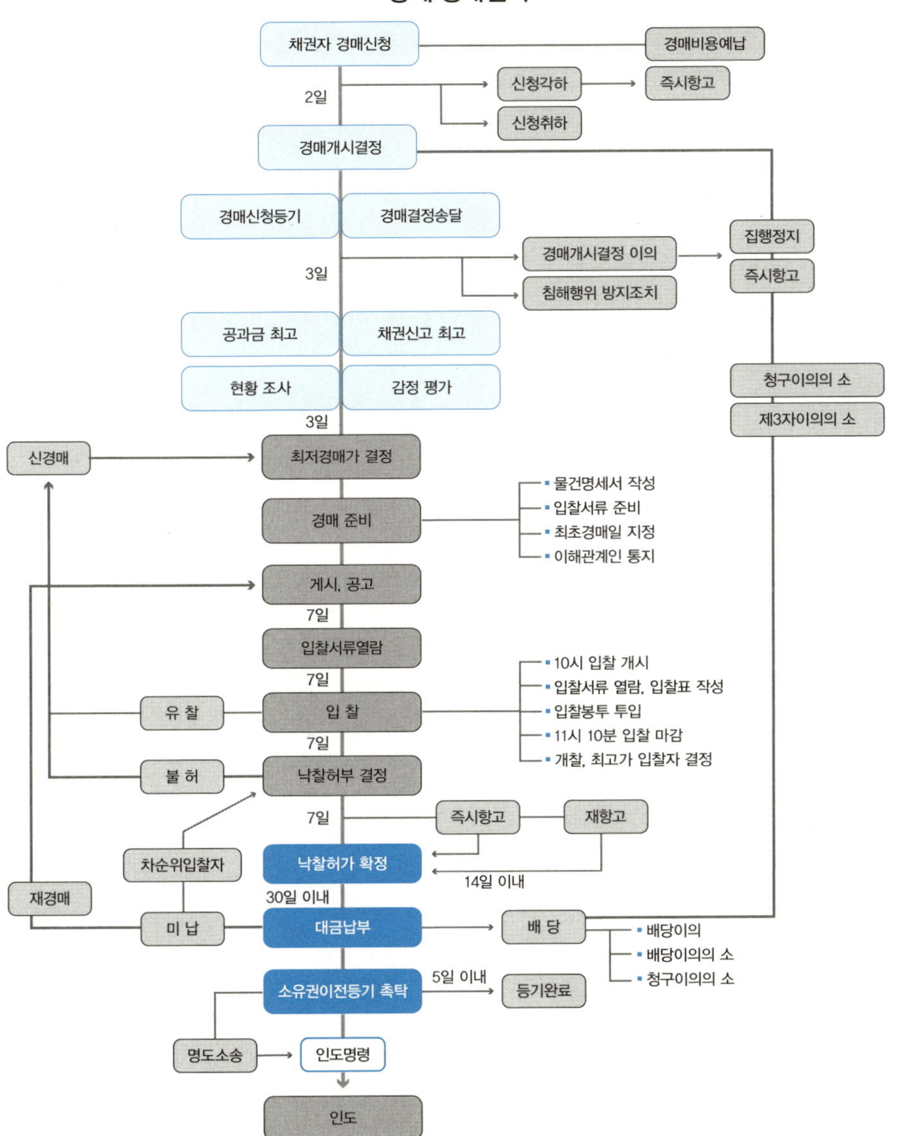

※ 경매신청에서 종료까지 기간은 통상적인 기간이며, 이의신청이나 송달 여부, 기타 절차 등에서 사건별로 기간이 다름.

Chapter **3**

권리 분석

제1절 서설

1. 의의

권리분석이란 민사집행법상의 규정에 의한 경매실무에서 나타나는 여러 권리 중 **어떤 것이 소멸하고 어떤 것은 인수하게 되는지**를 파악하는 것이다. 즉, 부동산경매에서의 권리분석은 **등기부 분석과 임차인의 권리에 관한 분석**을 의미하는 것이다. 부동산등기부상 경매결과 소멸되는 권리와 인수되는 권리를 분석하여야 하며, 임차인의 경우 경매결과 경매 매수자가 낙찰대금 이외에 임차금액을 추가로 인수하여 부담하는 금액 여부를 분석하는 것으로 정의할 수 있다. 따라서 권리분석은 경매특별법인 **민사집행법 및 주택임대차보호법, 상가건물임대차보호법** 등의 기타 경매 관련 특별법에 따라 소멸하는 권리와 인수하는 권리를 파악하는 경매 응찰의 한 단계로 경매 전문가나 매수희망자 등이 행하는 경매에 관한 사전적인 업무활동이라 할 것이다.

2. 물권 및 채권의 이해

(1) 물권

부동산을 지배할 수 있는 권리로서 절대권이며, **물건에 대한 권리**이고 배타적인 성격을 갖고 있다. 즉, 특정 물건에 대하여 배타적으로 지배하여 **사용, 수익, 처분**할 수 있는 권리이다. 이외에도 법률 이외에 관습법으로 인정되는 물권으로는, 일반적으로 일정 요건을 갖추면 지상권과 같은 효력을 갖게 되는 **분묘기지권, 관습법상의 법정지상권, 양도담보** 등이 있다.

물권의 종류로는 **8가지**가 있는데, 경매투자자 입장에서는 지상권과 전세권 그리고 저당권 및 유치권 정도만 숙지한다면 큰 무리는 없을 것이다.

〈물권의 종류와 내용〉

물권의 종류		물권의 내용	비고
소유권		소유자가 그 소유물을 사용, 수익, 처분할 수 있는 권리	등기됨
점유권		소유권과 관계없이 물건을 사실상 지배하고 있는 경우의 지배권	
용익물권 (사용하기 위한 물권)	지상권	타인의 토지에서 건물, 기타의 공작물이나 수목을 소유하기 위해 그 토지를 사용할 수 있는 권리	등기됨
	지역권	타인의 토지를 자기 토지의 편익에 이용하는 권리	등기됨
	전세권	전세금을 지급하고 타인의 부동산을 그 용도에 따라 사용, 수익하는 권리	등기됨

담보물권 (담보제공을 위한 물권)	저당권	채무자 또는 보증인이 채무의 담보로 제공한 부동산 기타의 목적물을 채권자가 질권에 있어서와 같이 제공자로부터 인도받지 않고서 그 목적물을 다만 관념상으로만 지배해서 채무의 변제가 없는 경우에 그 목적물로부터 우선 변제를 받는 권리	등기됨
	유치권	타인의 물건을 점유한 자가 그 물건에 관해 생긴 채권을 가지는 경우에 그 채권의 변제를 받을 때까지 그 물건을 유치할 수 있는 권리	등기되지 않음
	질권	돈을 빌려 주면서 물건 등을 질로 잡고 갚지 않을 때는 그 목적물에서 우선 변제 받는 권리	등기됨
관습법상 물권	관습법상 분묘기지권	타인의 토지에 분묘를 설치한 자가 있는 경우, 그 자가 그 분묘를 소유하기 위해 묘지 부분의 타인소유 토지를 사용할 수 있는 권리로서 지상권에 비슷한 성질을 갖는 권리	등기되지 않음
	관습법상 법정지상권	토지와 건물이 동일인에게 속했다가 그 중 어느 하나가 매매 기타의 일정 원인으로 각각 소유자를 달리하게 된 때에 그 건물을 철거한다는 특약이 없으면 건물 소유자가 관습상 당연히 취득하게 되는 권리	등기되지 않음

(2) 채권

물권을 특정 물건(=부동산)에 대한 배타적이고 독점적인 지배권이라고 한다면 채권은 **특정인으로부터** 일정한 행위를 청구할 수 있는 청구권에 불과하다. 임대차를 예로 들면 임차인은 임대인에 대하여 보증금을 지급할 의무가 있고, 반면 임차목적물의 명도를 요구할 권리가 있으며, 임대인은 임차인에 대하여 보증금을 지급받을 권리가 있고, 반면 임차목적물을 임차인에게 명도해 줄 의무가 있는 것이다. 이렇듯 임대인과 임차인 간의 관계와 같이 특정인에 대하여만 발생되는 청구권이 채권이다.

채권은 물권과 같은 절대권이 아닌 **상대방에 대한 청구권**이기 때문에 시간의 선후를 떠나서 동등한 지위를 가지게 되어 우선변제권이 없고, 이에 일반채권자들의 지위는 평등하다(=**채권자 평등주의**).

예로서 채무자의 재산이 6천만원이고 일반채권자 2명의 채권액이 각각 4천만원이면 청구 선후를 따지지 않고 각 채권자들의 채권액 비율로 나누어진다. 즉, 채권자들은 3천만원씩 배분받는다.

3. 권리분석 시 주의사항

(1) 말소 기준권리의 선정

(2) 세입자 및 전입자 유무, 확정일자 여부, 점유현황 등의 철저한 사실적 조사, 분석

(3) 선순위 저당권 산정

(4) 임차인 전입일 산정(주민등록등본의 철저한 확인 필수) 등의 철저한 사실적 조사, 분석

(5) 물권과 채권의 확실한 관계성 검토

(6) 소액 선순위 저당 뒤의 임차인 및 가등기 권리자 주의

(7) 배당을 전부 못 받는 임차인 있을 경우 명도에 따른 별도의 시간과 비용 등이 추가

(8) 권리분석을 잘못했을 경우 매각기일까지 매각 불허가 등 이의신
    청의 여부

(9) 관리비 등 연체 여부 검토

4. 기타 사항

(1) 등기부상의 권리간 순위

동구는 **순위번호** 별구는 **접수번호**에 의하게 되며, 우선 모든 등기부
상의 권리를 **시간 순으로** 나열한다. 등기가 이루어진 순서대로 번호
를 부여하게 되므로 순위번호라 함. 따라서 이 순서에 따라 소유권에
관한 사항이 변동되어 왔다는 내역이 기록되는 것이며, 맨 후순위 번
호에 있는 소유자가 현재의 이 부동산 소유권자임을 보여주는 것이
다. 동일한 부동산에 관한 등기권리의 순위는 등기의 전후에 의하고,
등기의 전후는 동구에서 한 등기는 순위번호에 의하고 별구에서 한
등기에 대하여는 접수번호에 의한다. 소유권에 관한 사항란에 등기를
한때에는 순위번호란에 순위번호를 기재한다.

(2) 우선변제권 임차인과 저당권 간의 순위

입주, 주민등록을 먼저 옮기고 확정일자를 받았는데 같은 날 저당권
이 설정된 경우는 저당권과 확정일자인은 동일 순위이므로 채권액에
비례하여 평등하게 배당받게 된다. 또한 입주, 주민등록, 확정일자를
동시에 하였는데 같은 날 저당권이 설정된 경우 저당권의 순위가 우
선하게 되며, 확정일자인이 후순위가 된다. 주민등록은 신고한 **다음**

날(0시)**부터** 효력이 발생하기 때문이다.

(3) 같은 날짜에 상이한 권리들이 설정된 경우 그 순위

부동산등기부등본은 ▶ 표제부 ▶ 갑구 ▶ 을구로 구성되어 있는데, 만약 동일한 날짜에 갑구와 을구상(=別區)에 상이한 권리가 설정되었을 경우와 을구상(=同區)에 상이한 권리가 설정되었을 경우 그 순위는 접수번호와 순위번호에 의해 결정짓는다. 즉, 별구의 경우 접수번호에 의하며, 동구의 경우 순위번호에 의해 결정된다.

❶ 동구(同區)의 경우: 순위번호에 의해 결정

【 을 구 】(소유권이외의 권리에 관한 사항)				
순위 번호	등기 목적	접 수	등기원인	권리자 및 기타사항
1	근저당권 설정	2009년 8월 1일 50071호	2009년 8월 1일 설정계약	채권최고액 금10억원 채무자 홍길순 강남구 삼성동 777-7 근저당권자 신한은행 중구 태평로2가 120
2	근저당권 설정	2009년 8월 1일 50072호	2009년 8월 1일 설정계약	채권최고액 금5억원 채무자 홍길순 강남구 삼성동 777-7 근저당권자 우리은행 중구 회현동1가 203

동일한 날짜에 부동산등기부의 을구상에 근저당권이 둘 이상 설정되었을 경우 을구상의 순위번호에 의해 그 번호가 빠른 근저당권이 선순위 권리가 된다. 즉, 위의 경우 순위번호가 빠른 근저당권자 신한은행(1순위)이 순위번호가 늦은 근저당권자 우리은행(2순위)보다 선순위의 권리에 해당된다.

❷ 별구(別區)의 경우: 접수번호에 의해 결정

【 갑 구 】(소유권에 관한 사항)				
순위 번호	등기 목적	접 수	등기원인	권리자 및 기타사항
1	가압류	2009년 8월 31일 10017호	2009년 8월 29일 서울지방법원 가압류 결정 (2008카단 1557호)	청구금액 금2억원 채권자 농협중앙회 중구 충정로1가 75

【 을 구 】(소유권이외의 권리에 관한 사항)				
순위 번호	등기 목적	접 수	등기원인	권리자 및 기타사항
1	근저당권 설정	2009년 8월 31일 10018호	2009년 8월 16일 설정 계약	채권최고액 금2억원 채무자 홍길순 강남구 삼성동 777-7 근저당권자 신한은행 중구 태평로2가 120

위의 경우 같은 날짜에 갑구에는 가압류가, 을구에는 근저당권이 설정되었을 경우 가압류의 접수번호(10017호)가 근저당권(10018호)보다 빠르기 때문에 가압류가 선순위 권리에 해당되고 따라서 근저당권은 선순위 가압류에 대하여 우선변제권을 주장할 수 없어, 동순위로서 채권액에 비례한 안분배당을 받는다.

이는 가압류는 채권으로서 우선변제권이 없고, 근저당권은 우선변제권이 있기는 하나 선순위 가압류에 대하여 우선변제권을 주장할 수 없기 때문에(⇨ 우선변제권은 후순위 권리자에 대하여만 주장할 수 있다.) 동순위로 안분배당을 받게 된다.

제2절 말소기준권리

부동산경매에서의 권리분석에는 말소되는지 인수되는지의 여부를 결정짓는 말소기준권리를 가장 먼저 분석하여 그 권리를 찾아내어야 한다. 즉, 말소기준권리는 **저당권, 압류, 담보가등기, 강제경매 기입등기**(말소기준권리가 없을 시) 등이 있는데 이들 중 **가장 앞선 권리**를 기준권리로 하여 소멸과 인수가 결정되는 것이다

따라서 위의 말소기준권리들 중 가장 순위가 선순위인 권리를 기준권리로 하여, 말소기준권리보다 선순위 권리 등은 **인수**(인수주의)되고, 후순위 권리 등은 **말소**(소멸, 소제주의)가 된다. 그러나 순위와 관계없이 언제나 인수되는 권리로는 **법정지상권, 유치권, 예고등기**를 들 수가 있다.

1. 말소기준권리의 이해

(1) 근저당권이 말소기준권리인 경우

부동산등기부상에 (갑)근저당권 ⇨ (을)임차인 ⇨(병)가압류 ⇨ (갑)근저당권자의 임의경매신청순으로 되어 있다면 (갑)근저당권이 말소기

준권리에 해당되어 근저당권 이후의 모든 권리들은 낙찰 후 소멸하게
되어 낙찰자가 따로 부담하여야 하는 것은 없게 된다.

(2) 담보가등기가 말소기준권리인 경우

부동산등기부상에 (갑)가등기 ⇨ (을)임차인 ⇨ (병)근저당권 ⇨ (병)
근저당권자가 임의경매신청을 하였다면 최선순위에 설정된 가등기가
가등기담보 등에 관한 법률에 의한 담보가등기라면 이 법 13조 규정
에 의해 근저당권으로 보기에 담보가등기가 말소기준권리에 해당되
어 낙찰자가 인수하는 권리는 없다.

(3) 강제경매기입등기가 말소기준권리인 경우

부동산등기부상에 (갑)임차인 전입 ⇨ (을)임차인 전입 ⇨ (갑)또는 (
을)이 강제경매신청한 경우 말소기준권리는 강제경매기입등기가 되
어 이보다 먼저 전입신고한 임차인 (갑)과 (을)은 낙찰자가 인수하여
야 한다.

(4) 가압류등기가 말소기준권리인 경우

부동산등기부상에 (갑)가압류 ⇨ (을)전세권 ⇨ (병)임차인 ⇨(정)근저
당권 ⇨ (정)근저당권자가 임의경매 신청한 경우 말소기준권리는 (갑)
가압류로서 낙찰자는 입찰금액 이외에 추가로 인수하여야 할 권리
는 없게 된다.

소멸주의(낙찰로 소멸)	인수주의(낙찰자 부담으로 존속)
1. (근)저당권	1. 유치권
2. (가)압류	2. 예고등기, 법정지상권
3. 말소기준권리보다 뒤에 설정된 전세권, 지상권, 지역권, 임차권, 가등기, 가처분, 환매등기, 주택임차인 등	3. 말소기준권리보다 앞에 설정된 전세권, 지상권, 지역권, 임차권, 가등기, 가처분, 주택임차인 등의 권리. 말소 기준권리보다 빠른 전세권은 인수되기도 하고, 배당 요구 시는 소멸된다.
4. 경매기입등기보다 늦은 위 3의 권리	
5. 담보가등기	

제3절 등기부 권리분석

1. 근저당권

(1) 근저당권은 담보물권이다.

물권이란 어떤 특정 물건을 직접 지배해서 사용하고 수익하며, 처분할 수 있는 절대적인 권리를 말한다. 따라서 물권은 채권과 달리 **우선변제권**이라는 권리를 가지게 된다. 근저당권자는 채무자의 채무불이행에 의해 근저당권을 설정한 담보물건을 **처분**(=경매신청)하여 후순위 권리자보다 자기 채권을 먼저 회수할 권리를 가진다.

(2) 근저당권은 말소기준권리에 해당된다.

경매물건에서 **근저당권, 가압류, 담보가등기, 강제경매기입등기**일 중에서 부동산등기부상 제일 먼저 설정된 권리가 말소기준권리이며, 이를 기준하여 이보다 먼저 설정된 권리나 전입신고한 임차인은 낙찰자의 인수사항이 되고, 그 이외에는 낙찰자가 인수하지 않아도 된다.

❶ A 근저당권→B 가압류→C 전입신고→A 또는 B 경매신청(말소기준권리: A 근저당권)

❷ A 전입신고→B 근저당권→C 가압류→B 또는 C 경매신청(말소기

준권리: B 근저당권)

❸ A 지상권→B 근저당권→B 경매신청(말소기준권리: B 근저당권)

❹ A 근저당권→B 전입신고→C 근저당권→C 경매신청(말소기준권리: A 근저당권)

(3) 근저당권은 경매 시 매각으로 소멸한다.

근저당권은 경매 시 매각으로 소멸한다(=민사집행법 제91조 제2항). 따라서 **자기 채권 전액의 회수 여부를 떠나서 소멸하기에** 낙찰자와 아무런 관계가 없는 것이다. 참고로 경매 시 매각으로 소멸하는 권리로서는 근저당권, 담보가등기, 압류, 가압류, 말소기준권리 이후의 임차인 등이 해당된다. 어떠한 권리가 소멸 또는 인수되는 것은 그 권리가 **배당받을 지위를 가지는지 여부**에 따라 결정된다.

(4) 근저당권은 주택임차인에 대한 최우선변제금 지급기준이 된다.

주택임대차보호법 제8조 제1항을 보면 "임차인은 보증금 중 일정액을 **담보물권보다 우선**변제 받을 수 있다. 이를 위해서는 경매신청등기 이전에 동법 제3조 제1항의 요건을 갖추어야 한다."라고 규정되어 있다. 여기에 근저당권자는 담보물권자에 해당되는 것이다.

| 17 | 근저당권설정 | 2009년12월11일
제124970호 | 2009년12월11일
설정계약 | 채권최고액 금262,600,000원
채무자 최인석
　　　서울 노원구 월계동 322-1 성원아파트 406-504
근저당권자 주식회사에이치케이상호저축은행
　　　　　110111-0126014
　　　서울특별시 강남구 논현동 199-2 |

❶ 근저당권자의 실제 채권액이 없는 경우

부동산 등기부에 최선순위로 근저당권이 설정되어 있다면 그 후의 모든 권리는 경매로 소멸하는 것이 원칙인데, 부동산 등기부상 근저당권이 있으나 **실제 채무가 없다면** 이는 **효력이 없는 형식상의 근저당권**이 되어 낙찰자가 낭패 보는 경우가 간혹 있다(=대법원 97다26104 판결 참조).

> 근저당권 → 가처분등기 → 강제경매기입등기 → 낙찰 → 가처분등기 말소 → 가처분등기 말소회복등기 소송 제기(=대법원 97다26104, 26111 판결)

■ **대법원 97다26104, 26111 판결**

- 강제경매의 개시 당시 이미 소멸하였음에도 형식상 등기만이 남아 있을 뿐이었던 근저당권보다 후순위라는 이유로 집행법원의 촉탁에 의하여 이루어진 가처분기입등기의 말소등기는 원인무효이고, 가처분채권자는 그 말소등기에도 불구하고 여전히 가처분채권자로서의 권리를 가진다.
- 가처분기입등기에 대한 원인무효의 말소등기가 이루어질 당시 소유권이전등기를 경료하고 있는 자는 법원이 위 가처분기입등기의 회복등기를 촉탁함에 있어서 등기상 이해관계가 있는 제3자에 해당하므로, 가처분채권자에 대하여 법원의 촉탁에 의한 위 가처분기입등기 회복절차에 승낙할 의무가 있다.
- 가처분채권자가 가처분의 본안소송인 소유권이전등기청구의 소에서 승소의 확정판결을 받은 이상, 가처분채권자의 지위에서 그 피보전권리인 소유권이전등기청구권에 기하여 등기를 하는 경우에

는 위 가처분기입등기 이후에 개시된 강제경매절차에서 당해 토지를 낙찰받은 낙찰자 명의의 소유권이전등기는 가처분채권자에 대한 관계에서는 무효인 것으로서 말소될 처지에 있다고 할 것이며, 이는 가처분채권자가 위 강제경매절차가 진행되는 것을 알고 아무런 이의를 하지 아니하였다 하더라도 달리 볼 것이 아니다.

❷ 대금납부 전 근저당권의 말소

대금납부 전 선순위 근저당권이 말소되는 경우가 발생될 수도 있는데, 이러한 상황이 발생될 것을 감안하여 투자 결정을 하여야 한다(=대법원 98마1031결정 참조).

A 근저당권 → B 임차인 → C 근저당권 → C 경매신청 → D 낙찰 → A 근저당권 말소 → 경매대금 납부일(=대법원 98마1031 결정)

■ 대법원 98마1031 결정

- 담보권의 실행을 위한 부동산의 입찰절차에 있어서, 주택임대차보호법 제3조에 정한 대항요건을 갖춘 임차권보다 선순위의 근저당권이 있는 경우에는, 낙찰로 인하여 선순위 근저당권이 소멸하면 그보다 후순위의 임차권도 선순위 근저당권이 확보한 담보가치의 보장을 위하여 그 대항력을 상실하는 것이지만, 낙찰로 인하여 근저당권이 소멸하고 낙찰인이 소유권을 취득하게 되는 시점인 낙찰대금지급기일 이전에 선순위 근저당권이 다른 사유로 소멸한 경우에는, 대항력 있는 임차권의 존재로 인하여 담보가치의 손상을 받을 선순위 근저당권이 없게 되므로 임차권의 대항력이 소멸하지 아니한다.

- 선순위 근저당권의 존재로 후순위 임차권의 대항력이 소멸하는 것으로 알고 부동산을 낙찰 받았으나, 그 이후 선순위 근저당권의 소멸로 인하여 임차권의 대항력이 존속하는 것으로 변경됨으로써 낙찰부동산의 **부담이 현저히 증가**하는 경우에는, 낙찰인으로서는 민사소송법 제639조 제1항의 유추적용에 의하여 **낙찰허가결정의 취소신청**을 할 수 있다.

❸ 근저당권 설정 후 보증금 증액문제

근저당권 설정 전에 전입 신고한 임차인이 근저당권 설정 후 보증금을 증액하였다면 낙찰자가 **인수하여야 하는 임차보증금**은 **근저당권 설정 전의 보증금액**에 국한된다(대법원 90다카11377 판결 참조).

■ 대법원 90다카11377 판결

대항력을 갖춘 임차인이 저당권설정등기 이후에 임대인과 보증금을 증액하기로 합의하고 초과 부분을 지급한 경우, 임차인이 저당권설정등기 이전에 취득하고 있던 임차권으로 선순위로서 저당권자에게 대항할 수 있음은 물론이나, 저당권설정등기 후에 건물주와의 사이에 임차보증금을 증액하기로 한 합의는 건물주가 저당권자를 해치는 법률행위를 할 수 없게 된 결과, 그 합의 당사자 사이에서만 효력이 있는 것이고, 저당권자에게는 대항할 수 없다고 할 수밖에 없으므로, 임차인은 위 저당권에 기하여 건물을 경락받은 소유자의 건물명도 청구에 대하여, **증액전 임차보증금을 상환받을 때까지 그 건물을 명도할 수 없다고 주장**할 수 있을 뿐이고, 저당권설정등기 이후에 증액한 임차보증금으로써는 소유자에게 대항할 수 없는 것이다.

2. 압류등기

(1) 의의

선순위의 압류는 경매실무에서 **말소기준권리**로 작용을 한다. 따라서 압류등기는 경매실무에서 무조건 말소라고 보면 된다. 압류라 함은 집행기관에 의해 채무자의 특정재산에 대하여 사실상 또는 법률상의 처분이 제한되는 강제적 행위를 말하며 소송절차 등에서 본안 판결 후의 효력이 있는 것으로 취급한다. 압류에 의해 채무자는 압류재산에 대하여 처분권을 상실하며 그 권한이 국가에 귀속한다. 부동산의 압류는 집행법원의 **경매개시결정을 채무자에게 송달**이 되거나, 등기부상에 **경매개시결정등기가 기입된 날 중 빠른 날짜**를 압류의 효력이 발생한 날로 보고 있다. 그러나 경매실무에서는 채무자(소유자)의 강제집행 면탈을 막기 위하여 경매개시결정의 등기를 7일 이상 빠른 날짜로 처리하고 있다. 행정법상의 압류는 **조세채권의 체납**을 원인으로 하여 체납자의 재산을 압류하는 것을 말한다. 따라서 경매개시결정의 등기가 곧 압류를 의미하나 또 하나의 압류는 국세 등의 체납처분에 의한 압류등기이다. 압류등기 후의 각종 권리들, 즉 국세 등의 체납처분 후의 각종 권리들은 경매개시결정등기 후의 각종 권리들과 같은 운명을 맞게 된다. 압류의 효력은 채무자의 목적물 처분 제한의 효과가 있을 뿐 그 관리이용권은 소유자에게 주고 있으므로 소유자는 통상의 용법에 따라 목적물의 감소를 가져오지 아니하는 한도에서 사용·수익할 수 있다.

17	압류	2011년 11월 22일 제51747호	2011년 11월 21일 압류(세무2과-30807)	권리자 서울특별시 강동구

(2) 경합의 문제

압류등기 후의 조치로서 국세 등의 체납처분에 의하여 압류가 되면 **자산관리공사에 공매**를 의뢰하게 된다. 이 경우 국세 체납처분에 의한 공매와 강제경매나 임의경매 절차는 각각 독자적으로 진행할 수 있으며, 양 절차 중 **먼저 진행된 절차에서 경락받은 자**가 진정한 소유권을 취득하게 된다. 또한 강제 또는 임의경매의 개시결정을 한 부동산에 대하여 다른 강제 또는 임의경매신청이 있는 때에는 법원은 다시 이중으로 개시결정을 한다. 이 경우의 경매절차진행은 개시결정을 한 순서에 의하여 진행되므로 **후순위 개시결정사건은 압류의 효력은 유지**되지만 단지 **절차진행권은 유보**된다.

3. 가압류

(1) 가압류의 의의와 필요성

민법상의 이론에서는 물권은 채권에 우선하게 된다. 그러나 민사집행법의 적용을 받게 되는 경매에서는 물권이 채권에 우선한다는 그 논리가 깨지는 경우가 가압류의 권리분석에서 볼 수가 있다. 선순위의 가압류는 경매실무에서 말소기준권리로 작용한다. 따라서 가압류등기는 경매실무에서 **무조건 말소**라고 보면 된다. 가압류라 함은 금전채권 또는 금전으로 환산이 가능한 채권에 관하여 집행권원을 얻어 강제집행을 할 수 있을 때까지 그 집행을 보전하기 위한 절차를 말한다. 가압류는 강제집행을 하기 위한 채무(집행)권원를 얻기 위하여 **본안소송을 하기 전**에 채무자의 부동산 등에 대하여 **보전처분**을 미리

하여 두는 절차이다. 이는 소송에 상당한 시간이 소요되므로 그 기간에 채무자의 고의나 불가항력 등으로 인한 재산의 도피·감소 등을 막기 위한 보전조치이다. 즉 가압류는 소송절차 등에서 본안 판결을 받지 않은 이전 단계로서 효력이 있는 것이다. 따라서 가압류권자는 바로 경매를 신청할 수는 없고 피보전채권에 관한 소송절차 등을 통하여 확정된 집행권원을 받아 **강제경매**를 신청할 수 있다. 가압류권자는 등기부에 가압류를 설정하여도 채권자의 지위에 있게 된다. 따라서 가압류권자는 물권자에 주어지는 우선변제권이 없으며, 채권자 평등주의를 적용받게 되어 가압류 등기 후의 권리자들과는 평등한 공동순위를 인정받게 되고, 가압류는 배당절차에서도 단독배당이 아닌 안분배당(비례배당 또는 비율배당)을 받게 된다. 그리고 가압류권자는 본안판결이 확정되기 전의 위치에 있는 자이므로 안분배당한 금액을 즉시 지급받을 수 없고, 법원에서는 직권으로 **공탁**을 하며, 가압류권자가 **본안판결에서 승소**하여야 공탁된 안분배당금을 **지급**받게 된다.

(2) 가압류의 실무 사례

예로서 '갑'이 '을'에게 차용증을 받고 돈을 빌려주었는데, '을'이 '갑'에게 돈을 갚지 않을 경우, 채권자 '갑'은 자기 채권을 확보할 목적으로 채무자 '을' 명의의 부동산 등 재산이 있다면 이에 차용증으로 가압류를 한 후 '을'을 상대로 **차용금반환청구소송** 등의 절차를 밟아 판결문으로 미리 가압류등기를 한 부동산을 **강제경매신청**하여 자기 채권을 회수하는 절차를 밟게 되는 것이다.

18	가압류	2012년 2월 29일 제14937호	2012년 2월 29일 서울동부지방법원의 가압류 결정 (2012가란1576)	청구금액　금47,876,100원 채권자　주식회사 케이비국민카드 　　　　서울 종로구 내수동 167

(3) 가압류 권리분석

❶ 가압류 ⇨ 근저당권

가압류는 채권이고 근저당권은 물권으로서 물권과 채권이 충돌하면 물권우선주의에 의해 물권이 채권에 우선하나 채권인 가압류가 물권인 근저당권보다 먼저 설정되었다면 **동순위**의 지위를 가진다. 즉, 가압류는 채권으로서 채권자 공평주의에 의해 우선변제권이 없으며, 근저당권은 물권이나 우선변제권은 후순위 권리자들에게만 주장할 수 있다.

따라서 물권인 근저당권보다 먼저 설정된 가압류에 대해서 우선변제권을 주장할 수 없기에 선순위 가압류와 후순위 근저당권은 **서로가 우선변제권을 주장할 수 없어서** 동순위의 지위를 지니게 되는 것이다.

예로서 가압류의 채권액이 5천만원이고, 근저당권의 채권액이 1억원이며, 배당금액이 6천만원일 경우 이들은 동순위이기에 각자 채권액에 비례하여 배당을 받게 된다.

배당금액은 다음과 같다.

▶ 가압류: 6천만원 × 5천만원 / 1억 5천만원 = 2천만원
▶ 근저당권: 6천만원 × 1억원 / 1억 5천만원 = 4천만원

❷ (갑)가압류 ⇨ (을)근저당권 ⇨ (병)가압류

위와 같은 경우 ㈎가압류와 ㈏근저당권은 동순위가 되고, ㈎가압류와 ㈐가압류는 동순위가 되어 ㈎=㈏이고 ㈎=㈐이면 ㈎=㈏=㈐이 되어 먼저 동순위로서 각자의 채권액에 비례해서 배당이 되고, 나중에 ㈏근저당권은 후순위 권리인 ㈐가압류 등에 대하여 우선변제권을 가져 ㈐가압류 등이 비례배당 받은 금액을 ㈏근저당권이 **자기 채권액을 충족할 때까지** 흡수하게 된다. 예로서 ㈎의 채권액이 4천만원이고, ㈏과 ㈐의 채권액이 각각 3천만원이며, 배당금액이 5천만원이라면 배당은 다음과 같이 진행된다.

① 비례배당
  ▶ ㈎가압류: 5천만원 × 4천만원 / 1억원 = 2천만원
  ▶ ㈏근저당권: 5천만원 × 3천만원 / 1억원 = 1천 5백만원
  ▶ ㈐가압류: 5천만원 × 3천만원 / 1억원 = 1천 5백만원
② 흡수배당
  ㈏근저당권은 후순위 권리자에 대하여 우선변제권이 있기에 후순위 권리자에 대하여 자기 채권 전액을 만족할 때까지 후순위 권리자의 비례배당금액을 흡수할 수 있는데, ㈏근저당권은 ㈐가압류의 비례배당금액인 1천 5백만원 전액을 흡수하여 자기 채권액 3천만원을 배당받게 된다.
③ 배당결과
  ▶ ㈎가압류: 2천만원 배당
  ▶ ㈏근저당권: 3천만원 배당

❸ 근저당권 ⇨ 가압류

물권인 근저당권이 채권인 가압류보다 먼저 설정되었다면 근저당권이 자기 채권 전액을 먼저 배당받고 잔여 금액이 있을 경우에 채

권인 가압류가 배당받는다. 만약 잔여 금액이 없을 경우 배당받지 못하고 소멸하게 되어 낙찰자와 아무런 관계가 없게 된다. 예로서 근저당권의 채권액이 5천만원이고 가압류의 채권액이 5천만원이며, 배당금액이 다음과 같은 경우

① 배당금: 8천만원
  ▶ 1순위: 근저당권 5천만원 배당받고 경매로 소멸.
  ▶ 2순위: 가압류 3천만원 배당받고 경매로 소멸.
② 배당금: 4천만원
  ▶ 1순위: 근저당권 4천만원 배당받고 경매로 소멸.
  ▶ 가압류는 잔여 배당금액이 없어 배당받지 못하고 경매로 소멸.

❹ 전(前)소유자에 대한 가압류

한편 전 소유자에 대한 가압류 및 압류에 대한 말소, 인수 여부가 실무에서 문제가 된다. 종전까지는 전(前) 소유자에 대한 채권으로 가압류등기를 한 전(前) 소유자의 채권자는 신소유자 부동산이 경락된 것이므로 매각대금의 배당에 참가할 수 없으므로 그 가압류등기는 말소할 수 없었다. 이렇듯 경매물건에 있어서 가압류에 대한 권리분석은 그 가압류가 전 소유자의 가압류이냐 여부, 전 소유자의 가압류가 있는 경우에도 경매 신청자가 누구이냐 및 전 소유자의 유효한 담보물권이 존재하느냐의 여부와 같은 다소 복잡한 경로를 통해 이루어져야 했다. 전 소유자의 가압류는 적어도 아래의 판례가 등장하기 전까지 가압류에 대한 권리분석을 이와 같이 해온 것이 사실이다. 경매투자자들에게 있어서도 전 소유자의 가압류가 있는 경매물건은 의례 함부로 접근해서는 안 되는 물건으로 인식 되었고, 사실 그러한 물건은 유찰이 거듭되어 최저매각가

격이 감정가보다 상당히 저감되기도 했다. 그러나 이제는 가압류에 대한 권리분석을 그리 복잡하게 하지 않아도 될 듯하다. 부동산에 대한 선순위가압류등기 후 가압류목적물의 소유권이 제3자에게 이전되고 그 후 제3 취득자의 채권자가 경매를 신청하여 매각된 경우, 가압류채권자는 그 매각절차에서 당해 가압류목적물의 매각대금 중 가압류결정 당시의 청구금액을 한도로 배당을 받을 수 있고, 이 경우 종전 소유자를 채무자로 한 가압류등기는 말소촉탁의 대상이 될 수 있다. 그러나 경우에 따라서는 집행법원이 종전 소유자를 채무자로 하는 가압류등기의 부담을 매수인이 인수하는 것을 전제로 하여 위 가압류채권자를 배당절차에서 배제하고 매각절차를 진행시킬 수도 있으며, 이와 같이 매수인이 위 가압류등기의 부담을 인수하는 것을 전제로 매각절차를 진행시킨 경우에는 위 가압류의 효력이 소멸하지 아니하므로 집행법원의 말소촉탁이 될 수 없다. 따라서 종전 소유자를 채무자로 하는 가압류등기가 이루어진 부동산에 대하여 매각절차가 진행되었다는 사정만으로 위 가압류의 효력이 소멸하였다고 단정할 수 없고, 구체적인 매각절차를 살펴 **집행법원**이 위 **가압류등기의 부담을 매수인이 인수하는 것을 전제로 하여 매각절차를 진행하였는가 여부에 따라 위 가압류 효력의 소멸 여부를 판단**하여야 한다(대법원 2007년 4월 13일 선고, 2005다8682 판결). 이 판례에 의하면 전 소유자의 가압류채권자도 현소유자의 채권자가 경매신청을 한 경우에도 현소유자의 채권자에 우선하여 배당을 받을 수가 있게 된다. 따라서, 현소유자의 가압류이건 전 소유자의 가압류이건 상관없이 **모든 가압류가 배당을 받고 소멸하는, 즉 근저당과 같은 예외 없는 말소기준권**

리가 될 수 있을 것이다.

부동산에 대한 가압류집행 후 가압류목적물의 소유권이 제3자에게 이전된 경우 가압류의 처분금지적 효력이 미치는 것은 가압류결정 당시의 청구금액의 한도 안에서 가압류목적물의 교환가치이고, 위와 같은 처분금지적 효력은 가압류채권자와 제3 취득자 사이에서만 있는 것이므로 제3 취득자의 채권자가 신청한 경매절차에서 매각 및 경락인이 취득하게 되는 대상은 가압류목적물 전체라고 할 것이지만, 가압류의 처분금지적 효력이 미치는 매각대금 부분은 가압류채권자가 우선적인 권리를 행사할 수 있고 제3 취득자의 채권자들은 이를 수인하여야 하므로, 가압류채권자는 그 매각절차에서 당해 가압류목적물의 매각대금에서 가압류결정 당시의 청구금액을 한도로 하여 배당을 받을 수 있고, 제3 취득자의 채권자는 위 매각대금 중 가압류의 처분금지적 효력이 미치는 범위의 금액에 대하여는 배당을 받을 수 없다(대법원 2006년 7월 28일 선고, 2006다19986 판결).

❺ 가압류등기 후 확정일자 임차인의 지위

주택임대차보호법 제3조의 2 제1항은 대항요건(주택인도와 주민등록 전입신고)과 임대차계약증서상의 확정일자를 갖춘 주택임차인은 후순위권리자 기타 일반채권자보다 우선하여 보증금을 변제받을 권리가 있음을 규정하고 있다. 이는 임대차계약증서에 **확정일자**를 갖춘 경우에는 **부동산 담보권에 유사한 권리**를 인정한다는 취지이므로, 부동산 **담보권자보다 선순위의 가압류채권자가 있는 경우**에 그 담보권자가 선순위의 가압류채권자와 채권액에 비례한 **평등**

배당을 받을 수 있는 것과 **마찬가지로**(당원 1992년 3월 27일 선고, 91다44407 판결 / 1987년 6월 9일 선고, 86다카2570 판결 등 참조), 위 주택임대차보호법 제3조의2의 규정에 의하여 대항요건을 갖추고 증서상에 확정일자까지 부여받음으로써 우선변제권을 갖게 되는 임차보증금채권자도 선순위의 가압류채권자와는 평등배당의 관계에 있게 된다고 할 것이며, 이때 가압류채권자가 주택임차인보다 선순위인지 여부는 위 법문상 임차인이 확정일자 부여에 의하여 비로소 우선변제권을 가지는 것으로 규정하고 있음에 비추어, 임대차계약증서상의 확정일자 부여일을 기준으로 삼는 것으로 해석함이 타당하다 할 것이어서, 가령 대항요건을 미리 갖추었다고 하더라도 확정일자를 부여받은 날짜가 가압류일자보다 늦은 이 사건의 경우에는 가압류채권자가 선순위라고 볼 수밖에 없다 할 것이므로, 원고의 가압류채권과 피고의 임차보증금채권은 각 채권액에 비례하여 평등하게 배당하여야 할 것이다(=대법원 92다30597 판결).

❻ 가압류등기 후의 임차인의 낙찰자에 대한 대항력여부

■ 대법원 83다카116 판결

> 임차인이 주민등록전입신고를 마치고 입주하여 사용함으로써 주택임대차보호법 제3조에 의하여 그 임차권이 대항력을 갖는다 하더라도 부동산에 대하여 가압류등기가 마쳐진 후에 그 채무자로부터 그 부동산을 임차한 자는 가압류집행으로 인한 **처분금지의 효력**에 의하여 가압류사건의 본안판결의 집행으로 그 부동산을 취득한 경락인에게 그 임대차의 효력을 **주장할 수 없다.**

4. 가등기

(1) 가등기의 의의와 종류

가등기라 함은 본등기를 할 수 있는 실체법적 요건이 구비되지 아니한 경우에 장래에 할 **본등기의 준비로서 하는 예비등기**를 말한다. 가등기는 장래의 물권변동을 일어나게 할 청구권을 보전하기 위한 **청구권보전을 위한 가등기**와 채권담보라는 경제적 목적을 달성하기 위하여 가등기의 형식으로 **담보가등기**로 구분된다. 담보가등기는 말소기준권리보다 후순위인 경우에는 말소가 되며, 선순위의 담보가등기는 경매실무에서 **말소기준권리**로 작용을 한다. 따라서, 담보가등기는 경매실무에서 선순위, 후순위의 구별 없이 무조건 말소가 되는 것이다.

3	소유권이전청구권가등기	2005년 4월 15일 제23545호	2005년 4월 13일 매매예약	가등기권자　하나테크주식회사　110111-0776981 서울 광진구 광장동 102

(2) 가등기 주의사항

매수희망자는 실무상 가등기의 유형 여부를 먼저 파악을 해야 한다. 소유권이전 청구권보전을 위한 가등기는 말소기준권리보다 선순위인 경우에 경매가 실행되면 낙찰자에게 **인수**가 되므로 소유권을 상실할 위험이 있다. 또한 담보가등기는 경매실무에서 **저당권과 유사한 것으로 취급**을 하고 있다.

경매집행법원에서는 경매절차과정에서 가등기권리자에게 담보가등기 또는 보전가등기에 대한 **권리신고여부**를 배당요구의 종기일까지를 정하여 가등기권리자에게 **최고**하게 된다. 따라서 가등기권리자는 이 기간 중에 권리신고를 하게 되는데, 실무에서는 가등기권자가 권리신고를 하지 않는 경우도 종종 발견하게 되므로 매수희망자는 각별히 주의하여야 한다.

따라서, 매수희망자가 가등기를 판단하여 과연 어떠한 가등기인지를 구별하려면 먼저 경매집행법원에 권리신고여부를 매각물건명세서나 경매사건기록표를 통하여 확인을 하면 될 것이나, 권리신고를 하지 않은 경우에는 가등기권리자에게 직접 확인을 하면 될 것이다. 그러나 가등기권리자가 경매집행법원에 권리신고를 하지 않았고, 또한 직접확인에서도 협조를 하지 않은 경우에 매수희망자는 보전가등기라는 생각을 가지고 권리분석을 하여야 할 것으로 생각이 된다.

(3) 가등기의 실무 사례

담보부동산의 다른 채권자가 경매신청할 경우 담보가등기는 **저당권으로 간주**되고(=가등기담보등에 관한 법률 제13조), 따라서 담보가등기가 설정된 날짜를 기준하여 권리관계가 확정되나, 보전가등기의 경우 그 자체만으로는 아무런 효력이 없다. 단지 보전가등기를 한 사람이 정식 등기절차(=본등기절차)를 밟는다면 그때 가서야 본등기의 순위가 **가등기한 날로 소급**된다. 즉, 보전가등기는 순위보전적인 효력이 있다. 다음의 예를 보도록 하자.

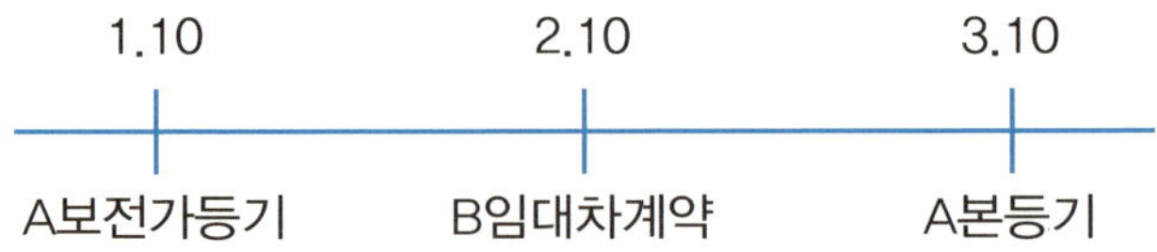

1월 10일 A가 C의 주택에 대하여 소유권이전청구권 보전가등기를 하였고, 동년 2월 10일 B가 C의 주택에 임대차계약을 체결하였으며, 동년 3월 10일 A가 가등기를 본등기로 전환하였을 경우 임차인 B는 가등기권자인 A에 대하여 임차인으로서 자기 권리(=거주 및 계약기간 만료후 보증금의 반환요청)를 주장할 수 있을까? 아니다! **주장할 수 없다.** 왜냐하면 임차인 B가 C 소유의 주택에 입주할 당시(=2월 10일)만 해도 가등기권자 A는 C 소유의 주택에 대하여 아무런 권리를 행사할 수가 없으나, 본등기로 전환하면 가등기권자 A가 그 주택에 대하여 권리를 행사할 수 있는 날짜는 가등기한 날짜(=1월 10일)로 소급된다. 따라서 임차인 B는 가등기에 기한 본등기 전에 주택소유자인 C와 임대차계약을 체결하였음에도 불구하고, 본등기가 되면 본등기의 순위는 가등기한 날로 소급되어 임차인 B는 소유자가 아닌 C와 임대차계약을 체결한 것으로 되어, 가등기권자 A가 본등기를 한 후 집을 비워달라고 하면 집을 비워주는 수밖에 달리 방법이 없다.

(4) 가등기 권리분석

❶ 가등기는 부동산등기부상의 형식에 의하지 않는다.

■ **대법원 91다36932 판결**

> 가등기가 담보가등기인지 여부는 그 등기부상 표시나 등기시에 주고받은 서류의 종류에 의하여 형식적으로 결정될 것이 아니고 **거래의 실질과 당사자의 의사해석에 따라** 결정될 문제라고 할 것이다.

❷ 담보가등기는 저당권으로 본다(=가등기담보 등에 관한 법률 제13조). 담보가등기가 경료된 부동산이 경매된 경우 담보가등기는 자기 채권을 **후순위 채권자보다 우선변제 받을 권리**가 있다. 이는 담보가등기를 저당권으로 보기 때문이며, 이로서 담보가등기가 때로는 말소기준권리가 될 수 있는 것이다.

❸ 담보가등기가 배당신청을 하지 않았거나 배당금을 수령하지 못한 경우
가등기담보 등에 관한 법률 제15조에 의하면 "담보가등기는 경매 시 매각으로 소멸한다"라고 되어 있어 말소촉탁대상이 될 뿐이기에 배당받는 것과 관계없이 소멸한다(=대법원 91다41996 판결).

■ 대법원 91다41996 판결

가. 근저당권이 설정되어 있는 부동산에 소유권이전등기청구권보전의 가등기가 이루어지고 그 후에 강제경매가 실시되어 그 경락허가결정이 확정된 경우에는 구 민사소송법(1990년 1월 13일 법률 제4201호로 개정되기 전의 것) 제608조 제2항에 의하여 선순위의 근저당권은 경락으로 인하여 소멸되고 그보다 후순위인 가등기상의 권리도 소멸되는 것이므로, 이 가등기 또한 같은 법 제661조 제1항 제2호 소정의"경락인이 인수하지 아니한 부동산상의 부담의 기입"으로서 **말소촉탁의 대상**이 되는 것이다.

나. 위 '가'항의 가등기가 가등기담보 등에 관한 법률 소정의 담보가등기라 하더라도 그 가등기권리 역시 같은 법 제15조에 의하여 경락으로 인하여 소멸되고, 같은 법 제16조 제2항에 의하여 말소촉탁의 대상이 되는 것이며 **경매절차에서 배당요구 신청을 하지 아니하였다거나 혹은 배당금을 수령하지 아니하였다 하여도 마찬가지**이다.

❹ 담보가등기는 경매 시 매각으로 소멸한다.

가등기담보등에 관한 법률 제15조 규정에 의해 담보가등기는 매각으로 소멸하기에 낙찰자가 경매대금을 완납하였음에도 불구하고 담보가등기가 본등기한다면 이는 원인무효의 등기로서 그 효력이 없다(=대법원 93다52853 판결 참조).

■ 대법원 93다52853 판결

가등기담보 등에 관한 법률 제15조는 담보가등기가 경료된 부동산에 대하여 경매 등이 행하여진 때에는 담보가등기권리는 그 부동산의 매각에 의하여 소멸한다고 규정하고 있으므로 경락인이 경락허가결정을 받아 그 **경락대금을 모두 지급함으로써 소유권을 취득**하였다면 담보가등기권리는 **소멸**되었다고 보아야 할 것이고, 그 후에 경료된 위 가등기에 기한 본등기는 원인을 결여한 무효의 등기이며, 위 가등기에 기한 본등기가 종전소유자와의 대물변제 합의에 기하여 이루어진 것이라 하여도 이는 소유권을 경락인이 취득한 후에 무효인 가등기를 유용하는 것에 해당하므로 역시 **무효**이다.

5. 가처분

(1) 가처분의 의의

가처분이란 금전채권 이외의 권리 또는 법률관계에 관한 **보전처분**이다. 어떤 권리관계에 대해 다툼이 있는 경우, 본안 소송 판결이 확정되기까지 많은 시간이 걸리기 때문에 임시로 그 지위를 고정해 놓고 장래에 확정판결을 받아 집행하기 위한 **예비적 조치**를 말한다.

가처분은 말소기준권리보다 선순위이면 인수, 후순위이면 말소가 되는 것이 원칙이다. 그러나 **건물철거의 목적을 위한 가처분과 토지인도청구를 위해서 건물에 설정한 가처분**은 그 성립순위에 관계없이 무조건 매수자에게 **인수**가 되며, 진정한 권리에 관한 소유권분쟁 소송 제기 전에 소송원고가 처분금지가처분을 경료시킨 경우 그 가처분은 당해 물건의 경매 시에 말소 및 인수 여부와 무관하게 가처분을 원인으로 한 본안판결의 결과에 따라서 원고승소판결이 날 경우에 제3자는 권리를 상실할 수도 있다.

| 13 | 가처분 | 2012년12월13일 제65449호 | 2012년12월12일 부산지방법원 동부지원의 가처분결정(2012카단3534) | 피보전권리 원인무효에 기한 소유권이전등기청구권가등기 등 회복등기청구권
채권자 김재옥 740111-1******
울산 북구 천곡남로 65 202동 1301호(천곡동,천곡2차코아루)
금지사항 매매, 증여, 전세권, 저당권, 임차권의 설정 기타일체의 처분행위 금지 |

(2) 가처분의 종류

가처분은 특정 청구권에 대하여 장래 강제집행을 보전할 필요가 있을 때 하는 조치로서, 부동산소유권과 관련하여 분쟁이 발생되었을 경우에 하는 **매매·양도금지가처분등기**와 경매로 부동산을 낙찰받은 후 명도대상자에 대하여 명도집행을 하기 전에 하는 **점유이전금지가처분**이 있다.

경매권리분석을 할 때 처분금지가처분을 눈여겨보아야 하고 차후 낙찰 받고 명도할 때 점유이전금지가처분을 잘 활용해야 한다.

❶ 매매·양도금지가처분

경매물건에 말소기준권리보다 먼저 이러한 가처분등기가 되어 있으면 이는 경매로 말소되지 않기에 투자대상에서 제외시키는 것이 좋다. 이는 **소유권과 관련하여 분쟁이 발생**되었을 경우 특정 부동산에 대한 소유권을 주장하는 자가 현재 부동산등기부상의 소유자를 상대로 소송을 제기하기 앞서 부동산등기부상의 소유자가 그 부동산을 **다른 사람에게 매매 등을 하지 말라고 하는 의사표시**로서 등기하는 것을 말한다.

❷ 점유이전금지가처분

낙찰자에게 대항할 수 없는 자가 주택을 비우지 않을 경우 낙찰자는 경매대금 완납일로부터 6개월 이내에 **인도명령신청**을 하여야 하며, **동시에** 점유자를 상대로 점유이전금지가처분신청을 하여야 한다. 그러나 실무에서는 이 가처분신청을 통상 하지 않는 경향이 있는데, 만약 이 가처분신청을 하지 않은 상태에서 인도명령신청에 의한 명도집행을 하려고 현장을 가 본 결과 **점유자가 다르다면** 명도집행시 곤란을 입을 수도 있기에 이 신청을 하는 것도 나쁘지만은 않다.

(3) 가처분 권리분석

❶ 가처분등기 ⇨ 근저당권

선순위에 가처분되어 있는 물건을 낙찰받아 소유권이전을 하였더라도 가처분집행의 효력이 상실되지 않기에 가처분권자가 본안소송을 제기하여 이긴다면 **가처분권자는 본인 명의로 소유권이전 및 낙찰자 명의의 소유권이전등기의 말소**를 구할 수 있다. 이 경우 낙찰자는 민법 제578조(=경매와 매도인의 하자담보책임)에 의해 보호받

을 수 있으나, 집행실무에서는 가처분이 최선순위인 경우 경매개시
결정과 등기촉탁을 끝낸 후 경매절차를 정지한다.

❷ 근저당권 ⇨ 가처분등기

후순위 가처분등기는 **매각으로 소멸한다.** 즉, 가처분채무자의 소유
권취득이 적법한 것을 전제로 저당권이 설정되어 경매진행되었고,
경매절차에서 낙찰자가 경매대금을 납부하면 가처분등기는 말소대
상이 되는데, 나중에 가처분채무자의 소유권이전이 무효인 것으로
판명되어 가처분채권자가 승소하였다면 비록 가처분등기가 경매절
차상 매각으로 말소되었더라도 가처분권자는 낙찰자에 대하여 소
유권을 주장할 수 있다.

6. 전세권

전세권이란 전세금을 집주인(=전세권 설정자)에게 지급하고 전세권이
라는 **물권을 등기**하여 전세권자가 전세목적물을 사용(用)하고 수익(
益)할 수 있는 권리로서 **용익**(用益)**물권의 성격**이 있으며, 전세권 설정
기간이 만료되었음에도 불구하고 집주인이 전세금을 반환하지 않을
경우 전세권에 의해 전세목적물을 처분(=경매신청)할 수 있는 **담보물
권적인 성격**도 있어 전세권을 **특수한 용익물권**이라고도 한다.
경매물건에 있어서 말소기준권리 이후에 설정된 전세권은 경매결과
순위에 의해 배당받고 소멸되나, 말소기준권리 이전에 설정되었다면
원칙적으로 소멸되지 않고 낙찰자에게 인수되는 경우가 있다.

| 11 | 전세권설정 | 2010년3월31일
제27222호 | 2010년3월31일
설정계약 | 전세금　금120,000,000원
범　위　건물 전부
존속기간　2012년 3월 30일까지
전세권자　조정숙　680520-2******
　　　서울특별시 노원구 상계동 740 주공아파트 223-704 |

(1) 소멸되는 전세권

❶ 말소기준권리 이후에 설정된 전세권

말소기준권리인 근저당권 등보다 나중에 전세권이 설정되었다면 경매절차에서 전세금 전액을 배당받건 배당받지 못하건 간에 **무조건 소멸하**게 된다. 이는 전세권보다 먼저 설정된 말소기준권리가 배당받고 소멸하면 후순위 전세권은 선순위 말소기준권리와 운명을 함께하여 소멸하는 것이다.

❷ 말소기준권리 이전에 설정된 전세권

선순위 전세권자가 법원이 공고한 배당요구종기일(=최초 매각기일 이전)까지 **채권계산서를 제출하면 배당받고 소멸**한다(=민사집행법 제91조 제4항 단서).

❸ 선순위 전세권자가 경매신청한 경우

선순위 전세권이 **임의경매신청**을 하였다면 전세권과 저당권은 경매로 모두 소멸한다. 이 때 말소기준권리는 선순위 전세권이 되는데, 참고로 전세권에 기한 임의경매신청을 하였다는 것은 집합건물과 같이 건물 전부에 전세권이 설정된 경우에 한하며, 단독주택 등 건물 일부에 설정된 전세권은 전세권 그 자체만으로 경매신청할 수 없고, 소유자를 상대로 전세금반환청구소송에 의한 판결문으로 건물 전부를 **강제경매신청**하여 대지 매각대금을 제외한 **건**

물 매각대금에서만 우선변제 받을 뿐이다. 이 경우의 전세권은 말소기준권리에 해당되지 않는다.

그러나 후순위 저당권이 경매신청을 하면 선순위 전세권은 소멸되지 않으나 채권계산서를 최초 매각기일 이전까지 제출하면 배당받고 소멸하는데, 선순위 전세권자의 채권계산서 제출여부를 입찰 전에 확인하여야 한다.

(2) 인수되는 전세권

말소기준권리보다 먼저 설정된 전세권이 경매절차상에서 **채권계산서를 제출하지 않으면** 무조건 낙찰자의 부담으로 된다.

(3) 전세권의 배당범위

집합건물이 아닌 단독주택 등에 전세권이 설정되었다면 전세권의 효력은 건물 부분에만 미쳐 건물 매각대금에서 우선변제 받을 수 있으나, 아파트 등 집합건물의 전유부분에 설정된 전세권의 경우 전세권은 전유부분의 종된 권리인 대지권에까지 그 효력이 미쳐 **대지 및 건물 매각대금 전부**에 대하여 우선변제권을 가지게 된다(=대법원 2002년 6월 14일, 2001다68389 판결, 배당이의).

그리고 아파트 등 집합건물이 아닌 단독주택의 건물 부분에 전세권을 설정하였다면 전세권의 효력은 건물 부분에만 미치기에 경매결과 건물 경매대금에 대하여만 우선변제 받을 수 있으나, 임차인이 전입신고 및 임대차계약을 체결하였다면 전세권등기일에 임대차계약증서상에 확정일자를 받은 것과 같은 효력이 발생되어 배당시 토지 및 건물 경매대금 전부에 대하여 후순위 권리자보다 전세금을 우선해서 변제받을 권리(=우선변제권)를 주장 할 수 있다(=대법원 2002년 11월 8일 선고, 2001다51725).

(4) 전세권에 의한 경매신청

❶ 임의경매

공동주택에 설정된 전세권은 전세기간 만료 후 임의경매신청을 할 수 있다. 즉, 전세권은 용익물권이나 **공동주택에 설정된 전세권**의 효력은 전유부분뿐만 아니라 대지권에까지 미치기에 담보권에 준하여 임의경매신청이 가능한 것이다.

❷ 강제경매

공동주택이 아닌 **일반주택이나 상가 등에 전세권을 설정**하였을 경우 전세권은 건물 부분에만 효력이 미치고 토지에는 미치지 않기에 공동주택에 설정된 전세권처럼 전세권에 기한 임의경매신청을 할 수 없다. 따라서 전세권자는 소유자를 상대로 **전세금 반환소송**을 제기하여 판결문으로 토지 및 건물 전부를 강제경매신청한 후 배당은 토지 경매대금을 제외한 건물 경매대금 전부에 대하여 후순위 권리자보다 우선변제 받을 따름이다(=민법 제303조 제1항: 전세권자는 전세금을 지급하고 타인의 부동산을 점유하여 그 부동산의 용도에 좇아 사용·수익하며, 그 부동산 전부에 대하여 후순위권리자 기타 채권자보다 전세금의 우선변제를 받을 권리가 있다).

❶ 대항력 있는 임차인이 전세권까지 설정한 경우(=대법원 93다39676 판결)

■ **대법원 93다39676 판결**

> 주택임차인으로서의 우선변제를 받을 수 있는 권리와 전세권자로서 우선변제를 받을 수 있는 권리는 **근거규정 및 성립요건을 달리하는 별개의 것**이므로, 주택임대차보호법상 대항력을 갖춘 임차인이 임차주택에 관하여 전세권설정등기를 경료하였다거나 전세권자로서 배당절차에 참가하여 전세금의 일부에 대하여 우선변제를 받은 사유만으로는 **변제받지 못한 나머지 보증금에 기한 대항력 행사에 어떤 장애가 있다고 볼 수 없다.**

7. 환매권등기

- 환매등기는 말소기준권리보다 선순위는 인수, 후순위는 말소가 된다, 환매등기는 **매매등기와 동시에** 환매권을 보류하는 특약을 한 때에는 제3자에 대하여 효력이 있다. 환매등기가 된 부동산을 매수한 자는 환매권자가 환매권을 행사하면 소유권을 상실한다. 즉, 인수되는 환매등기가 있는 부동산을 낙찰받아 낙찰자 명의로 소유권이전을 하면 낙찰자는 환매의무자가 되고, 등기부상 환매권리자는 환매대금을 환매의무자에게 지급하여야만 소유권을 다시 이전받기 때문에 낙찰금액(=예로서 2억원)과 환매대금(=예로서 3억원)

을 비교하여 환매대금이 낙찰금액보다 많다면 환매권리자는 낙찰자에게 3억원을 지급하고 소유권을 이전해 가기 때문에 이러한 경우 오히려 낙찰자에게 유리하다. 그러나 낙찰금액(=예로서 3억원)이 환매대금(=예로서 2억원)보다 많다면 낙찰자는 2억원만 받고 소유권을 환매권리자에게 이전시켜 주어야 하기 때문에 재산상 손실이 발생될 수도 있어 인수되는 환매등기가 있는 부동산을 낙찰받고자 할 경우에는 **낙찰금액과 환매대금을 비교**한 후 입찰에 임해야 할 것이다.

- **환매기간은?**

  부동산의 경우 환매기간은 **5년**인데, 이는 **강행규정**으로서 5년의 기간이 경료된 환매등기의 환매권리자는 환매권을 행사할 수 없게 된다(=민법 제591조 제1항).

8. 경매기입등기

(1) 경매절차에서 경매개시결정등기가 등기부에 기입되면 **압류의 효력**이 발생한다. 경매기입등기 중에서 강제경매기입등기는 등기부상에 원칙적인 말소기준권리가 없는 경우에 한하여 말소기준 권리로서 작용을 하는 경우가 있다.

| 11 | 강제경매개시결정 | 2011년8월31일
제83151호 | 2011년8월31일
대구지방법원
포항지원의
강제경매개시결정(2011
타경7056) | 채권자 삼성카드주식회사 110111-0346901
서울특별시 중구 태평로2가 250
(대구콜렉션지점구미주재팀) |

(2) 채권자의 경매신청이 적합하면 법원은 변론 없이 경매개시결정을 한다. 개시결정은 경매신청에 대한 재판이며 이에 대하여 **경매절차를 개시한다는 뜻** 및 **그 부동산의 압류를 명하는 뜻**을 기재하게 된다. 법원은 개시결정을 한 때에도 지체 없이 직권으로 그 사유(개시결정을 한 뜻)를 등기부에 기입할 것을 소관 등기소공무원에게 촉탁하게 된다. 이 등기의 목적은 **제3자에 대하여** 그 부동산에 관하여 압류가 되었다는 것을 공시함으로써 제3자로 하여금 그 등기 이후에 권리를 취득하더라도 **경매신청인이나 매수인에게 대항할 수 없도록** 하기 위함이다. 개시결정에 따른 압류의 효력은 부동산 소유자에게 그 정본이 송달된 때에 생기는 것이 원칙이나, 경매실무에서 소유자에게 송달하기 전에 개시결정등기부터 하는 경우에는 그 등기시에 압류의 효력이 생기게 된다. 따라서 압류 **후에 이루어진 권리변동**은 경매 **매수인에게 대항하지 못한다.**

9. 법정지상권

법정지상권이란 **남의 토지 위에 건물을 소유한 사람**이 토지소유자에게 토지사용료조로 일정금액을 지급하고 최장 30년 동안 토지를 사용할 수 있는 권리로서 법률의 규정에 의해 법정지상권이 성립되면 이를 **등기하지 않아도 당연히 취득**되는 권리를 말한다(=민법 제366조).

(1) 법정지상권 성립요건

건물소유자가 남의 토지를 적법하게 사용할 수 있는 법정지상권은 토지와 건물의 소유자가 동일인이었다가 경매로 인해 토지와 건물소유자가 달라졌을 때에 **토지소유자는 건물소유자를 위해** 지상권을 설정한 것으로 보는데, 법정지상권의 성립요건은 다음과 같다.

❶ 토지에 저당권이 **설정된 때**에 건물이 **존재**해야 한다.

토지에 저당권이 설정될 당시에 지상에 건물이 반드시 존재하여야 한다. 지상에 건물이 없는 상태에서 토지에 저당권을 설정할 경우 저당권자는 담보가치를 높게 평가하여 담보를 취득하는 것이 일반적인데, 만약 토지에 저당권을 설정한 후 신축된 건물에 대하여도 법정지상권을 인정한다면 토지의 담보가치가 떨어질 것이고, 그러하다면 나대지 상태에서 토지를 담보취득한 저당권자의 이익이 침해되기 때문에 법정지상권이 인정되기 위해서는 저당권 설정 당시 지상에 건물이 반드시 있어야 한다. 건물등기가 없더라도 건물이 존재하면 된다.

따라서 **미등기 건물**이 존재하더라도 토지와 건물의 소유자가 동일인이라면 법정지상권의 성립요건이 된다. 또한 건물을 **개축하거나 재축한 경우**에도 인정이 되며, 구건물을 철거하고 새로이 건축하였을 경우에도 또한 법정지상권이 인정된다.

❷ 토지와 건물의 소유자가 동일인이어야 한다.

근저당권 설정당시에 토지 및 건물의 소유자가 동일인이어야 한다. 따라서 근저당권 설정당시 토지와 건물의 소유자가 다르다면 법정지상권은 성립되지 않는다.

❸ 토지와 건물 한쪽 또는 양쪽에 근저당권이 설정되어야 한다.

토지와 건물 한쪽 또는 양쪽 모두에 근저당권이 설정된 후 경매결과 소유자가 달라진다면 법정지상권이 인정되며, 토지와 건물 어느 쪽에도 근저당권이 설정되어 있지 않았으나 매매 등의 원인으로 소유자가 달라졌다면 이 때에는 관습법상 법정지상권이 성립된다.

❹ 경매결과 토지와 건물소유자가 **달라져야 한다.**

토지 및 건물의 소유자가 같고, 토지에 저당권이 설정될 당시 지상에 건물이 존재한 상태에서 저당권자의 경매신청에 의해 토지와 건물의 소유자가 달라져야 한다.

(2) 법정지상권의 성립시기와 등기여부

법정지상권의 성립시기는 낙찰자가 **낙찰대금을 완납한 때**이고, 이 때로부터 최장 30년간 법정지상권이 유지된다. 그리고 법정지상권은 법률의 규정(=민법 제366조)에 의한 물권 취득으로서 **등기를 필요로 하지 않는다.**

(3) 존속기간

법정지상권의 존속기간은 판례는 기간의 약정을 하지 않은 지상권으로 보며, 기간의 약정을 하지 않은 지상권의 존속기간은 민법 제280조 제1항 규정의 최단기간으로 보아 ▶ 석조, 석회조, 연와조 또는 이와 유사한 **견고한 건물이나 수목의 소유**를 목적으로 하는 때에는 **30년** ▶ 그 밖의 건물의 소유를 목적으로 하는 때에는 15년 ▶ 건물 이외의 공작물의 소유를 목적으로 하는 때에는 5년으로 된다.

(4) 법정지상권의 범위

법정지상권이 성립될 경우 법정지상권자의 토지사용권 범위는 건물의 대지에 한정되지 않고 건물의 유지 및 사용에 일반적으로 필요한 범위내에서 건물의 대지 이외의 대지에도 미치는데, 예로서 지상의 창고가 법정지상권을 가진다면 창고로 이용하는데 있어서 일반적으로 필요한 **주변토지에 까지** 그 효력이 미친다(=대법원 1977년 7월 26일, 77다921 판결, 부당이득금반환).

(5) 지료(地料)

타인의 토지를 사용함으로서 건물소유자가 이득을 얻었다면 이는 **부당이득에 해당**되고, 따라서 지료의 지급은 이러한 부당이득에 대한 반환의 성격을 가지는데, 지료의 산정은 토지 및 건물 소유자간의 **협의에 의해 결정**하고, 협의가 안 되면 법원에 청구하여 결정하여야 하며, 지료액의 정도는 아무런 제한 없이 타인 토지를 사용함으로서 얻는 이익에 상당하는 대가이어야 한다(=대법원 1995년 9월 15일, 94다61144 판결, 지료 등).

(6) 법정지상권의 성립여지가 있는 물건에 대한 접근방법

법정지상권을 가지는 건물이 소재하는 토지를 낙찰받았을 경우 실패한 경매투자라고 생각할 수도 있다. 이는 법정지상권자 즉, 건물 소유자가 가지는 권리만을 생각하고 토지 낙찰자가 가지는 권리는 생각하지 않기 때문에 실패한 경매투자라고 단정짓는데, 그러나 토지 낙찰자가 건물 소유자에게 주장할 수 있는 권리 즉, 지료지급 요청 및 지료지급을 지체할 경우 지상건물을 강제집행한 후 지상건물을 토지 낙찰자가 낙찰받는다면 반드시 실패한 경매투자라고 단정지을 필요는 없을 것이다.

정리하자면 법정지상권이 성립되면 **지료청구**를 하고, 성립되지 않는다면 **건물철거소송** 등의 절차를 밟아 토지 낙찰자의 권리를 주장할 수 있어, 토지만 경매로 나왔을 경우 시세의 절반 정도의 가격으로 취득할 수 있다면 주도권은 토지 낙찰자에게 있어 이 또한 투자대상으로 삼아도 괜찮을 것이다.

(7) 법정지상권 판례연구

❶ 지료지급에 대한 약정이 없는 경우

■ **대법원 95다52864 판결**

민법 제366조 단서의 규정에 의하여 법정지상권의 경우 그 지료는 당사자의 협의나 법원에 의하여 결정하도록 되어 있는데, 당사자 사이에 지료에 관한 협의가 있었다거나 법원에 의하여 지료가 결정되었다는 아무런 입증이 없고 법정지상권에 관한 지료가 결정된 바 없다면, 법정지상권자가 지료를 지급하지 않았다고 하더라도 지료 지급을 지체한 것으로는 볼 수 없으므로 법정지상권자가 2년 이상의 지료를 지급하지 아니하였음을 이유로 하는 토지소유자의 **지상권 소멸청구는 이유가 없다.**

❷ 나대지상에 근저당권 설정 후 건물 신축의 경우

■ **대법원 95마1262 결정**

건물 없는 토지에 저당권이 설정된 후 저당권설정자가 그 위에 건물을 건축하였다가 담보권의 실행을 위한 경매절차에서 경매로 인하여 그 토지와 지상건물이 소유자를 달리하였을 경우에는, 민법 제366조의 법정지상권이 인정되지 아니할 뿐만 아니라 관습상의 법정지상권도 인정되지 아니한다.

❸ 토지상에 근저당권이 설정될 당시 건축 중인 경우

■ **대법원 2003다29043 판결**

민법 제366조의 법정지상권은 저당권설정 당시 동일인의 소유에 속하던 토지와 건물이 경매로 인하여 양자의 소유자가 다르게 된 때에 건물의 소유자를 위하여 발생하는 것으로서, 토지에 관하여 저당권이 설정될 당시 토지 소유자에 의하여 그 지상에 건물을 건축 중이었던 경우 그것이 사회관념상 독립된 건물로 볼 수 있는 정도에 이르지 않았다 하더라도 건물의 규모, 종류가 외형상 예상할 수 있는 정도까지 건축이 진전되어 있었고, 그 후 경매절차에서 매수인이 **매각대금을 다 낸 때까지** 최소한의 **기둥과 지붕 그리고 주벽**이 이루어지는 등 독립된 부동산으로서 건물의 요건을 갖추어야 법정지상권의 성립이 인정된다.

❹ 법정지상권이 성립되는 건물을 낙찰받은 경우

■ **대법원 84다카1578 판결**

건물소유를 위하여 법정지상권을 취득한 자로부터 경매에 의하여 그 건물의 소유권을 이전받은 경락인은 경락 후 건물을 철거한다는 등의 매각조건하에서 경매되는 경우 등 특별한 사정이 없는 한 건물의 경락취득과 함께 위 지상권도 **당연히 취득**한다.

❺ 동일인 소유의 토지와 지상건물에 대하여 공동저당권이 설정된
후 그 건물이 철거되고 다른 건물이 신축된 경우, 저당물의 경매
로 인하여 토지와 신축건물이 서로 소유자가 달라진 경우 법정지
상권 성립 여부

■ 대법원 98다43601 판결

동일인의 소유에 속하는 토지 및 그 지상건물에 관하여 공동저당권
이 설정된 후 그 지상건물이 철거되고 새로 건물이 신축된 경우에는
그 신축건물의 소유자가 토지의 소유자와 동일하고 토지의 저당권자
에게 신축건물에 관하여 토지의 저당권과 동일한 순위의 공동저당권
을 설정해 주는 등 특별한 사정이 없는 한 저당물의 경매로 인하여 토
지와 그 신축건물이 다른 소유자에 속하게 되더라도 그 신축건물을
위한 **법정지상권은 성립하지 않는다**고 해석하여야 하는바, 그 이
유는 동일인의 소유에 속하는 토지 및 그 지상건물에 관하여 공동저
당권이 설정된 경우에는, 처음부터 지상건물로 인하여 토지의 이용이
제한받는 것을 용인하고 **토지에 대하여만 저당권을 설정하여 법
정지상권의 가치만큼 감소된 토지의 교환가치를 담보로 취득**
한 경우와는 달리, 공동저당권자는 토지 및 건물 각각의 교환가치 전
부를 담보로 취득한 것으로서, 저당권의 목적이 된 건물이 그대로 존
속하는 이상은 건물을 위한 법정지상권이 성립해도 그로 인하여 토
지의 교환가치에서 제외된 법정지상권의 가액 상당 가치는 법정지상
권이 성립하는 건물의 교환가치에서 되찾을 수 있어 궁극적으로 토
지에 관하여 아무런 제한이 없는 나대지로서의 교환가치 전체를 실
현시킬 수 있다고 기대하지만, 건물이 철거된 후 신축된 건물에 토지
와 동순위의 공동저당권이 설정되지 아니 하였는데도 그 신축건물을
위한 법정지상권이 성립한다고 해석하게 되면, 공동저당권자가 법정
지상권이 성립하는 신축건물의 교환가치를 취득할 수 없게 되는 결과
법정지상권의 가액 상당 가치를 되찾을 길이 막혀 위와 같이 당초 나
대지로서의 토지의 교환가치 전체를 기대하여 담보를 취득한 공동저
당권자에게 불측의 손해를 입게 하기 때문이다.

- **공동저당**: 토지 및 건물 전부에 대하여 근저당권을 설정하였으나 근저당건이 설정된 건물을 멸실시키고 새로운 건물을 건축하였는데, 근저당권자가 토지근저당권을 실행하여 토지와 건물의 소유자가 달라졌을 경우 **법정지상권은 인정되지 않는다.**
- **단독저당:** 토지 상에 건물이 있는 상태에서 토지에만 근저당권을 설정하였고, 그 후 지상건물을 멸실시키고 건물을 신축하였는데, 토지 근저당권자가 토지만 경매신청하여 토지와 건물의 소유자가 달라졌을 때에 **법정지상권은 인정**된다고 보아야 한다.

10. 유치권

(1) 유치권이란?

유치권이란 **타인**의 물건 등을 **점유**한 자가 그 물건에 관하여 발생된 채권이 있을 경우 그 채권을 변제받을 때까지 물건 등을 유치할 수 있는 권리로서(=민법 제320조 제1항), 예로서 시계수리업자는 시계라는 물건에서 발생된 채권(=시계수리비)을 변제받을 때까지 시계의 인도를 거절하고 **유치**(=가지고 있는 것)할 수 있는 권리와 임차인이 임차목적물에 투여한 필요비 및 유익비의 반환을 받을 때까지(=민법 제325조) 임차목적물을 보유할 수 있는 권리를 유치권이라 하는데, 이와 같이 유치권은 목적물을 유치함으로써 채무변제를 간접적으로 강제할 수 있다. 그러나 유치권자가 점유를 상실하면 이로써 유치권은 소멸하게 된다(=민법 제328조).

그리고 유치권은 우선변제권이 없으나 유치권의 목적물이 경매 또는 강제집행되더라도 유치권자는 낙찰자에게 유치권에 기한 채권을 변제받을 때까지 목적물의 인도를 거절할 수 있어 사실상 우선변제권이 있는 것으로 보아야 한다.

또한 유치권은 일정한 요건만 갖추면 당사자의 의사와는 상관없이 당연히 발생되는 **법정담보물권**으로서 경매물건에도 유치권이라는 복병이 간혹 도사리고 있는 경우가 있는데, 유치권은 소멸기준 전후를 떠나서 낙찰자가 **무조건 인수**하여야 하는 권리에 해당된다.

(2) 유치권의 성립요건

❶ 유치권의 목적물

유치권은 법정담보물권(=**법률상 당연히 성립되는 물권**)으로서 그 목적물이 될 수 있는 것은 동산, 부동산, 유가증권이며, 유치권은 그 목적물을 점유하면 발생되고, 특히 부동산 유치권의 경우 **등기를 요하지 않는다**(=부동산등기법 제2조). 따라서 건물의 경우 공사대금을 반환받지 못한 건축업자가 있거나, 임차인이 임차목적물에 대하여 필요비 또는 유익비를 지출하였을 경우, 낙찰자는 낙찰금액과는 **별도로 공사대금 또는 임차인이 들인 비용**을 부담해 주어야 하는 경우가 간혹 발생되곤 한다.

❷ 채권이 목적물 자체에서 발생되어야 한다

유치권에 기한 채권이 유치권의 목적물과 관련하여 발생되어야 한다(=민법 제320조 제1항). 예로서 임차인이 임차목적물에 들인 필요비 또는 유익비의 상환청구권, 물건의 하자로 인해 발생된 손해배상청구권 등으로서 채권이 목적물 자체에서 발생되어야 한다(=대법원 76다582, 건물명도).

따라서 물건과 관련하여 발생된 채권이 아니면 유치권이 성립되지 않는다. 예로서 임차인의 보증금반환청구권은 유치권의 대상이 되지 않는데(=대법원 77다115 건물명도), 임차보증금반환채권은 임차목적물에 대하여 생기는 채권으로서 임대인에 대한 채권이지 임차목적물 자체와 관련하여 발생된 채권이 아니기 때문이다.

❸ 채권의 발생시기

물건에 대한 채권이 그 목적물을 점유하기 전에 발생되었더라도 나중에 목적물을 점유하면 유치권은 성립된다. 따라서 점유하던 중 또는 점유와 동시에 채권이 발생되어야만 하는 것은 아니다(=대법원 64다1977, 가옥명도 및 손해배상).

■ 대법원 64다1977 판결

유치권자가 유치물을 점유하기 전에 발생된 건축비채권이라도 그후 그 건물의 점유를 취득했다면 유치권은 성립한다.

❹ 타인의 물건을 점유하여야 한다.

유치권자는 타인의 물건을 점유하여야 하며, 점유는 계속되어야 하는데, 점유는 직접점유이든 간접점유이든 간에 상관없으나, 만약 점유를 상실하면 유치권은 소멸하게 된다(=민법 제328조).

여기서 타인은 채무자만을 의미하지 않고 그 승계인도 포함되어(=대법원 71다2414, 가옥명도), 유치권이 성립된 후 **소유자의 변동이 있더라도** 유치권자는 유치권을 행사할 수 있고, 유치권이 성립되는 **부동산을 낙찰받은 자 역시 채무자의 승계인에 해당**되어 유치권자의 채권을 변제해야 할 의무가 있는 것이다.

■ **대법원 71다2414 판결**

> 유치권자의 점유하에 있는 유치물의 소유자가 변동하더라도 유치권자의 점유는 유치물에 대한 보존행위로서 하는 것이므로 적법하고 그 소유자변동후 유치권자가 유치물에 관하여 새로이 유익비를 지급하여 그 가격의 증가가 현존하는 경우에는 이 유익비에 대하여도 유치권을 행사할 수 있다.

❺ 불법행위에 의한 점유가 아니어야 한다.

유치권자의 점유가 불법행위에 기인하여서는 아니 된다. 이는 불법행위에 의해 점유를 한 자에 대하여 까지도 유치권을 인정하여 그 채권을 보호해 줄 필요가 없기 때문인데, 예로서 타인의 물건을 훔친 자가 그 물건을 고쳤더라도 수선비 채권에 대한 유치권이 성립되지 않는 것이다(=대법원 71다1442, 원고의 소유권취득 후에 이 사건 부동산을 점유하기 시작한 피고는 원고에 대하여 불법점유자이므로 피고의 유치권 주장은 부당하다).

❻ 유치권 배제특약이 없어야 한다.

임대차계약서상에 통상 **원상복구조항**은 **유치권 포기조항** 즉 **배제특약**으로 본다. 따라서 이러한 경우 임차인의 유익비·필요비청구원을 가지고 유치권을 주장할 수 없다.

■ **대법원 73다2010 판결**

> 건물의 임차인이 임대차관계 종료시에는 건물을 원상으로 복구하여 임대인에게 명도하기로 약정한 것은 건물에 지출한 각종 유익비 또는 필요비의 상환청구권을 미리 포기하기로 한 취지의 특약이라고 볼 수 있어 임차인은 유치권을 주장을 할 수 없다.

(3) 유치권자의 권리

❶ 목적물의 유치(=점유)

유치권을 가지는 자는 유치권에 기한 채권을 변제받을 때까지 물건 등을 유치(=물건 등의 점유를 계속하면서 인도를 거절하는 것)할 수 있다. 여기서 점유의 의미와 판단기준으로서 판례(=대법원 1996년 95다8713판결, 공사대금)는 "점유라고 함은 물건이 사회통념상 그 사람의 **사실적 지배**에 속한다고 보여지는 객관적 관계에 있는 것을 말하고, 사실상의 지배가 있다고 하기 위하여는 반드시 물건을 물리적·현실적으로 지배하는 것만을 의미하는 것이 아니고, 물건과 사람과의 시간적, 공간적 관계와 본권관계, 타인지배의 배제가능성 등을 고려하여 사회관념에 따라 합목적적으로 판단하여야 한다."라고 규정하였다. 따라서 물건 등을 **직접점유는 물론 간접점유하여도** 유치권의 효력이 인정된다.

❷ 비용상환청구권

부동산이 경매신청될 경우 임차인 등이 부동산의 보존 또는 개량을 위해 비용(=필요비 또는 유익비)을 지출하였다면 경매대금에서 우선변제 받을 수 있다[=민법 제367조: 저당물의 제3 취득자가 그 부동산의 보존, 개량을 위하여 필요비 또는 유익비를 지출한 때에는 점유권자의 상환청구권(=민법 제203조 제1항, 제2항) 규정에 의하여 저당물의 경매대가에서 우선상환을 받을 수 있다]. 따라서 필요비나 유익비를 경매대금으로부터 우선변제 받기 위해서는 필요비의 경우 그 지출금액을, 유익비의 경우 지출금액 또는 부동산가액의 증가액을 증명하여 경매법원에 점유권자의 상환청구권에 기한 청구를 하여야 한다. 민법 제626조에서 임대인의 상환의무를 규정한 유익비라 함은 임차인이 임차물의 객관적 가치를 증가시키기 위하여 투입한 비용이고, 필요비라 함은 임차인이 임차물의 보존을 위하여 지출한 비용을 말한다.

❸ 우선변제권

임차인 등이 들인 비용 이외의 유치권에 기한 채권은 우선변제권이 없어 **배당절차에 참여할 수 없으나,** 유치권자의 채권액은 낙찰자가 인수[=민사집행법 제91조 제5항: 매수인은 유치권자에게 그 유치권으로 담보하는 채권을 변제할 책임이 있다.]하여야 하기 때문에 결과론적으로 우선변제권이 있는 것과 같은 효력이 발생되는 것이다.

❹ 유치물사용권

유치권자는 유치물의 보존에 필요한 범위내에서 유치물을 사용할 수 있다. 판례는 유치권자가 보존행위로서 유치물을 사용하는 것은 적법행위이므로 불법행위로 인한 손해배상책임이 없으며, 유치물의 소유권변동이 있더라도 유치권자의 점유가 적법하다면 그 후 유치권자가 새로이 비용을 투입하여 부동산가액의 증가가 있는 경우, 이는 유익비로서 유치권을 행사할 수 있다고 하였다(=대법원 71 다2414, 가옥명도).

(4) 유치권자의 의무

유치권자는 채권을 회수하기 위해 유치목적물을 점유하고 채무자로부터 채권을 회수하면 유치목적물을 채무자에게 반환해 주어야 하기 때문에 유치권자는 **선량한 관리자의 주의**로서 유치물을 점유하여야 한다(=민법 제324조 제1항).
또한 유치권자는 채무자 또는 소유자의 승낙 없이 유치물을 **사용, 임대 또는 담보제공을 할 수 없으나**(=민법 제324조 제2항 본문), 유치물의 보존행위는 채무자 등의 승낙 없이 할 수 있다.

11. 지상권

지상권이란 말 그대로 타인 토지를 사용 및 수익할 수 있는 권리를 말한다. 예로서 한국전력공사가 타인 토지상에 송전탑을 설치할 때에는 일정 면적부분에 대하여 지료(=사용료)를 토지 소유자에게 지급하고 일정기간 그 토지를 사용할 수 있는 권리를 말한다. 부동산등기부상에는 지상권의 범위와 지상권의 존속기간이 기재된다.

| 2 | 지상권선정 | 2008년 11월 27일
제73197-1호 | 2008년 11월 27일
설정계약 | 목 적   견고한 건물 및 수목의 소유
범 위   토지 전부
존속기간   2008년 11월 17일부터 만 20년
지상원가   농업협동조합중앙회   110135-0037690
　　　　　서울 중구 충정로1가 75
　　　　　(녹번지점) |

(1) 인수되는 지상권

지상권 A ⇨ 근저당권 B ⇨ 경매신청

(2) 인수되지 않는 지상권

❶ 근저당권 A ⇨ 지상권 A ⇨ 근저당권 B ⇨ 경매신청
❷ 지상권 A ⇨ 근저당권 A ⇨ 근저당권 B ⇨ 경매신청

말소기준권리보다 먼저 지상권이 설정되었다면 지상권은 경매로 소멸되지 않고 낙찰자에게 인수되는데, 인수되는 지상권이 있을 경우에 낙찰자는 부동산등기부상 지상권의 존속기간동안 지상권자로부터 **지료**를 받을 수 있을 뿐이어서 지상권 만료기간까지 완전한 소유권행사를 할 수 없게 된다.

참고로 타인 토지를 적법하게 사용 및 수익할 수 있는 권리로서는 ▶ 법정지상권(=**임의경매**로 토지와 건물 소유자가 달라진 경우) ▶ 관습법상 법정지상권(=**매매나 증여** 등으로 토지와 건물 소유자가 달라진 경우로서, 건물을 철거한다는 특약이 없는 경우) ▶ 분묘기지권 ▶ 구분지상권이 있다.

제4절 기타 권리분석

1. 세대합가

(1) 후순위 임차인이 선순위 임차인으로 튀어 오르는 경우가 두 가지가 있는데, 그 하나가 **대위변제**이고 또 다른 하나가 **세대합가**의 문제이다. 세대합가에는 일반적으로 두가지를 들 수 있는데, 가족 중 일부가 먼저 입주하고 후에 입주한 사람으로 세대주로 바뀌었을 때 **먼저 입주한 사람의 입주일**이 법적으로 대항력을 발생시키는 전입일이 되는 경우가 그 하나이고, 초기에는 가족 전부가 전입신고를 하였다가 세대주가 가족 중 다른 사람을 세대주로 만들어 놓고 자신은 전출하였다가 다시 전입하여 세대주가 된 경우이다. 이때에도 **최초 가족 모두가 전입한 날짜**가 대항력 있는 전입일이 된다.

(2) 대법원판례도 이러한 세대합가를 인정하고 있다. 주택 임차인이 그 가족과 함께 그 주택에 대한 점유를 계속하고 있으면서 그 가족의 주민등록을 그대로 둔 채 임차인만 주민등록을 일시 다른 곳으로 옮긴 경우라면, 전체적으로나 종국적으로 주민등록의 이탈이라고 볼 수 없는 만큼, 임대차의 제3자에 대한 대항력을 상실하지 아니한다.

2. 대위변제

(1) 대위변제란 채무자의 빚을 **다른 사람이 대신 갚아 주는 경우**이다. 경매절차에서의 대위변제란 대위변제를 통한 등기의 말소 또는 순위상승을 의미한다. 경매물건은 보통 매각(경낙)이 되면 최초 근저당 뒤에 있는 가압류 등의 권리관계는 효력이 없다. 그러나 최우선 순위의 채권액이 소액이고 후순위 임차인의 전세보증금이 많으면 대위변제의 가능성이 크다. 즉 최선위근저당이 소액일 경우 후순위 임차인이 전세보증금을 지키기 위해 소액의 선순위 저당권을 대신 갚아 선순위 임차인 권리를 확보, 보증금을 지킬 수 있게 된다. 따라서 **최우선 순위의 채권액이 소액이고 후순위 임차인의 전세보증금이 많으면** 대위변제 가능성이 크다.

(2) 대위변제를 할 수 있는 시기와 매수자(낙찰자)의 법적조치

대위변제를 할 수 있는 시기는 매수인이 **잔금납부를 하기 전까지**이다. 선순위 근저당이 대위변제로 소멸하고 후순위의 임차권이 최선순위가 되어 매수자(경낙자)가 그 부담을 떠안게 되었을 때 경낙자는 대위변제의 시점에 따라 법적인 조치를 취해야 한다.

〈대위변제 시점에 따른 낙찰자의 대처방법〉

대위변제 시점	낙찰자의 대처
매각허가결정 전일 때	매각에 대한 이의 및 매각불허가신청을 할 수 있다.
매각허가결정 후 매각허가결정확정 전	즉시항고를 할 수 있다.
매각대금 잔금납부 이전 이면	매각허가결정취소를 신청할 수 있다.

3. 지분의 경매

(1) 경매에 나온 물건 중에는 지분경매물건이 있다. 공유물에 대한 지분경매는 경매에 참가하여 경낙을 받는다 할지라도 그 공유자가 매각기일까지 보증을 제공하고 최고가매수신고가격과 **같은 가격**으로 채무자의 지분을 **우선매수하겠다**는 신고를 하면 최고가 응찰에도 불구하고 공유자에게 물건을 넘겨주어야 한다.

(2) 또한 지분경매에 참가하여 공유물을 취득했을 경우에는 그 보존 및 처분 등에 관하여는 **민법상의 공유관계에 대한 규정을 적용**받게 되어 사용 및 처분에 제한을 받게 된다. 이러한 지분경매도 모두 피할 것은 아니다. 공유지분 토지는 매수 후 공유지분자와 합의해 분할하면 된다. 합의분할이 실패하면 법원에 「공유물분할청구소송」을 내면 된다.

4. 제시 외 물건

(1) 제시 외 물건은 통상 경매 목적물에 포함된다. 경매 공고문이나 경매 정보지에 경매목적물 외에 "제시 외 물건"이라고 표시된 것이 있다. 제시 외 물건은 **건물의 증·개축된 부분** 또는 **미등기되어 있는 부속물** 등을 말한다. 위 제시 외 물건이 경매 목적물에 포함되는가가 문제가 된다. 그런데 위 제시 외 물건은 통상 경매 목적물에 부합된 물건 또는 종물이므로 이들 물건은 경매목적물에 포함시켜 경매를 진행하고 있으며, 매수인에게 물건의 **소유권**

을 인정하고 있다.

(2) 다만, 제시 외 건물이 부합물이나 종물이 아니고 **독립된 건물**일 때(경매목적물과 구조상 독립성이 있어야 하고 거래상으로도 독립성이 있어야 한다.)에는 매수인은 그 제시 외 건물의 소유권을 취득할 수 없다. 경매정보지를 보면 제시외라고 표시된 것이 보인다. 제시외란 부동산등기부상 표시되지는 않았으나 존재하는 것을 의미하는데, 대법원 판례에 의하면 제시외로 표시된 부분의 **면적이 비교적 좁으면** 낙찰자의 소유로 되곤 한다. 제시외로 표시된 부분이 부합물 또는 종물이라면 민법 제358조(=저당권의 효력이 저당부동산에 부합된 물건과 종물에 미친다.) 규정에 의해 낙찰자는 제시외에 대하여도 소유권을 취득할 수 있는 것이다.

(3) 제시 외 건물이 경매에서 제외되었다는 것은 그 제시 외 건물이 **감정평가액에 포함되지 않았다**는 것을 의미한다. 따라서 본 건물 낙찰 후 제시 외 건물에 대한 **추가 매수협상**이 진행되어야 하며, 간혹 그 제시 외 건물이 독립된 건물인 경우 법정지상권이 성립될 여지도 있으므로 주의하여야 한다.

(4) 부합물로서의 제시외 건물의 예

- 토지의 부합물로서의 제시외 건물 예 : 염전에 딸린 소금창고, 옥외수영장에 딸린 탈의실, 샤워실, 화장실, 골프장의 임시 대피소, 과수원의 경비실
- 건물의 부합물로서의 제시외 건물 예 : 아파트의 경비실, 주택에 딸린 차고

(5) 종물로서의 제시외 건물의 예

- 토지의 종물로서의 제시외 건물 : 과수원이나 농장의 창고, 수

영장이나 골프장의 휴게실

- 건물의 종물로서의 제시외 건물 : 본채와 떨어져 있는 가재도구 등을 보관하는 방, 연탄창고, 공동변소, 백화점 건물의 지하 2층, 전화 교환 설비가 있는 기계실, 주유소 건물의 주유기

5. 분묘기지권

분묘기지권이란 타인의 토지에 분묘를 설치한 자가 그 분묘를 소유하기 위하여 분묘가 소재한 타인 소유의 토지를 사용할 것을 내용으로 하는 **관습에 의해 인정된 지상권과 유사한 물권**이다. 분묘기지권은 다음과 같은 경우에 성립되며, 분묘기지권의 존속기간은 분묘가 존속하는 한 계속된다.

(1) 분묘기지권 성립요건

❶ 토지 소유자의 승낙을 얻어 분묘를 설치한 경우
❷ 토지 소유자의 승낙없이 분묘를 설치한 경우로서 20년간 평온, 공연하게 그 분묘를 점유한 경우
❸ 자기 토지상에 분묘를 설치한 자가 분묘의 이전을 한다는 특약없이 토지를 매매한 경우

(2) 분묘기지권의 범위

분묘가 직접 설치된 기지에 한하는 것이 아니고 **분묘의 수호와 제사를 지내기 위해 필요한 주위의 빈 땅**까지도 그 효력이 미치며, 그 범

위는 각 구체적인 경우에 따라 개별적으로 정한다.

(3) 분묘기지권의 존속기간

존속기간은 약정이 있으면 그에 따르고 약정이 없으면 권리자가 분묘의 수호와 봉사를 **계속**하는 한 분묘기지권도 **존속**한다.

(4) 공시방법

분묘기지권은 **분묘 자체**가 공시의 기능을 가지고 있는바, 등기가 필요 없다. 따라서 공시기능이 소멸 내지 공시기능이 없다고 볼 수 있는 평장 내지 암장으로는 분묘기지권이 성립된다고 볼 수 없다.

Chapter **4**

주택임대차보호법

제1절 법적 성격

1. 성격

(1) 특별법적 성질

주택임대차에 대해서만 적용되는 **민법의 특별법**으로 동법에 규정된 사항은 민법의 적용이 배제된다. 하지만 주택임대차보호법에 규정되지 않은 사항은 민법을 적용한다.

(2) 사회보장법적 성질

경제적 약자인 임차인을 강력히 보호하여 국민의 주거생활의 안정을 보장하기 위한 법으로 **사회보장법**의 목적을 가지고 있다.

(3) 강행법규의 성질

"임차인에게 불리한 것은 그 효력이 없다(동법 제10조)."라는 명문 규정이 있으므로 **편면적 강행규정**의 성질을 갖고 있다.

2. 적용범위

(1) **자연인**의 주거안정을 도모하기 위한 것이므로 **외국인**에게도 적용이 되나, 법인이 임차인인 경우에는 적용되지 않는다.

(2) 법인은 애당초 법 제3조 1항 소정의 대항 요건의 하나인 주민등록을 구비 할 수 없는 점 등에 비추어 보면, 법인의 직원이 주민등록을 마쳤다 하여 이를 법인의 주민등록으로 볼 수 없으므로, 법인이 임차 주택을 인도받고 임대차 계약서상의 일자를 구비하였다 하더라도 우선 변제권을 주장할 수는 없다(대법원 1997년 7월 11일, 96다7236).

(3) 이 법은 **주거용** 건물(이하 '주택'이라 한다.)의 전부 또는 일부의 임대차에 관하여 이를 적용한다. 그 임차주택의 일부가 주거외의 목적으로 사용되는 경우에도 또한 같다. 이 경우 주거용 인지의 여부는 공부상의 표시만이 기준이 아니라 그 실지용도에 따라 정한다.

(4) 임차주택이 미등기건물, 준공검사를 필하지 못한 건물, 무허가건물, 가건물 등 건축물대장의 등재여부와 관계없이 **사실상 주거용으로 사용**되면 동법의 적용을 받는다.

(5) 이 법은 주거용건물의 등기하지 아니한 전세계약(채권적전세)에도 준용된다. 이러한 미등기전세의 경우 전세금은 임대차의 보증금으로 본다.

(6) 주거용건물의 임대차일지라도 **일시사용을 위한 임대차**임이 명백한 경우에는 동법의 적용이 **제외**된다.

(7) 비주거용 건물을 임대인이나 또는 임대인의 **동의**를 얻은 임차인

이 주거용으로 개조한 경우에도 동법의 적용이 된다.

(8) 통상적으로 건물의 임대차에는 당연히 그 부지부분의 이용을 수반하는 점과 동법 제3조의 2 제1항의 규정에 비추어 주택의 **대지에도** 동법의 **효력이 미친다.**

■ 일정한 경우 법인에게도 적용

국민주택기금을 재원으로 하여 저소득층의 무주택자에게 주거생활안정을 목적으로 전세임대주택을 지원하는 법인이 주택을 임차한 후 지방자치단체의 장 또는 해당 법인이 선정한 입주자가 그 주택에 관하여 인도와 주민등록을 마친 때에는 그 익일부터 제3자에 대하여 효력이 생긴다. 이 경우 전입신고를 한 때에 주민등록이 된 것으로 본다.

대통령령으로 정하는 '대항력이 인정되는 법인'이란 다음 각 호의 법인을 말한다.

1.「한국토지주택공사법」에 따른 한국토지주택공사
2.「지방공기업법」 제49조에 따라 주택사업을 목적으로 설립된 지방공사

■ 중소기업인 법인

중소기업기본법 제2조에서 정한 중소기업인 법인이 소속 직원의 주거용 주택을 임차한 후, 법인이 선정한 직원이 주택을 인도받고 주민등록과 확정일자를 마치면 대항력을 취득한다.

제2절 대항력

1. 대항력

(1) 의의

주택임대차 보호법 제3조 제1항은 "임대차는 그 등기가 없는 경우에도 임차인이 **주택의 인도와 주민등록**을 마친 때에는 그 익일부터 **제3자**에 대하여 효력이 생긴다."고 규정하고 있다. 여기에서 '제3자에 대하여 효력이 생긴다.'라는 것이 바로 **대항력**을 의미한다.

(2) 요건

주택의 인도(점유)와 **주민등록**(전입신고)를 마치면 **다음 날**(익일)**부터** 효력이 있다.

(3) 효력발생시기

인도와 전입이 같은 날이면 **그 익일부터** 대항력이 발생되며, 인도와 전입이 다른 날이면 나중 날짜의 익일부터 그 효력이 발생한다.

(4) 임차주택의 양수인의 지위

임차주택의 **양수인**이나 기타 임대할 권리를 승계한 자(매매, 증여, 상속, 경매 등으로 임차물의 소유권 취득자)는 임대인의 지위를 **승계한 것으로 본다.**

(5) 대항력의 유지 및 상실

❶ 주민등록은 대항력의 취득시 뿐만 아니라 그 대항력을 유지하기 위하여 **계속 존속 유지**하고 있어야 한다.

❷ 주민등록과 공부상의 불일치가 있으면 대항력을 인정받지 못한다.

❸ **저당권 설정등기 후의 임차인**은 저당권자에게 **대항할 수 없다.**

❹ 임차인 본인뿐만이 아니라 임차인의 **동거가족만 전입신고한 경우**에도 보호된다.

❺ 전입신고를 잘못한 경우: 임차인이 주소를 잘못 신고하여 오기한 경우는 정정 한 날부터 대항력이 인정된다. 그러나 공무원의 과실로 인하여 다른 지번에 주민등록이 된 경우에는 애초에 주민등록을 신청한 시점부터 주민등록이 된 것으로 인정된다.

❻ 단독주택은 **지번**까지를 정확히 표기하여야 하고, 공동주택은 **동·호수**까지 정확히 표기하여야 대항력이 인정된다.

❼ **전 소유자인 임차인의 대항력**은 소유권이전등기가 경료된 **다음 날부터** 그 효력이 발생한다.

❽ 임차인이 **미성년자 이름으로 전입신고**하여 미성년자가 그 주택을 점유하고 있어도 점유보조자 자격이 있으므로 대항력이 인정된다.

❾ 임차인의 이중적 지위: 임차인이 대항력을 갖추고 또한 전세권을

설정하였다면 그에 대하여 유리한 지위를 **선택할 수 있다.**

2. 주택임대차 관련 대법원 판례

(1) 주택의 일부를 점포로 개조한 경우

■ 대법원 94다52522 판결

건물이 공부상으로는 단층 작업소 및 근린생활시설로 표시되어 있으나 실제로 갑은 주거 및 인쇄소 경영 목적으로, 을은 주거 및 슈퍼마켓 경영 목적으로 임차하여 가족들과 함께 입주하여 그 곳에서 일상생활을 영위하는 한편 인쇄소 또는 슈퍼마켓을 경영하고 있으며, 갑의 경우는 **주거용으로 사용되는 부분이 비주거용으로 사용되는 부분보다 넓고**, 을의 경우는 비주거용으로 사용되는 부분이 더 넓기는 하지만 주거용으로 사용되는 부분도 상당한 면적이고, 위 각 부분이 갑·을의 유일한 주거인 경우 주택임대차보호법 제2조 후문에서 정한 주거용 건물로 인정한다.

(2) 담보가치 조사 당시 임차인임을 부인한 임차인의 대항력

■ 대법원 97다12211 판결

근저당권자가 담보로 제공된 건물에 대한 담보가치를 조사할 당시 대항력을 갖춘 임차인이 그 **임대차 사실을 부인**하고 임차보증금에 대한 권리주장을 않겠다는 내용의 확인서를 작성해 준 경우, 그 후 그 건물에 대한 경매절차에 이를 번복하여 대항력 있는 임대차의 존재를 주장함과 아울러 근저당권자보다 우선적 지위를 가지는 확정일자부 임차인임을 주장하여 그 임차보증금반환채권에 대한 배당요구를 하는 것은 특별한 사정이 없는 한 **금반언 및 신의칙에 위반**되어 허용될 수 없다.

(3) 임차인의 처나 자녀만 전입신고를 한 경우의 대항력

■ 대법원 87다카3093 판결

> 주택임대차보호법 제3조 제1항에서 규정하고 있는 주민등록이라는 대항요건은 임차인 **본인뿐 아니라 그 배우자나 자녀** 등 가족의 주민등록을 포함한다.

(4) 임차인만 주소를 이전한 경우의 대항력

■ 대법원 95다30338 판결

> 주택 임차인이 그 가족과 함께 그 주택에 대한 점유를 계속하고 있으면서 **그 가족의 주민등록을 그대로 둔 채 임차인만** 주민등록을 일시 다른 곳으로 옮긴 경우라면, 전체적으로나 종국적으로 주민등록의 이탈이라고 볼 수 없는 만큼, 임대차의 제3자에 대한 대항력을 상실하지 아니한다.

(5) 임차인을 포함한 가족 전체가 주민등록을 이전한 경우

■ 대법원 97다43468 판결

주택의 임차인이 그 주택의 소재지로 전입신고를 마치고 그 주택에 입주함으로써 일단 임차권의 대항력을 취득한 후 어떤 이유에서든지 **그 가족과 함께** 일시적이나마 다른 곳으로 주민등록을 이전하였다면 이는 전체적으로나 종국적으로 주민등록의 이탈이라고 볼 수 있으므로 그 대항력은 그 전출 당시 이미 대항요건의 상실로 소멸되는 것이고, 그 후 그 임차인이 얼마 있지 않아 다시 원래의 주소지로 주민등록을 재전입하였다 하더라도 이로써 소멸되었던 대항력이 당초에 소급하여 회복되는 것이 아니라 **그 재전입한 때부터** 그와는 동일성이 없는 새로운 대항력이 재차 발생하는 것이다.

(6) 대항력 및 우선변제권 발생기준

■ 대법원 97다22393 판결

주택임대차보호법 제3조 제1항이 인도와 주민등록을 갖춘 다음 날부터 대항력이 발생한다고 규정한 것은 인도나 주민등록이 등기와 달리 **간이한 공시 방법**이어서 인도 및 주민등록과 제3자 명의의 등기가 같은 날 이루어진 경우에 그 선후관계를 밝혀 선순위 권리자를 정하는 것이 사실상 곤란한데다가, 제3자가 인도와 주민등록을 마친 임차인이 없음을 확인하고 등기까지 경료하였음에도 그 후 같은 날 임차인이 인도와 주민등록을 마침으로 인하여 입을 수 있는 불측의 피해를 방지하기 위하여 임차인보다 **등기를 경료한 권리자를 우선시키고자 하는 취지**이고, 같은 법 제3조의 2 제1항에 규정된 우선변제적 효력은 대항력과 마찬가지로 주택임차권의 제3자에 대한 물권적 효력으로서 임차인과 제3자 사이의 우선순위를 대항력과 달리 규율하여야 할 합리적인 근거도 없으므로, 법 제3조의 2 제1항에 규정된 확정일자를 입주 및 주민등록일과 같은 날 또는 그 이전에 갖춘 경우에는 우선변제적 효력은 대항력과 마찬가지로 인도와 주민등록을 마친 다음 날을 기준으로 발생한다.

(7) 배당이의 소송 중 임차인에 대한 명도요청 거부

■ 대법원 97다11195 판결

주택임대차보호법 제3조, 제3조의 2, 제4조의 규정에서 임차인에게 대항력과 우선변제권의 두 가지 권리를 인정하고 있는 취지가 보증금을 반환받을 수 있도록 보장하기 위한 데에 있는 점, 경매절차의 안정성, 경매이해관계인들의 예측 가능성 등을 아울러 고려하여 볼 때, 두 가지 권리를 겸유하고 있는 임차인이 우선변제권을 선택하여 임차주택에 대하여 진행되고 있는 경매절차에서 보증금에 대하여 배당요구를 하였다고 하더라도, 순위에 따른 배당이 실시될 경우 보증금 전액을 배당받을 수 없는 때에는 보증금 중 경매절차에서 배당받을 수 있는 금액을 공제한 잔액에 관하여 경락인에게 대항하여 이를 반환받을 때까지 임대차관계의 존속을 주장할 수 있고, 보증금 전액을 배당받을 수 있는 때에는 경락인에게 대항하여 보증금을 반환받을 때까지 임대차관계의 존속을 주장할 수는 없다고 하더라도 다른 특별한 사정이 없는 한 임차인이 경매절차에서 보증금 상당의 배당금을 지급받을 수 있는 때, 즉 임차인에 대한 **배당표가 확정될 때까지는** 경락인에 대하여 임차주택의 명도를 거절할 수 있는바, 경락인의 임차주택의 명도청구에 대하여 임차인이 동시이행의 항변을 한 경우 동시이행의 항변 속에는 임차인에 대한 **배당표가 확정될 때까지** 경락인의 명도청구에 응할 수 없다는 주장이 포함되어 있는 것으로 볼 수 있다.

(8) 선순위 임차인의 지위

■ 대법원 96다53628 판결

주택임대차보호법상의 대항력과 우선변제권의 두 가지 권리를 인정하고 있는 취지가 보증금을 반환받을 수 있도록 보장하기 위한 데에 있는 점, 경매절차의 안정성, 경매 이해관계인들의 예측가능성 등을 아울러 고려하여 볼 때, 두 가지 권리를 겸유하고 있는 임차인이 먼저 우선변제권을 선택하여 임차주택에 대하여 진행되고 있는 경매절차에서 보증금 전액에 대하여 배당요구를 하였다고 하더라도, 그 순위에 따른 배당이 실시될 경우 보증금 전액을 배당받을 수 없었던 때에는 보증금 중 경매절차에서 배당받을 수 있었던 금액을 공제한 잔액에 관하여 경락인에게 대항하여 이를 반환받을 때까지 임대차관계의 존속을 주장할 수 있다고 봄이 상당하며, 이 경우 임차인의 배당요구에 의하여 임대차는 해지되어 종료되고, 다만 같은 법 제4조 제2항에 의하여 임차인이 보증금의 잔액을 반환받을 때까지 임대차관계가 존속하는 것으로 의제될 뿐이므로, 경락인은 같은 법 제3조 제2항에 의하여 임대차가 종료된 상태에서의 임대인의 지위를 승계한다.

(9) D동을 라동으로 전입신고한 경우 대항력 유무

■ 대법원 99다4207 판결

등기부상 동·호수 표시인 '디동 103호'와 불일치한 '라동 103호'로 된 주민등록은 그로써 당해 임대차건물에 임차인들이 주소 또는 거소를 가진 자로 등록되어 있는지를 인식할 수 있다고 보여지지 아니한다고 하여 위 주민등록이 임대차의 공시방법으로서 **유효하다고 할 수 없다.**

(10) 부동산등기부와 건축물대장상 건물표시가 상이한 경우

■ **대법원 2002다1796 판결**

> 임차인이 집합건축물대장의 작성과 소유권보존등기의 경료 전에 연립주택의 1층 101호를 임차하여 현관문상의 표시대로 호수를 101호로 전입신고를 하였고 그 후 작성된 집합건축물대장상에도 호수가 101호로 기재되었으나 등기부에는 1층 101호로 등재된 경우, 임차인의 주민등록은 임대차의 공시방법으로써 **유효하다.**
>
> ▶ 부동산등기부: 1층 101호
> ▶ 건축물대장: 101호
> ▶ 전입신고: 101호

(11) 전소유자가 임차인일 경우 대항력 발생일

■ **대법원 99다59306 판결**

> 갑이 주택에 관하여 소유권이전등기를 경료하고 주민등록 전입신고까지 마친 다음 처와 함께 거주하다가 을에게 매도함과 동시에 그로부터 이를 다시 임차하여 계속 거주하기로 약정하고 임차인을 갑의 처로 하는 임대차계약을 체결한 후에야 을 명의의 소유권이전등기가 경료된 경우, 제3자로서는 주택에 관하여 갑으로부터 을 앞으로 소유권이전등기가 경료되기 전에는 갑의 처의 주민등록이 소유권 아닌 임차권을 매개로 하는 점유라는 것을 인식하기 어려웠다 할 것이므로, 갑의 처의 주민등록은 주택에 관하여 을 명의의 소유권이전등기가 경료되기 전에는 주택임대차의 대항력 인정의 요건이 되는 적법한 공시방법으로서의 효력이 없고 을 명의의 소유권이전등기가 경료된 날에야 비로소 갑의 처와 을 사이의 임대차를 공시하는 유효한 공시방법이 된다고 할 것이며, 주택임대차보호법 제3조 제1항에 의하여 유효한 공시방법을 갖춘 다음 날인 을 명의의 **소유권이전등기일 익일부터** 임차인으로서 대항력을 갖는다.

(12) 선순위 가압류등기와 주택임차인의 선후관계

■ 대법원 92다30597 판결

[가] 주택임대차보호법 제3조의 2 제1항은 대항요건(주택인도와 주민등록전입신고)과 임대차계약증서상의 확정일자를 갖춘 주택임차인은 후순위권리자 기타 일반채권자보다 우선하여 보증금을 변제받을 권리가 있음을 규정하고 있는바, 이는 임대차계약증서에 확정일자를 갖춘 경우에는 부동산 담보권에 유사한 권리를 인정한다는 취지이므로, 부동산 담보권자보다 선순위의 가압류채권자가 있는 경우에 그 담보권자가 선순위의 가압류채권자와 채권액에 비례한 평등배당을 받을 수 있는 것과 마찬가지로 위 규정에 의하여 우선변제권을 갖게 되는 임차보증금채권자도 선순위의 가압류채권자와는 **평등배당의 관계**에 있게 된다.

[나] 가압류채권자가 주택임차인보다 선순위인지 여부는 주택임대차보호법 제3조의 2의 법문상 임차인이 확정일자 부여에 의하여 비로소 우선변제권을 가지는 것으로 규정하고 있음에 비추어, 임대차계약증서상의 확정일자 부여일을 기준으로 삼는 것으로 해석함이 타당하므로, 대항요건을 미리 갖추었다고 하더라도 확정일자를 부여받은 날짜가 가압류일자보다 늦은 경우에는 가압류채권자가 선순위라고 볼 수밖에 없다.

(13) 배당요구하지 않아 배당에서 제외된 임차인의 지위

■ 대법원 98다12379 판결

[1] 민사소송법 제605조 제1항에서 규정하는 배당요구가 필요한 배당요구채권자는 압류의 효력발생 전에 등기한 가압류채권자, 경락으로 인하여 소멸하는 저당권자 및 전세권자로서 압류의 효력발생 전에 등기한 자 등 당연히 배당을 받을 수 있는 채권자의 경우와는 달리, 경락기일까지 배당요구를 한 경우에 한하여 비로소 배당을 받을 수 있고, 적법한 배당요구를 하지 아니한 경우에는 비록 실체법상 우선변제청구권이 있다 하더라도 경락대금으로부터 배당을 받을 수는 없을 것이므로, 이러한 배당요구채권자가 적법한 배당요구를 하지 아니하여 그를 배당에서 제외하는 것으로 배당표가 작성·확정되고 그 확정된 배당표에 따라 배당이 실시되었다면 **그가 적법한 배당요구를 한 경우에 배당받을 수 있었던 금액 상당의 금원이 후순위채권자에게 배당되었다고 하여 이를 법률상 원인이 없는 것이라고 할 수 없다.**

[2] 주택임대차보호법에 의하여 우선변제청구권이 인정되는 임대차보증금반환채권은 현행법상 **배당요구가 필요한 배당요구채권**에 해당한다.

(14) 대항력 있는 임차인이 보증금 중 일부를 배당받고 계속 점유 사용한 경우

■ 대법원 98다15545 판결

주택임대차보호법상의 대항력과 우선변제권을 겸유하고 있는 임차인이 배당요구를 하였으나 보증금 전액을 배당받지 못하였다면 임차인은 임차보증금 중 배당받지 못한 금액을 반환받을 때까지 그 부분에 관하여는 임대차관계의 존속을 주장할 수 있으나 그 나머지 보증금 부분에 대하여는 이를 주장할 수 없으므로, 임차인이 그의 배당요구로 임대차계약이 해지되어 종료된 다음에도 계쟁 임대 부분 전부를 사용·수익하고 있어 그로 인한 실질적 이익을 얻고 있다면 그 임대 부분의 적정한 임료 상당액 중 임대차관계가 존속되는 것으로 보는 **배당받지 못한 금액에 해당하는 부분을 제외한 나머지 보증금에 해당하는 부분**에 대하여는 부당이득을 얻고 있다고 할 것이어서 이를 반환하여야 한다.

(15) 대금납부 전 선순위 근저당권이 소멸된 경우(대위변제)

■ 대법원 98마1031 결정

선순위 근저당권의 존재로 후순위 임차권의 대항력이 소멸하는 것으로 알고 부동산을 낙찰받았으나, 그 이후 선순위 근저당권의 소멸로 인하여 임차권의 대항력이 존속하는 것으로 변경됨으로써 낙찰부동산의 **부담이 현저히 증가한 경우**에는, 낙찰인으로서는 민사소송법 제639조 제1항의 유추적용에 의하여 **낙찰허가결정의 취소신청**을 할 수 있다.

(16) 근저당권 설정 후 증액된 보증금

■ 대법원 90다카11377 판결

대항력을 갖춘 임차인이 저당권설정등기 이후에 임대인과 보증금을 증액하기로 합의하고 초과부분을 지급한 경우 임차인이 저당권 설정등기 이전에 취득하고 있던 임차권으로 선순위로서 저당권자에게 대항할 수 있음은 물론이나 저당권설정등기 후에 건물주와의 사이에 임차보증금을 증액하기로 한 합의는 건물주가 저당권자를 해치는 법률행위를 할 수 없게 된 결과 그 합의 당사자 사이에서만 효력이 있는 것이고 저당권자에게는 대항할 수 없다고 할 수밖에 없으므로 임차인은 위 저당권에 기하여 건물을 경락받은 소유자의 건물명도 청구에 대하여 **증액전 임차보증금을 상환받을 때까지** 그 건물을 명도할 수 없다고 주장할 수 있을 뿐이고, 저당권설정등기 이후에 증액한 임차보증금으로써는 소유자에게 대항할 수 없는 것이다.

(17) 임차주택이 미등기건물인 경우

■ 대법원 2004다26133 판결

주거생활의 용도로 사용되는 주택에 해당하는 이상 비록 그 건물에 관하여 아직 등기를 마치지 아니하였거나 등기가 이루어질 수 없는 사정이 있다고 하더라도 다른 특별한 규정이 없는 한 주택임대차보호법의 적용대상이 된다.

1. 우선변제권

(1) 의의

우선변제권이라 함은 임차인이 대항요건과 계약서에 확정일자인을 받은 경우에 민사집행법상의 **경매·공매 시**에 임차주택의 환가대금(대지 포함)에서 **후순위권리자 기타 채권자보다 우선하여** 변제받을 수 있는 권리를 말한다.

(2) 행사요건과 효력발생시기

❶ **대항요건과 확정일자인을 모두** 갖추어야 한다.
❷ 대항요건 먼저 갖추고 확정일자 받으면 확정일자를 갖춘 날 발생
❸ 대항요건과 같은 날이나 그 이전에 확정일자를 갖추면 대항요건을 갖춘 다음 날 발생

(3) 우선변제권의 내용

❶ 임차인이 확정일자를 받는 데는 임대인의 **동의가 필요 없으며** 임대차계약서를 공증하였을 때에는 별도의 확정일자인을 받지 않아도 된다. 다만, 임차인은 임차 주택을 양수인에게 인도하지 않으면

보증금을 수령할 수 없다.

❷ 임차주택이 경매·공매되는 경우 임차인은 경락인에 대하여 보증금의 반환을 받을 때까지 임대차관계의 존속을 주장할 수 있는 권리와 임차주택의 경락가액으로부터 우선변제를 받을 수 있는 권리를 겸유하게 되며, **대항력과 우선변제권의 선택적 행사가 가능**하다.

❸ 대지의 저당권설정 이전에 이미 지상건물이 존재한 경우 그 건물의 임차인은 그 저당권 실행에 따른 대지의 환가대금(대지 포함)에서 우선변제를 받을 수 있으며, 또한 대지에 저당권이 설정된 후 신축된 건물의 임차인은 그 저당권실행에 따른 환가금액 중 **건물분**의 환가대금에 대해서만 우선변제권이 있고 대지에 대해서는 그러하지 아니하다.

(4) 확정일자인제도

확정일자란 **그 날짜에** 임대차 **계약서가 존재한다**는 사실을 증명하기 위하여 계약서에 공신력 있는 기관에서 **확인인을 찍어주는 것**을 의미한다.

❶ 확정일자인은 **법원, 공증사무소, 동사무소** 중에서 선택하여 임차인 또는 그 대리인이 **단독**으로 신청할 수 있다.

❷ 대항력을 유지하고 확정일자인을 갖춘 임차인은 경·공매 시에 배당요구하면 다른 물권과 그 성립의 순위에 따라 우선변제를 다투게 된다. 이 경우 임차주택의 환가대금(대지 포함)에서 우선변제권이 인정된다.

❸ 대항요건을 갖춘 임차인이 확정일자를 받아도 임차권은 물권이 아닌 채권이므로 전세권이나 경매신청권이 당연히 부여되는 것은 아니다. 따라서 임차인은 대항력을 유지하면서 채무명의(집행권원)를 받아 **강제경매**를 신청할 수 있다.

❹ 임대차계약의 갱신으로 보증금을 인상한 경우 다시 확정일자를 받아야 하며, 또한 인상 금액은 소급하여 적용되지 않는다.

❺ 확정일자를 먼저 받고 후에 전입신고일과 저당권설정일이 같은 경우에는 저당권자가 우선(전입신고의 대항력은 그 다음 날부터) 한다.

❻ 민사소송은 그 절차가 까다롭고 비용이 과다하게 요구되므로 신속한 소송절차로 임차인을 보호하기 위하여 **소액사건심판법**의 규정을 적용토록 하고 있다.

❼ 확정일자를 받은 계약서는 분실하지 않도록 주의하여야 하며 분실한 경우 임대인 동의하에 임대차계약서를 다시 작성하더라도 **소급하여** 최초 계약서에 받은 확정일자인과 같은 날짜의 **확정일자를 받을 수 없다.**

■ 대항력과 확정일자 예제

[예 1] 근저당권 ⇨ 전입신고 = 확정일자

일자	내용
02월 01일	근저당권
02월 02일	전입신고
02월 02일	확정일자

대항력 발생시기: 2월 3일 오전 0시(낙찰자에게 대항 못함)

확정일자 발생시기: 2월 3일 오전 0시(우선변제 2순위)

근저당권 발생시기: 2월 1일 주간(우선변제 1순위)

[예 2] 확정일자 ⇨ 전입신고

일자	내용
02월 01일	확정일자
03월 01일	전입신고

대항력 발생시기: 3월 2일 오전 0시

확정일자 발생시기: 3월 2일 오전 0시

[예 3] 전입신고 ⇨ 확정일자

일자	내용
02월 01일	전입신고
03월 01일	확정일자

대항력 발생시기: 2월 2일 오전 0시

확정일자 발생시기: 3월 1일 주간

[예 4] 확정일자 ⇨ 근저당권 ⇨ 전입신고

일자	내용
02월 01일	확정일자
02월 02일	근저당권
02월 03일	전입신고

대항력 발생시기: 2월 4일 오전 0시(낙찰자에게 대항 못함)

확정일자 발생시기: 2월 4일 오전 0시(우선변제 2순위)

근저당권 발생시기: 2월 2일 주간(우선변제 1순위)

[예 5] 전입신고 ⇨ 근저당권 ⇨ 확정일자

일자	내용
02월 01일	전입신고
02월 02일	근저당권
02월 03일	확정일자

대항력 발생시기: 2월 2일 오전 0시(낙찰자에게 대항할 수 있음)

확정일자 발생시기: 2월 3일 주간(우선변제 2순위)

근저당권 발생시기: 2월 2일 주간(우선변제 1순위)

[예 6] 전입신고 ⇨ 확정일자 = 근저당권

일자	내용
02월 01일	전입신고
02월 02일	확정일자
02월 02일	근저당권

대항력 발생시기: 2월 2일 오전 0시(낙찰자에게 대항할 수 있음)

확정일자 발생시기: 2월 2일 주간(우선변제 1순위)

근저당권 발생시기: 2월 2일 주간(우선변제 1순위)

[예 7] 확정일자 ⇨ 전입신고 = 근저당권

일자	내용
02월 01일	확정일자
02월 02일	전입신고
02월 02일	근저당권

대항력 발생시기: 2월 3일 오전 0시(낙찰자에게 대항 못함)

확정일자 발생시기: 2월 3일 오전 0시(우선변제 2순위)

근저당권 발생시기: 2월 2일 주간(우선변제 1순위)

2. 최우선변제권(소액보증금의 보호)

(1) 의의

임차인은 **보증금 중 일정액**에 대해서는 다른 어떤 **담보물권자보다 우선**하여 변제받을 수 있다. 즉, 소액보증금 중 일정액에 대하여 임차인이 **경매나 공매 시** 임차주택의 환가대금(대지 포함)에서 담보권자 등이나 일반채권자보다 우선하여 변제받을 수 있는 권리를 말한다.

(2) 요건

❶ 소액 임차인이 우선변제를 받기 위해서는 임차 주택에 대하여 **경매신청등기가 경료되기 전**에 **입주 및 주민등록 전입신고**를 마쳐야 할 것.

❷ 보증금 액수가 **소액보증금**(주임법시행령 제10조)에 해당할 것.

❸ 배당요구 종기일까지 **배당요구를 하였을 것.**

❹ 배당요구 종기일까지 대항력을 유지할 것.

(3) 범위와 기준

❶ 소액임차인의 해당여부기준은 **최선순위담보물권설정일**을 기준으로 한다.

❷ 최우선변제 대상 보증금액은 주택가액의 2분의 1을 초과하는 경우에는 주택가액의 **2분의** 1에 해당하는 금액에 한하여 우선변제권이 인정된다.

❸ 임차인이 임차주택을 전대한 경우 임차인이 소액임차인에 해당되어야 **전차인**도 소액임차인에 **해당한다.**

❹ 하나의 주택에 임차인이 2인 이상이고, 그 각 보증금 중 일정액의 합계액이 주택가액의 2분의 1을 초과하는 경우에는 그 각 소액보증금의 합계액에 대한 각 임차인의 소액보증금의 비율로 그 가액의 2분의 1에 해당하는 금액을 분할한 금액을 각 임차인의 소액보증금으로 본다. 이들이 그 주택에서 가정 공동생활을 하는 경우에는 이들을 1인의 임차인으로 간주하여 그들의 각 보증금을 합산한다.

■ 최우선변제권(소액임차인)의 범위

근저당등 설정일자	대상지역	보증금 범위	최우선 변제금
1984. 1. 1. ~ 1987. 11. 30.	서울특별시, 광역시	300만원 이하	300만원
	기타지역	200만원 이하	200만원
1987. 12. 1. ~ 1990. 2. 18.	서울특별시, 광역시	500만원 이하	500만원
	기타지역	400만원 이하	400만원
1990. 2. 19. ~ 1995. 10. 18.	서울특별시, 광역시	2,000만원 이하	700만원
	기타지역	1,500만원 이하	500만원
1995. 10. 19. ~ 2001. 9. 14.	서울, 광역시(군지역 제외)	3,000만원 이하	1,200만원
	기타지역	2,000만원 이하	800만원
2001. 9. 15. ~ 2008. 8. 20.	서울, 인천, 과밀억제권역	4,000만원 이하	1,600만원
	광역시(인천, 군지역 제외)	3,500만원 이하	1,400만원
	기타(지방, 광역시의군)	3,000만원 이하	1,200만원
2008. 8 21. ~ 2010. 7. 25.	서울, 인천, 과밀억제권역	6,000만원 이하	2,000만원
	광역시(인천, 군지역 제외)	5,000만원 이하	1,700만원
	기타(지방, 광역시의군)	4,000만원 이하	1,400만원
2010. 7. 26. ~ 2013. 12. 31	서울특별시	7,500만원 이하	2,500만원
	인천, 과밀억제권(서울 제외)	6,500만원 이하	2,200만원
	광역시(인천, 군지역 제외) / 안산, 김포, 용인, 광주	5,500만원 이하	1,900만원
	기타(지방, 광역시의군)	4,000만원 이하	1,400만원

2014. 01. 01. ~ 2016.03.30.	서울특별시	9,500만원 이하	3,200만원
	인천(일부지역 제외), 과밀 억제권역	8,000만원 이하	2,700만원
	광역시(과밀억제권역, 군지역 제외) / 안산, 김포, 용인, 광주	6,000만원 이하	2,000만원
	그 밖의 지역	4,500만원 이하	1,500만원
2016. 03. 31. ~ 현재	서울특별시	10,000만원 이하	3,400만원
	인천(일부지역 제외), 과밀억제권역	8,000만원 이하	2,700만원
	광역시(과밀억제권역, 군지역 제외) / 안산, 김포, 용인, 광주, 세종시	6,000만원 이하	2,000만원
	그 밖의 지역	5,000만원 이하	1,700만원

(4) 최우선변제금 계산예시: 주택 소재지는 서울임

❶ 예 1: 배당금 1억원

일자	내용	
2008년 02월 01일	A 전입	(4,000만원)
2009년 08월 01일	B 근저당권	(3,000만원)
2009년 09월 01일	C 전입	(5,000만원)

최우선변제금: A–2,000만원, C–2,000만원

❷ 예 2: 배당금 1억원

일자	내용	
2008년 09월 01일	A 근저당권	(3,000만원)
2009년 08월 01일	B 전입	(4,000만원)
2009년 09월 01일	C 전입	(5,000만원)

최우선변제금: B-2,000만원, C-2,000만원

❸ 예 3: 배당금 1억 5천만원

일자	내용	
2008년 10월 01일	A 근저당권	(3,000만원)
2009년 08월 01일	B 전입	(4,000만원)
2009년 09월 01일	C 전입	(5,000만원)
2010년 08월 01일	D 근저당권	(5,000만원)

최우선변제금: B-2,500만원, C-2,500만원

❹ 예 4: 배당금 1억 7천만원

일자	내용	
2008년 11월 01일	A 근저당권	(3,000만원)
2009년 08월 01일	B 전입	(4,000만원)
2009년 09월 01일	C 전입	(5,000만원)
2010년 08월 01일	D 전입	(5,000만원)
2011년 02월 01일	E 전입	(4,000만원)

최우선변제금: B-2,000만원, C-2,000만원, D-2,000만원, E-2,000만원

❺ 예 5: 배당금 8천만원

일자	내용	
2008년 12월 01일	A 근저당권	(3,000만원)
2009년 08월 01일	B 전입	(4,000만원)
2009년 09월 01일	C 전입	(5,000만원)
2010년 08월 01일	D 전입	(5,000만원)
2011년 02월 01일	E 전입	(4,000만원)

최우선변제금: B–1,000만원, C–1,000만원, D–1,000만원, E–1,000만원

❻ 예 6: 배당금 2억 2천만원

일자	내용	
2010년 09월 01일	A 근저당권	(7,000만원)
2010년 10월 01일	B 전입	(4,000만원)
2011년 09월 01일	C 전입	(5,000만원)
2011년 10월 01일	D 전입	(5,000만원)
2012년 02월 01일	E 전입	(4,000만원)

최우선변제금: B–2,500만원, C–2,500만원, D–2,500만원, E–2,500만원

3. 임차권등기명령제도

(1) 의의

임대차가 종료됨에도 불구하고 **보증금을 반환받지 못한 임차인**은 단
독으로 임차주택의 소재지를 관할하는 지방법원 또는 시·군법원에
임차권등기명령을 신청할 수 있다. 즉, 임차권등기를 가능하게 함으

로써 대항력과 우선변제권을 유지하면서 임차인의 **주거이전의 기회를 보장**하기 위함이다.

(2) 절차

❶ 임차인 단독으로 **임차주택 소재지 지방법원**(지원), **시·군법원**에 신청할 수 있다.

❷ 임차권등기명령신청을 기각하는 결정에 대하여 임차인은 **항고**할 수 있다.

❸ 임차권등기명령의 시행에 관하여 필요한 사항은 대법원규칙으로 정하며, 임차인은 임차권등기명령의 신청 및 그에 따른 임차권등기와 관련하여 **소요된 비용을 임대인에게 청구**할 수 있다.

(3) 효력

❶ 임차권등기명령에 의한 임차권등기가 경료되면 그날부터 임차인은 대항력 및 우선변제권을 취득하며, 이미 대항력과 우선변제권을 지닌 임차인 경우 그 효력을 **그대로 유지**한다.

❷ 임차권등기 경료 후 대항력을 상실해도(이사) 이미 취득한 대항력 또는 우선변제권은 그대로 유지한다.

❸ 임차권등기가 **경료** 후 그 주택을 그 이후에 임차한 임차인은 소액보증금에 대하여 **최우선변제를 받을 권리가 없다.**

제4절 존속기간의 보장과 차임 등의 증감청구권

1. 존속기간

(1) 최단 존속보장

❶ 기간의 정함이 없거나 기간을 2년 미만으로 정한 임대차는 그 기간을 **2년**으로 본다. 다만, 임차인은 2년 미만의 유효함을 주장할 수 있다(단, 최장기간은 규정이 없으므로 민법의 규정이 준용되어 20년이 된다).

❷ 임대차가 종료해도 임차인이 보증금을 받을 때까지는 임대차관계가 존속하는 것으로 본다.

(2) 임대차계약의 해지

❶ 임차물의 매각으로 인한 임대차계약의 해지

임대차계약의 종료 전에 임차물이 매매된 때에 임차인은 임차물의 매각을 이유로 임대차계약을 해지할 수 있다. 그러나 매각을 이유로 임대인의 지위를 승계한 자는 임차인에 대한 계약승계의 의무를 가진다.

❷ 경매에 의한 임차권 소멸

임차권은 임차주택에 대하여 민사집행법에 의한 **경매**가 행하여진 경우에는 그 임차주택의 경락에 의하여 **임차권은 소멸한다.** 단, 보증금이 전액 변제되지 아니한 **대항력 있는 임차권은 소멸하지 않는다.**

2. 계약의 갱신

(1) 묵시의 갱신(법정갱신)

❶ 임대인이 임대차기간 **만료전 6월부터 1월까지** 갱신거절의 통지 등이 없거나 임차인이 기간 **만료 1월까지** 통지하지 아니한 경우 그 기간이 만료될 때에는 전임대차와 동일조건으로 다시 임대차 한 것으로 본다. 단, 임차인이 **2기**에 달하는 차임을 연체하거나 임차인의 의무를 현저히 위반한 경우에는 그러하지 아니한다.

❷ 이 경우 임차인은 임대인에 대하여 언제든지 계약해지의 통지를 할 수 있다. 이때의 해지는 임대인이 그 통지를 받은 날로부터 **3개월**이 경과하면 그 효력이 발생한다.

(2) 경매시 존속기간

❶ 대항력 없는 임차인

대항력 없는 임차인은 압류(경매개시결정 기입등기)의 효력 발생으로 임대차가 소멸되기 때문에 존속기간 유무에 관계없이 매수인에게 인도해야 한다.

❷ 대항력 있는 임차인

대항력 있는 임차인은 압류 즉 경매와 관계없이 존속기간이 보장을 받는다. 그러나 대항력 있는 임차인이 배당요구를 하면 임대차가 종료된다. **배당요구**는 **임대차 해지의 의사표시**다. 단, 대항력과 우선변제권이 있는 임차인이 우선변제권을 행사하여 배당요구를 하였으나 매각대금에서 보증금을 전액 변제받지 못한 경우, 보증금을 전액 변제 받을 때까지 임대차가 유지된다.

대항력이 있는 임차인의 존속기간은 두 가지로 나뉜다.

□ ■ 배당요구를 한 경우

남은 기간에 관계없이 배당기일에 임차보증금을 전액 배당 받거나, 매수인으로부터 보증금을 전액 받으면 매수인에게 인도해야 한다.

□ ■ 배당요구를 하지 않은 경우

임차인은 2년이 임대차 기간을 주장할 수 있어 매각과 관계없이 남은 기간 동안 거주할 수 있다.

3. 차임 등의 증감청구권

(1) 약정한 차임 또는 보증금이 임차주택에 대한 조세, 공과 기타 부담의 증감이나 경제사정의 변동으로 차임 등이 상당하지 아니한

때에는 당사자는 장래에 대하여 그 증감을 청구할 수 있다.

(2) **증액**의 경우는 약정한 차임의 **20분의 1**을 초과하지 못하고, 임대 차계약 또는 증액이 있은 후 **1년** 이내에는 이를 하지 못한다. 단, 감액에는 제한이 없으며, 당사자의 합의로 차임 등이 증액된 경우에는 적용되지 않는다.

(3) 월차임 전환시 산정률의 제한

보증금의 전부 또는 일부를 월 단위의 차임으로 전환하는 경우에는 그 전환되는 금액에 다음 각 호 중 낮은 비율을 곱한 월차임의 범위를 초과할 수 없다.

❶ 은행법에 따른 은행에서 적용하는 대출금리와 해당 지역의 경제 여건 등을 고려하여 대통령령으로 정하는 비율.

❷ 한국은행에서 공시한 기준금리에 대통령령으로 정하는 배수를 곱한 비율.

4. 임차권의 승계

임차인이 상속권자 없이 사망한 경우에 그 주택에서 **가정공동생활을 하던 사실상의 혼인관계에 있는 자**는 임차인의 권리와 의무를 승계한다. 이는 상속권자 없는 동거가족에게 그의 거주를 보호할 필요성 때문에 주택임대차보호법에서는 민법에 대한 특례를 인정하고 있다.

(1) 임차인이 상속인 없이 사망한 경우에 가정공동생활을 하던 '사실상의 혼인관계에 있는 자'가 임차인의 권리와 의무를 승계한다 (제9조 제1항).

(2) 임차인이 사망한 경우에 상속권자가 그 주택에 가정공동생활을 하고 있지 아니한 때에는 그 주택에서 가정공동생활을 하던 **'사실상의 혼인관계에 있는 자와 2촌 이내의 친족'**은 공동으로 임차인의 권리와 의무를 승계한다(제9조 제2항).

(3) 주택임차권이 승계되면 임대차관계에 생긴 **채권과 채무**는 임차인의 권리와 **의무를 승계한 자에게 귀속**한다. 다만, 이 경우에 임차인이 사망한 후 **1월 이내**에 임대인에 대하여 반대의사를 표시한 경우에는 그러하지 아니하다(제9조 제3항).

Chapter **5**

상가건물
임대차보호법

제1절 법적 성격과 적용범위

1. 법적 성격

이 법은 상가건물의 임대차에 관하여 **민법에 대한 특례**를 규정하여 경제적 약자인 상가건물의 임차인들을 보호하고 그들의 경제생활의 안정을 도모함을 목적으로 한다.

또한 이 법의 규정에 위반된 약정으로서 **임차인에게 불리한 것은 그 효력이 없다.**

2. 적용대상

(1) 상가건물(사업자등록의 대상이 되는 건물)의 임대차에 대하여 적용된다(동법 제2조).

(2) 동법은 목적건물의 등기하지 아니한 전세계약에 관하여 이를 준용한다(법 17조). 이 경우 전세금은 임대차의 보증금으로 본다.

(3) 임차목적물의 주된 부분을 **영업용으로 사용**하는 경우에도 적용된다. 그러나 비영리단체의 임대차(동창회, 친목회 사무실 등)의 경우에는 적용하지 아니한다.

(4) 동법은 **일시사용**을 위한 임대차가 명백한 경우에는 **적용하지 아니한다**(법 16조).

3. 적용범위

(1) 다음의 대통령령이 정하는 보증금액을 초과하는 임대차에 대하여는 적용되지 않는다.

① 서울특별시: 4억원 이하
② 수도권정비계획법에 의한 수도권 중 과밀억제권역(서울특별시 제외): 3억원 이하
③ 광역시(수도권정비계획법에 따른 과밀억제권역에 포함된 지역과 군지역은 제외한다), 안산시, 용인시, 김포시, 광주시: 2억 4천만원 이하
④ 그 밖의 지역: 1억 8천만원 이하

(2) 보증금액 외에 월차임이 있는 경우에는 월차임에 100을 곱한 금액을 보증금에 합산한다. (보증금+[월세×100])

■ 상가건물임대차보호법 적용범위

담보물권설정일	지 역	보호법 적용대상
2002. 11. 1. ~ 2008. 8. 20.	서울특별시	2억 4천만원 이하
	과밀억제권역 (서울특별시 제외)	1억 9천만원 이하
	광역시 (군지역 및 인천광역시 제외)	1억 5천만원 이하
	기타지역	1억 4천만원 이하
2008. 8. 21. ~ 2010. 7. 25.	서울특별시	2억 6천만원 이하
	과밀억제권역 (서울특별시 제외)	2억 1천만원 이하
	광역시 (군지역 및 인천광역시 제외)	1억 6천만원 이하
	기타지역	1억 5천만원 이하
2010. 7. 26. ~ 2013. 12. 31.	서울특별시	3억원 이하
	과밀억제권역 (서울특별시 제외)	2억 5천만원 이하
	광역시 (수도권정비계획법에 따른 과밀억제권역에 포함된 지역과 군지역은 제외한다), 안산시, 용인시, 김포시, 광주시	1억 8천만원 이하
	기타지역	1억 5천만원 이하
2014. 01. 01. ~ 현재	서울특별시	4억원 이하
	과밀억제권역 (서울특별시 제외)	3억원 이하
	광역시(수도권정비계획법에 따른 과밀억제권역에 포함된 지역과 군지역은 제외), 안산시, 용인시, 김포시, 광주시	2억 4천만원 이하
	기타지역	1억 8천만원 이하

제2절 대항력과 보증금회수

1. 대항력

(1) 상가건물의 임대차는 그 등기가 없는 경우에도 임차인이 건물의 인도와 부가가치세법 제8조, 소득세법 제168조 또는 법인세법 111조의 규정에 의한 **사업자 등록을 신청한 때**에는 그 다음 날부터 제3자에 대하여 효력이 생긴다(동법 제3조 제1항).

(2) 대항요건으로는 건물의 인도와 사업자등록을 신청으로 성립하며, 대항요건을 갖춘 **그 다음 날부터** 제3자에 대하여 효력이 생긴다.

(3) 임차인이 대항력을 갖추면 임차건물의 양수인은 **임대인의 지위를 승계한 것으로 본다**(동법 제3조 제2항).

2. 우선변제권

(1) 상가건물임차권의 대항요건(인도+사업자등록신청)을 갖추고 관할 세무서장으로부터 임대차계약서상의 확정일자를 받은 임차인은 민사집행법에 의한 **경매** 또는 국세징수법에 의한 **공매** 시 임차건

물(임대인 소유의 대지를 포함)의 환가대금에서 **후순위 권리자 그 밖의 채권자보다 우선하여** 보증금을 변제받을 권리가 있다(동법 제5조 제2항). 다만 임차인은 임차건물을 양수인에게 인도하지 아니하면 임차보증금을 수령할 수 없다.

(2) 우선변제권의 효력발생시기는 대항요건과 확정일자를 **모두 갖춘** 날을 기준으로 한다.

3. 임차권 등기명령

(1) 절차

❶ 임대차가 종료됨에도 불구하고 보증금을 반환받지 못한 임차인은 **단독**으로 임차 건물의 소재지를 관할하는 지방법원 또는 시·군법원에 임차권등기명령을 신청할 수 있다(동법 제6조 제1항).

❷ 임차인의 임차권등기명령신청에 대하여 법원에서 기각하는 결정에 대해 임차인은 **항고**할 수 있다(동법 제6조 제4항).

❸ 임차인은 임차권등기명령의 신청 및 그에 따른 임차권등기와 관련하여 소요된 **비용을 임대인에게 청구**할 수 있다(동법 제6조 제8항).

(2) 효력

❶ 임차권등기명령에 의한 임차권등기가 경료되면 임차인은 대항력 및 우선변제권을 취득하며, 이미 대항력과 우선변제권을 지닌 임차인의 경우 그 효력을 **그대로 유지**한다.

❷ 임차인이 임차권등기 이전에 미리 대항력 또는 우선변제권을 취득

한 경우에는 그 대항력 또는 우선변제권을 그대로 유지하며, 임차
권등기 이후 대항력을 상실(퇴거)해도 이미 취득한 대항력 또는 우
선변제권은 그대로 유지한다(동법 제6조 제5항).

❸ 임차권등기가 경료 후 그 상가에 임차한 임차인은 소액보증금에
대하여 **최우선변제를 받을 권리가 없다**(동법 제6조 제6항).

4. 최우선변제권(소액보증금의 보호)

(1) 발생

❶ 임차인은 **보증금 중 일정액**을 **다른 담보물권자보다 우선**하여 변
제받을 권리가 있다. 임차인이 최우선변제를 받으려면 당해 건물
에 대한 **경매신청의 등기 전**에 **대항요건**을 갖추고 있어야 한다(법
제14조 제1항).

❷ 첫경매기일(매각기일) 전까지 대항력을 유지하고 **배당요구를 하여
야 한다.**

(2) 범위와 기준

❶ 우선변제를 받을 임차인 및 보증금 중 일정액의 범위와 기준은 임
대건물가액(대지 포함)의 **2분의 1**의 범위 안에서 해당 지역의 경제
여건, 보증금 및 차임 등을 고려하여 대통령령으로 정한다(동법 제
14조 제3항).

❷ 최우선변제대상인 임차인의 범위와 최우선변제액은 다음과 같다.

■ 소액임차인과 최우선변제액의 범위

담보물권설정일	지 역	최우선변제 적용 환산보증금 범위	최우선변제 금액
2002. 11. 1. ~ 2010. 7. 20.	서울특별시	4,500만원 이하	1,350만원
	과밀억제권역 (서울특별시 제외)	3,900만원 이하	1,170만원
	광역시(군지역 및 인천 광역시 제외)	3,000만원 이하	900만원
	기타지역	2,500만원 이하	750만원
2010. 7. 21. ~ 2013. 12. 31	서울특별시	5,000만원 이하	1,500만원
	과밀억제권역 (서울특별시 제외)	4,500만원 이하	1,350만원
	광역시 (수도권정비계획법에 따른 과밀억제권역에 포함된 지역과 군지역은 제외한다.), 안산시, 용인시, 김포시, 광주시	3,000만원 이하	900만원
	기타지역	2,500만원 이하	750만원
2014. 01. 01. ~현재	서울특별시	6,500만원 이하	2,200만원
	과밀억제권역 (서울특별시 제외)	5,500만원 이하	1,900만원
	광역시 (수도권정비계획법에 따른 과밀억제권역에 포함된 지역과 군지역은 제외한다.), 안산시, 용인시, 김포시, 광주시	3,800만원 이하	1,300만원
	기타지역	3,000만원 이하	1,000만원

제3절 존속기간의 보장과 차임증감 청구권

1. 최소기간의 보장

기간의 정함이 없거나 기간을 1년 미만으로 정한 임대차는 그 기간을 **1년으로 본다.** 다만, 임차인은 1년 미만으로 정한 기간이 유효함을 주장할 수 있다(동법 제9조 제1항).

2. 임대차의 존속

임대차가 종료한 경우에도 임차인이 보증금을 반환받을 때까지는 임대차관계가 존속하는 것으로 본다(동법 제9조 제2항).

3. 차임 등의 증감청구권

차임 또는 보증금이 임차건물에 대한 조세, 공과금 기타 부담의 증감이나 경제 사정의 변동으로 상당하지 아니한 때에는 당사자는 장래의 차임 또는 보증금에 대하여 증감을 청구 할 수 있다(동법 제11조). 다만 증액의 경우는 약정한 차임의 **100분의 9**를 초과하지 못하고, 임대차계약 또는 증액 있은 후 **1년 이내**에는 이를 하지 못한다(동법 제11조). 이 경우 차임 등의 증감청구는 전대인과 전차인의 전대차관계에도 적용된다(동법 제13조 제1항). 단, 감액에는 제한이 없다.

4. 월차임 전환 시 산정률의 제한

보증금의 전부 또는 일부를 월 단위의 차임으로 전환하는 경우에는 그 전환되는 금액에 **년12%** 또는 한국은행에서 공시한 기준금리에 4.5배수를 곱한 비율 중 낮은비율을 곱한 월차임의 범위를 초과할 수 없다(동법 제12조). 이러한 월차임 전환 시 산정률의 제한은 전대인과 전차인의 전대차 관계에도 적용된다.

제4절 임차권의 소멸과 법정갱신

1. 임차권의 소멸

임차권은 임차건물에 대하여 **경매**가 실시된 경우에는 그 임차건물이 **매각되면 소멸한다.** 다만, 보증금이 전액 변제되지 아니한 **대항력이 있는 임차권은 소멸하지 아니한다**(동법 제8조).

2. 법정갱신

(1) 임대인이 **기간만료되기 6개월 전부터 1개월 전까지** 임차인에 대하여 갱신거절의 통지 또는 조건의 변경에 대한 통지를 하지 아니한 경우는 그 기간이 만료된 때에 전임대차와 동일한 조건으로 다시 임대차한 것으로 본다. 이 경우에 임대차의 존속기간은 1년으로 본다.

(2) 이 경우 임차인은 언제든지 계약해지의 통고를 할 수 있고, 임대인이 그 통고를 받은 날로부터 **3개월**이 경과하면 그 효력이 생긴다(동법 제10조 제5항). 법정갱신은 전대인과 전차인의 전대차 관계에도 적용된다(동법 제13조 제1항).

제5절 계약의 갱신

1. 계약갱신요구권

(1) 계약갱신요구권은 동법 시행 후 체결되거나 갱신된 임대차부터 적용한다.

(2) 임차인의 계약갱신요구권은 최초의 임대차기간을 포함한 전체 임대차기간이 **5년**을 초과하지 않는 범위 내에서만 행사할 수 있다.

(3) 갱신되는 임대차는 전 임대차와 동일한 조건으로 다시 계약한 것으로 본다. 차임과 보증금은 제11조에 따른 범위에서 증감할 수 있다.

(4) 임대인은 임차인이 기간 만료되기 6개월 전부터 1개월 전까지 사이에 행하는 계약갱신요구에 대해 정당한 사유 없이 이를 거절하지 못한다. 다만 다음 각 호의 경우에는 임차인의 계약갱신요구권이 인정되지 않는다(동법 제10조 제1항 단서).

❶ 임차인이 3기의 차임액에 해당하는 금액에 이르도록 차임을 연체한 사실이 있는 경우

❷ 임차인이 거짓이나 그 밖의 부정한 방법으로 임차한 경우

❸ 쌍방합의하에 임대인이 임차인에게 상당한 보상을 제공한 경우

❹ 임차인이 임대인의 동의 없이 목적 건물의 전부 또는 일부를

전대한 경우

❺ 임차인이 임차한 건물의 전부 또는 일부를 고의 또는 중대한 과실로 파손한 경우

❻ 임차한 건물의 전부 또는 일부가 멸실되어 임대차의 목적을 달성하지 못할 경우

❼ 임대인이 목적 건물의 전부 또는 대부분을 철거하거나 재건축하기 위해 목적건물의 점유 회복이 필요한 경우

❽ 그 밖에 임차인이 임차인으로서의 의무를 현저히 위반하거나 임대차를 계속하기 어려운 중대한 사유가 있는 경우

제6절 권리금

1. 권리금 정의

(1) 권리금이란 임대차 목적물인 상가건물에서 영업을 하는 자 또는 영업을 하려는 자가 **영업시설·비품, 거래처, 신용, 영업상의 노하우, 상가건물의 위치에 따른 영업상의 이점 등 유형·무형의 재산적 가치의 양도** 또는 **이용대가**로서 임대인, 임차인에게 보증금과 차임 이외에 지급하는 금전 등의 대가를 말한다.(동법 제10조의3의 1항)

(2) 권리금 계약이란 **신규임차인이 되려는 자가 임차인에게** 권리금을 지급하기로 하는 계약을 말한다.(동법 제10조의3의 2항)

2. 권리금 회수기회 보호

(1) 임대인은 임대차기간이 **끝나기 3개월 전부터 임대차 종료 시까지** 다음 각 호의 어느 하나에 해당하는 행위를 함으로써 권리금 계약에 따라 임차인이 주선한 신규임차인이 되려는 자로부터 권리금을 지급받는 것을 방해하여서는 아니 된다. (동법 제10조의4

의 1항)

❶ 임차인이 주선한 신규임차인이 되려는 자에게 권리금을 요구하거나 임차인이 주선한 신규임차인이 되려는 자로부터 권리금을 수수하는 행위

❷ 임차인이 주선한 신규임차인이 되려는 자로 하여금 임차인에게 권리금을 지급하지 못하게 하는 행위

❸ 임차인이 주선한 신규임차인이 되려는 자에게 상가건물에 관한 조세, 공과금, 주변 상가건물의 차임 및 보증금, 그 밖의 부담에 따른 금액에 비추어 현저히 고액의 차임과 보증금을 요구하는 행위

❹ 그 밖에 정당한 사유 없이 임대인이 임차인이 주선한 신규임차인이 되려는 자와 임대차계약의 체결을 거절하는 행위

(2) **예외**(임대인이 거절할 수 있는 정당한 사유)(동법 제10조의4의 2항)

❶ 임차인이 주선한 신규임차인이 되려는 자가 보증금 또는 차임을 지급할 자력이 없는 경우

❷ 임차인이 주선한 신규임차인이 되려는 자가 임차인으로서의 의무를 위반할 우려가 있거나 그 밖에 임대차를 유지하기 어려운 상당한 사유가 있는 경우

❸ 임대차 목적물인 상가건물을 **1년 6개월 이상** 영리목적으로 사용하지 아니한 경우

❹ 임대인이 선택한 신규임차인이 임차인과 권리금 계약을 체결하고 그 권리금을 지급한 경우

3. 위반시 효과

(1) 임대인이 위의 사항을 위반하여 임차인에게 손해를 발생하게 한 때에는 그 손해를 배상할 책임이 있다. 이 경우 그 손해배상액은 신규임차인이 임차인에게 지급하기로 한 권리금과 임대차 종료 당시의 권리금 중 **낮은 금액을 넘지 못한다.**(동법 제10조4의 제3항)

(2) 임대인에게 손해배상을 청구할 권리는 임대차가 종료한 날부터 **3년 이내**에 행사하지 아니하면 시효의 완성으로 **소멸**한다.(동법 제10조4의 제4항)

4. 권리금 적용 제외

(1) 임대차 목적물인 상가건물이 「유통산업발전법」 제2조에 따른 대규모점포 또는 준대규모점포의 일부인 경우 (동법 제10조5의 제1항)

(2) 임대차 목적물인 상가건물이 「국유재산법」에 따른 국유재산 또는 「공유재산 및 물품 관리법」에 따른 공유재산인 경우.(동법 제10조5의 제2항)

5. 권리금 적용범위

(1) 이 법 시행 당시 존속 중인 임대차부터 적용한다.(동법 부칙 제3조)

(2) **환산보증금액을 초과하는 임대차에 대하여도 적용한다.**(동법 제
2조)

Chapter

6

인도명령

제1절 의의

인도명령이란 현재 점유하고 있는 부동산의 권리를 낙찰자에게 인도하라는 법원의 명령을 말한다.

제2절 당사자

1. 신청인

매수인 및 매수인의 일반승계인에 한한다.

2. 상대방

인도명령의 상대방은 **채무자, 소유자** 또는 부동산 점유자 중 매수인에게 **대항할 수 없는 모든 점유**자이다.

제3절 기간

매각대금 납부 후 6개월 이내에 신청해야 한다. 대금납부 후 6개월이 지나면 인도명령 대상자도 명도소송을 통해 내보내야 한다.(민사집행법 제136조) 6개월의 기산일은 신청일이다.

제4절 신청방법

인도명령의 신청은 서면 또는 말로 할 수 있다.

1. 재판

통상 인도명령은 **서면심리**를 원칙으로 한다. 단, 재판부의 재량에 따라 상대방을 심문하거나 변론을 열 수도 있다.

채무자·소유자 이외의 자에 대하여 인도명령을 신청하는 경우에는 그 점유자가 매수인에게 대항할 수 있는 권원에 의하여 점유하고 있지 아니함이 명백한 때 또는 이미 그 점유자를 심문한 때에는 심문을 할 필요가 없다.

2. 집행

인도명령에 의한 집행시 집행문을 부여받아야 한다.

인도명령을 발한 후에 승계가 있는 경우에는 승계집행문을 부여받아야 집행할 수 있다.

제6절 불복방법

인도명령신청에 관한 결정에 대하여는 **즉시항고**를 할 수 있다.

■ 인도명령과 명도소송의 비교

구분	인도명령	명도소송
소의성격	경매사건에 포함 (약식소송)	별도사건으로 처리 (정식소송)
소요비용	2~3만원 (변호사 선임 불필요)	300만원 이상 (변호사도 선임 필요)
소요기간	신청후 2~4주	소제기후 3~10개월

Chapter **7**

배당

제1절 배당의 의의

배당이란 매각대금을 집행비용 공제 후 남은 금액을 **채권자에게** 순위에 따라 **나눠주는 것**을 말한다.

매수인이 대금 납부 후 채권자의 경합이 없거나, 매각대금이 채권자들의 요구액보다 많으면 순위에 관계없이 채권자들에게 지급하면 된다. 즉 배당절차가 필요 없다. 그러나 매각대금이 채권액 변제에 부족하기 때문에 집행법원은 민법·상법과 주택임대차보호법 기타 법률에 의해 **배당원칙과 배당순위**를 정해 놓고 그 순위에 따라 배당을 한다.

배당 : 채권액 〉 매각대금
지급 : 채권액 〈 매각대금

제2절 배당절차

1. 배당요구

배당요구란 집행채권자에 의해 개시된 집행절차에 참가하여 동일한 재산의 매각대금에서 변제를 받고자 하는 집행법상의 행위이다.

2. 배당요구를 하지 않아도 당연히 배당에 참가하는 자

(1) 이중경매신청인

　선행사건의 배당요구종기까지 이중경매신청을 한 채권자
(2) 첫 경매개시결정등기 **전에** 등기된 가압류채권자
(3) 첫 경매개시결정등기 **전에** 등기된 우선변제권자 즉 근저당권자 저당권자 등
(4) 첫 경매개시결정의 기입등기 **전에** 체납처분 절차에 의한 압류권자

3. 배당요구를 하여야 배당을 받을 수 있는 채권자

(1) 집행력 있는 정본을 가진 채권자

- 집행문이 부여된 판결문·공정증서·화해조서·조정조서 등
- 지급명령·이행권고결정문

(2) 경매개시결정등기 **후에** 가압류를 한 채권자

(3) 경매개시결정등기 **후에** 등기된 근저당권·전세권·담보가등기 등

(4) 민법·상법 그 밖의 법률에 의하여 우선변제청구권이 있는 채권자
- **근로자의 임금채권·국세·지방세·건강보험료** 등
- **확정일자를 갖춘 즉 우선변제권 있는 주택·상가임차인**
- **최우선변제권** 갖춘 주택·상가의 소액임차인

4. 배당요구의 시기

배당요구를 하여야만 배당을 받을 수 있는 채권자는 **배당요구종기일**까지 배당요구를 하여야 한다.

5. 배당요구시 첨부서류

임차인 – 임대차계약서·주민등록등본

가압류권자 – 가압류결정문, 등기부등본

근저당권자 – 근저당설정서, 등기부등본

집행력있는 정본의 채권 – 집행력있는 정본

일반채권자 – 채권원인증서 사본

6. 배당요구와 부당이득반환청구와의 관계

(1) 부당이득반환청구 가능

배당요구를 한 채권자나 배당요구를 하지 않아도 당연히 배당에 참여할 수 있는 채권자는 부당이득반환청구가 가능하다.

(2) 부당이득반환청구 불가

주택(상가건물)임차인의 **우선변제권이나 최우선변제권, 임금채권의 최우선변제권자**가 배당요구를 하지 않아 후순위 채권자가 배당을 받았더라도 그 후순위 채권자를 상대로 부당이득반환청구를 할 수 없다.

7. 배당요구의 효력

- 배당을 받을 권리
- 배당기일을 통지받을 권리
- 배당기일에 출석하여 배당표에 대한 의견을 진술할 권리

8. 배당요구의 철회

배당요구를 한 채권자들은 자유롭게 배당요구를 철회할 수 있으나, 배당요구에 따라 매수인이 **인수하여야 할 부담이 바뀌는 경우** 배당요

구한 채권자는 배당요구의 종기가 지난 뒤에 이를 철회하지 못한다.

(1) 부담 생김

대항력과 우선변제권이 있는 임차인이나 선순위 전세권자가 배당요구를 하여 인수하지 않는 걸로 알고 있었는데 배당요구를 철회하여 보증금을 인수하는 경우다.

(2) 부담 증가

대항력 있는 소액임차인이 배당요구를 하였다가 후에 철회하는 경우다. 대항력 있는 소액임차인이 배당요구를 하면 최우선변제금은 매수인이 인수하지 않아도 되나, 배당요구를 철회하면 그 최우선변제금을 매수인이 인수해야 한다.

9. 배당표 원안의 작성

집행법원은 통상 배당기일 **3일 전까지** 배당표를 작성하여 채권자와 채무자의 요구가 있으면 이를 열람시켜 주어야 한다.

10. 배당금 수령시 명도확인서가 있어야 배당받는 자

(1) 주택(상가건물) 임차인

임차인은 선순위, 후순위를 불문하고 명도확인서가 있어야 배당금을 수령할 수 있다.

(2) 전세권자

제3절 배당순위

순위	구분	권리종류
0	경매집행비용	경매진행에 따른 비용
1	필요비, 유익비	경매목적 부동산에 투입된 필요비, 유익비
2	소액보증금 선순위 임금채권	임대차 보호법에 의한 보증금 중 일정액 근로기준법에 의한 근로자 임금채권 (3개월치 임금, 3년분 퇴직금 등)
3	당해세	경매 목적물 자체에 부과된 국세와 지방세
4	담보물권	확정일자부 임차인의 보증금 담보물권: 근저당, 가등기, 전세권, 임차권
5	일반임금채권	2순위 변제 후 잔여금액
6	조세채권	담보물권 후순위 조세채권
7	공과금	건강보험료, 국민연금, 산재보험료 등
8	일반채권	가압류, 가처분 등의 일반채권

제4절 배당연습

1. 물권-선입선출법

물권은 **설정일 순**으로 배당한다. 저당권, 전세권, 가등기담보권, 확정일자 있는 주택임차권 상호간 우선순위는 설정일 순서에 따른다. 설정일은 등기부등본의 **접수 일자**가 기준이다. 등기의 설정일이 같은 경우 접수번호 순으로 정한다.

❶ 예 1: 배당금 1억원일 경우

설정일자	권리내용	권리자	배당금액
1. 15	저당권 5,000만원	A	5,000만원
2. 15	저당권 3,000만원	B	3,000만원
3. 25	저당권 5,000만원	C	2,000만원

❷ 예 2: 배당금 1억원일 경우

설정일자	권리내용	권리자	배당금액
1. 15	저당권 5,000만원	A	5,000만원
2. 15	저당권 5,000만원	B	5,000만원
3. 25	저당권 5,000만원	C	

❸ 예 3: 배당금 1억원일 경우

설정일자	권리내용	권리자	배당금액
1. 15	담보가등기 3,000만원	A	3,000만원
2. 15	근저당권 7,000만원	B	7,000만원
3. 25	담보가등기 5,000만원	C	

2. 채권-안분(평등)배당

채권 상호간에는 채권자 **평등의 원칙**이 적용된다. 채권은 그 권원이나 성립시기를 묻지 않고 순위가 같다.
동순위자 간의 배당은 자신의 **채권액 비율에 따라 안분배당**한다.

❶ 예 1: 배당금 3,000만원일 경우

설정일자	권리내용	권리자	배당금액
1. 15	가압류 5,000만원	A	1,000만원
2. 15	가압류 5,000만원	B	1,000만원
3. 25	가압류 5,000만원	C	1,000만원

❷ 예 2: 배당금 3,000만원일 경우

설정일자	권리내용	권리자	배당금액
1. 15	가압류 5,000만원	A	1,000만원
2. 15	근저당권 5,000만원	B	2,000만원
3. 25	가압류 5,000만원	C	

❸ 예 3: 배당금 3,000만원일 경우

설정일자	권리내용	권리자	배당금액
1. 15	가압류 3,000만원	A	1,000만원
2. 15	담보가등기 3,000만원	B	2,000만원
3. 25	가압류 3,000만원	C	

3. 물권과 채권인 경우

원칙 : 물권우선

물권과 채권이 경합시 성립시기를 불문하고 **물권**이 우선한다.(물권 우선의 원칙) 물권은 그 부동산에 관련된 **모든 사람에게** 주장할 수 있는 권리인 반면, 채권은 **특정인에게만** 주장할 수 있는 권리이기 때문이다.

예외 : 가압류가 선순위

가압류가 선순위인 경우 **안분배당**을 한다. 가압류는 채권으로서 물권에 대항할 수 없는 반면, 가압류의 처분금지효에 의해 등기부의 공시 순위에서 후순위인 물권은 선순위인 가압류에 대항할 수 없어 상호 모순 관계가 성립한다.

❶ 예 1: 배당금 6,000만원일 경우

설정일자	권리내용	권리자	배당금액
1. 15 전입	임차권 5,000만원	A	
2. 15	근저당 5,000만원	B	5,000만원
3. 25	근저당 5,000만원	C	1,000만원

❷ 예 2: 배당금 6,000만원일 경우

설정일자	권리내용	권리자	배당금액
1. 15	가압류 5,000만원	A	2,000만원
2. 15	가압류 5,000만원	B	2,000만원
3. 25	근저당 5,000만원	C	2,000만원

❸ 예 3: 배당금 6,000만원일 경우

설정일자	권리내용	권리자	배당금액
1. 15	가압류 3,000만원	A	2,000만원
2. 15	담보가등기 3,000만원	B	3,000만원
3. 25	담보가등기 3,000만원	C	1,000만원

4. 기타 배당연습

❶ 예 1: 배당금 6,000만원일 경우

설정일자	권리내용	권리자	배당금액
1. 15	가압류 5,000만원	A	2,000만원
2. 15	전세권 5,000만원	B	4,000만원
3. 25	근저당 5,000만원	C	

❷ 예 2: 배당금 6,000만원일 경우

설정일자	권리내용	권리자	배당금액
1. 15	근저당 5,000만원	A	5,000만원
2. 15	전세권 5,000만원	B	1,000만원
3. 25	가압류 5,000만원	C	

❸ 예 3: 배당금 6,000만원일 경우

설정일자	권리내용	권리자	배당금액
1. 15	가압류 5,000만원	A	2,000만원
2. 15	담보가등기 5,000만원	B	4,000만원
3. 25	근저당 5,000만원	C	

❹ 예 4: 배당금 6,000만원일 경우

설정일자	권리내용	권리자	배당금액
1. 15	근저당 5,000만원	A	5,000만원
2. 15	가압류 5,000만원	B	500만원
3. 25	근저당 5,000만원	C	500만원

❺ 예 5: 배당금 6,000만원일 경우

설정일자	권리내용	권리자	배당금액
1. 15	가압류 5,000만원	A	2,000만원
2. 15	담보가등기 5,000만원	B	4,000만원
3. 25	근저당 5,000만원	C	

❻ 예 6: 배당금 6,000만원일 경우

설정일자	권리내용	권리자	배당금액
1. 15	소유권 청구권 가등기 5,000만원	A	
2. 15	근저당 5,000만원	B	5,000만원
3. 25	가압류 5,000만원	C	1,000만원

❼ 예 7: 배당금 6,000만원일 경우

설정일자	권리내용	권리자	배당금액
1. 15	근저당 5,000만원	A	5,000만원
2. 15	소유권 청구권 가등기 5,000만원	B	
3. 25	가압류 5,000만원	C	1,000만원

❽ 예 8: 배당금 6,000만원일 경우

설정일자	권리내용	권리자	배당금액
1. 15	담보가등기 5,000만원	A	5,000만원
2. 15	근저당 5,000만원	B	1,000만원
3. 25	가압류 5,000만원	C	

❾ 예 9: 배당금 6,000만원일 경우

설정일자	권리내용	권리자	배당금액
1. 15	가압류 5,000만원	A	2,000만원
2. 15	근저당 5,000만원	B	4,000만원
3. 25	가압류 5,000만원	C	

❿ 예 10: 배당금 6,000만원일 경우

설정일자	권리내용	권리자	배당금액
1. 15 전입	임차권 5,000만원	A	
2. 15	가압류 5,000만원	B	3,000만원
3. 25	근저당 5,000만원	C	3,000만원

Chapter

8

권리분석
실전사례

|일 러 두 기|

압류에서 당해세는 배제하고 배당표를 작성함.
(압류는 배당에서 제외)

1. 아파트(2010-14968)

소 재 지	서울 송파구 신천동 20-4 진주 16동 10층 1006호 [도로명주소]				
경 매 구 분	임의(기일)	채 권 자	유성률		
용 도	아파트	채무/소유자	하명희	매 각 기 일	12.10.22 낙찰
감 정 가	1,200,000,000 (10.11.04)	청 구 액	300,000,000	종 국 결 과	13.10.11 기각
최 저 가	768,000,000 (64%)	토지총면적	86.32 m² (26.11평)	경매개시일	10.10.20
입찰보증금	10% (76,800,000)	건물총면적	138.84 m² (42평)[47평형]	배당종기일	10.12.31
조 회 수	· 금일 1 | 공고후 161 | 누적 477		· 5분이상 열람 금일 0 | 누적 0		[조회통계]
관리비미납금	· 11년1월분까지 미납액없음 전기수도포함. 1507세대 (2011.03.11 현재)				

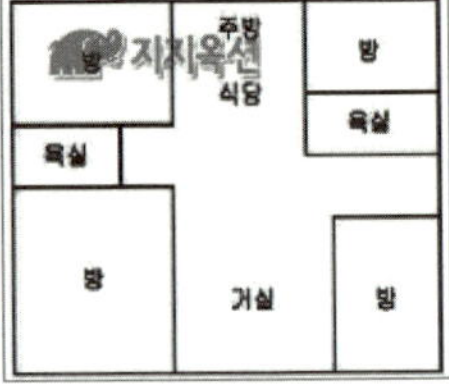

우편번호및주소/감정서	물건번호/면적(m²)	감정가/최저가/과정	임차조사	등기권리
138-240 서울 송파구 신천동 20-4 진주 16동 10층 1006호 ●감정평가서정리 - 몽촌토성역서측인근 - 주위파트리오,미성,장 　미아파트등밀집 - 차량접근가능 - 인근버스(정)및지하철 　(몽촌토성역)소재 - 제반교통사정양호 - 열병합발전지역난방 - 부정형등고평탄지 - 남측왕복8차선,동측왕 　복6차선,북측왕복4차 　선,서측왕복2차선도로 　통해접근가능 - 3종일반주거지역 - 일반미관지구,아파트 　지구 - 중심지미관지구 - 도로저촉,공원저촉 - 비행안전제2구역(전 　술) - 과밀억제권역 - 상대정화구역 - 한강폐기물매립시설설 　치제한지역 - 3m건축선지정구역(세 　부사항건축과문의) - 1종일반주거지역 2010.11.04 인서감정	물건번호: 단독물건 대지 86.3203/109864.8 　(26.11평) 　(85.75/109139) 건물 138.84 　(42평) 　방4,욕실겸화장실2 　10층-81.11.05보존	감정가　　1,200,000,000 · 대지　　480,000,000 　　　　　　　　(40%) 　(평당 18,383,761) · 건물　　720,000,000 　　　　　　　　(60%) 　(평당 17,142,857) 최저가　　　768,000,000 　　　　　　　(64.0%) ●경매진행과정 　　　　　1,200,000,000 ① 유찰　　2011-03-28 20%↓　　　960,000,000 ② 변경　　2011-05-09 - - - - - - - - - - - - - - 　　　　　　960,000,000 ② 유찰　　2012-09-03 20%↓　　　768,000,000 ③ 낙찰　　2012-10-22 **낙찰자**　　　송광세 **응찰수**　　　4명 **낙찰액**　856,000,000 　　　　　　(71.33%) 　불허　　2012-10-29 　기각　　2013-10-11	●지지옥션세대조사 [세] 04.06.01 하명희 주민센터확인:2011.03.22	소유권 하명희 　2000.09.05 　전소유자:박용재외1 저당권 주택은행 　성내동 　2000.09.26 　260,000,000 저당권 유성률 　2008.11.13 　450,000,000 임 의 유성률 　2010.10.20 　*청구액:300,000,000원 등기부채권총액 710,000,000 　　　　　　　　　　원 열람일자 : 2010.11.25

(1) 말소기준이 되는 권리

기준이 되는 권리는 2000년 9월 26일 주택은행의 2억 6,000만원짜리 저당권이다.

(2) 등기부상의 권리분석

등기부상의 권리로서 매수인에게 인수될 권리는 없다.

(3) 등기부 외의 권리분석

임대차관계를 살펴보면 채무자(소유자)가 직접 살고 있어 인수될 권리는 없다.

(4) 배당순서

순 위	종 류	배당자	배당액	비 고
1순위	경매비용		4,500,000	
2순위	저당권	주택은행	260,000,000	말소기준권리
3순위	저당권	유성율	450,000,000	
4순위	소유자	하명희	141,500,000	

(5) 해설

주인이 직접 살고 있어 명도가 비교적 쉬워 보인다.
매수인이 인수해야 할 권리관계는 아무것도 없이 깨끗하다.

2. 아파트(2011-4629)

소 재 지	서울 노원구 하계동 288 하계2차현대 210동 4층 403호 [도로명주소]				
경 매 구 분	임의(기일)	채 권 자	원광(새)		
용 도	아파트	채무/소유자	이용숙	낙 찰 일 시	12.02.06 (420,000,000원)
감 정 가	520,000,000 (11.03.28)	청 구 액	416,271,780	종 국 결 과	12.04.23 배당종결
최 저 가	416,000,000 (80%)	토지총면적	38.76 ㎡ (11.72평)	경매개시일	11.03.21
입찰보증금	10% (41,600,000)	건물총면적	84.51 ㎡ (25.56평) [33평형]	배당종기일	11.06.16
조 회 수	· 금일 1 │ 공고후 109 │ 누적 226		· 5분이상 열람 금일 0 │ 누적 0		[조회통계]
주 의 사 항	· 채무자(소유자)점유				

관리비미납금	· 11년8월분까지 미납액없음 전기수도포함.730세대 (2011.10.14 현재)

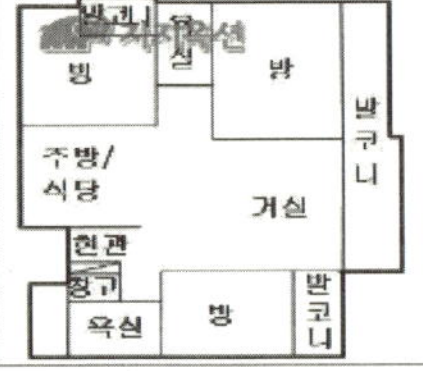

우편번호및주소/감정서	물건번호/면 적(㎡)	감정가/최저가/과정	임차조사	등기권리

139-230
서울 노원구 하계동 288
하계2차현대 210동 4층
403호
 	
●감정평가서정리
 - 불암중학교서측인근
 - 부근대단위아파트단지
  형성된주거지대,인근
  다양한근린시설및편의
  시설등소재
 - 차량진출입가능
 - 인근버스(정)및근거리
  전철7호선중계역소재
 - 대중교통사정무난
 - 부정형등고평탄지
 - 서측노원길등3면이도
  로접함
 - 단지내도로개설,단지
  내도로통해외부도로접
  근가능
 - 지역난방
 	
 - 3종일반주거지역
 - 지구단위계획구역
  (자세한사항별도확인:
  도시관리과)
 	
2011.03.28 안국감정
	물건번호: 단독물건
	
	대지 38.764/28506.4
	 (11.73평)
	건물 84.51
	 (25.56평)
	방3,욕실겸화장실2
	공용:23.254(지하주차
	장제외)
	15층-97.09.05보존
		감정가 520,000,000
		 · 대지 322,400,000
		         (62%)
		 (평당 27,508,532)
		
		 · 건물 197,600,000
		         (38%)
		 (평당 7,730,829)
		
		최저가 416,000,000
		      (00.0%)
		
		●경매진행과정
		      520,000,000
		 ① 유찰 2011-10-31
		
		 20%↓ 416,000,000
		 ② 변경 2011-11-28
		
		      416,000,000
		 ② 낙찰 2012-02-06
		
		낙찰자 박보경
		응찰수 1명
		낙찰액 420,000,000
		     (80.77%)
		
		 허가 2012-02-13
		 납부기한 2012-03-20
		    (납부완료)
		
		 종결 2012-04-23
			●법원임차조사
			
			*소유자점유
			
			●지지옥션세대조사
			[세] 03.11.07 김찬호
			주민센터확인:2011.10.20
				소유권 이용숙
				  2003.11.07
				  전소유자:오인균
				
				저당권 원광(새)
				  2009.06.09
				  509,600,000
				
				임 의 원광(새)
				  2011.03.21
				  *청구액:416,271,780원
				
				등기부채권총액 509,600,000
				          원
				
				열람일자 : 2011.10.13

(1) 말소기준이 되는 권리

기준이 되는 권리는 2009년 6월 9일 원광의 5억 960만원짜리 저당
권이다.

(2) 등기부상의 권리분석

등기부상의 권리로서 매수인에게 인수될 권리는 없다.

(3) 등기부 외의 권리분석

임대차관계를 살펴보면 채무자(소유자)가 직접 살고 있어 인수될 권
리는 없다.

(4) 배당순서

순 위	종 류	배당자	배당액	비 고
1순위	경매비용		4,600,000	
2순위	저당권	원광(새)	415,400,000	말소기준권리

(5) 해설

주인이 직접 살고 있어 명도가 비교적 쉬워 보인다.
매수인이 인수해야 할 권리관계는 아무것도 없이 깨끗하다.

3. 아파트(2011-18307)

소 재 지	서울 노원구 월계동 322-1 성원 406동 5층 504호 [도로명주소]				
경 매 구 분	임의(기일)	채 권 자	㈜ 에이치케이저축은행(구:㈜에이치케이상호저축은행)		
용 도	아파트	채무/소유자	최인석	낙 찰 일 시	12.05.14 (191,000,000원)
감 정 가	220,000,000 (11.10.19)	청 구 액	224,471,073	종 국 결 과	12.07.30 배당종결
최 저 가	140,800,000 (64%)	토지총면적	30.54 ㎡ (9.24평)	경매개시일	11.10.12
입찰보증금	10% (14,080,000)	건물총면적	49.92 ㎡ (15.1평)[22평형]	배당종기일	12.01.02
조 회 수	· 금일 1	공고후 247	누적 435	· 5분이상 열람 금일 0	누적 0		[조회통계]
주 의 사 항	· 채무자(소유자)점유				
관리비미납금	· 11년12월분까지 미납액없음 전기수도포함.713세대 (2012.02.24 현재)				

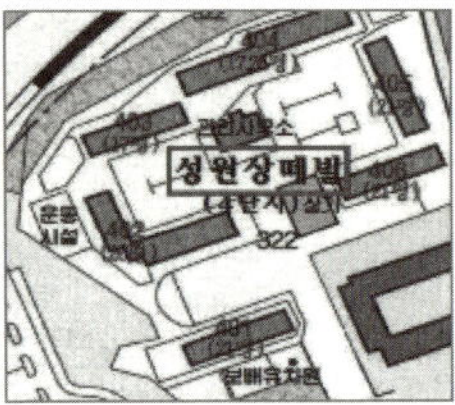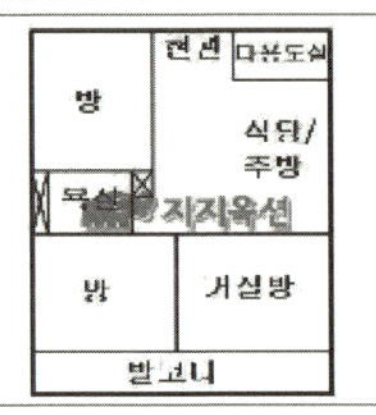

우편번호및주소/감정서	물건번호/면 적(㎡)	감정가/최저가/과정	임차조사	등기권리
139-050 서울 노원구 월계동 322-1 성원 406동 5층 504호 ●감정평가서정리 - 녹천초등학교북측인근위치 - 부근대규모아파트단지형성된주거지대 - 차량출입가능 - 인근버스(정)및지하철 1호선월계역소재 - 대중교통사정무난 - 부정형등고평탄지 - 동측도로접함 - 도로접함 - 열병합에의한지역난방 - 3종일반주거지역 - 1종지구단위계획구역 (월계3단지,자세한사항 도시관리과확인) 2011.10.19 안국감정	물건번호: 단독물건 대지 30.542/22653.4 (9.24평) 건물 49.92 (15.1평) 방2.공용:22.55 15층-95.07.29보존	감정가 220,000,000 · 대지 136,400,000 (62%) (평당 14,761,905) · 건물 83,600,000 (38%) (평당 5,536,424) 최저가 140,800,000 (64.0%) ●경매진행과정 　　　220,000,000 ① 유찰 2012-03-12 20%↓ 176,000,000 ② 유찰 2012-04-16 20%↓ 140,800,000 ③ 낙찰 2012-05-14 낙찰자 이남희 응찰수 22명 낙찰액 191,000,000 (86.82%) 2위 190,100,000 (86.41%) 허가 2012-05-21 납부기한 2012-06-28 (납부완료) 종결 2012-07-30	●법원임차조사 *소유자점유 ●지지옥션세대조사 [세] 01.11.28 최인석 주민센터확인:2012.02.28	소유권 최인석 2001.11.24 전소유자:임학상 저당권 HK상호저축은행 2009.12.11 262,600,000 가압류 외환은행 카드장기채권 2011.03.30 5,243,874 임 의 HK저축은행 채권관리3팀 2011.10.12 *청구액:224,471,073원 등기부채권총액 267,843,874원 열람일자 : 2011.10.27

(1) 말소기준이 되는 권리

기준이 되는 권리는 2009년 12월 11일 HK상호저축은행의 2억 6,260
만원짜리 저당권이다.

(2) 등기부상의 권리분석

등기부상의 권리로서 매수인에게 인수될 권리는 없다.

(3) 등기부 외의 권리분석

임대차관계를 살펴보면 채무자(소유자)가 직접 살고 있어 인수될 권
리는 없다.

(4) 배당순서

순 위	종 류	배당자	배당액	비 고
1순위	경매비용		3,200,000	
2순위	저당권	HK상호저축은행	187,800,000	말소기준권리

(5) 해설

주인이 직접 살고 있어 명도가 비교적 쉬워 보인다.
매수인이 인수해야 할 권리관계는 아무것도 없이 깨끗하다.

4. 아파트(2012-15633)

소 재 지	서울 동대문구 전농동 6 ,-1 전농우성 8동 1층 106호 [사가정로 190]				
경 매 구 분	임의(기일)	채 권 자	안양농업협동조합		
용 도	아파트	채무/소유자	신봉석	낙 찰 일 시	13.01.28 (193,888,880원)
감 정 가	230,000,000 (12.07.17)	청 구 액	190,272,947	종 국 결 과	13.03.19 배당종결
최 저 가	147,200,000 (64%)	토지총면적	32.58 ㎡ (9.86평)	경매개시일	12.07.05
입찰보증금	10% (14,720,000)	건물총면적	59.70 ㎡ (10.00평)[24평형]	배당종기일	12.09.14
조 회 수	· 금일 1 | 공고후 108 | 누적 301		· 5분이상 열람 금일 0 | 누적 0		조회통계

관리비미납금	· 12년8월분까지 미납액없음. 전기수도포함.1234세대 (2012.10.15 현재)

우편번호및주소/감정서	물건번호/면 적(㎡)	감정가/최저가/과정	임차조사	등기권리
130-020 서울 동대문구 전농동 6 ,-1 전농우성 8동 1층 106호 [사가정로 190] ●감정평가서정리 - 전동초등교남동측인근 - 인근아파트단지,학교, 　공공시설및각종근린시 　설등혼재 - 제반차량접근용이 - 버스(정)인근소재 - 대중교통사정보통 - 부정형토지 - 단지내외도로개설,용 　이하게연계되어있음 - 도로접함 - 6번지:비오톱1등급 - 개별난방 - 도시지역 - 2종일반주거지역 　(6-1번지) - 3종일반주거지역 　(6번지) - 일반미관지구 - 가축사육제한구역 - 대공방어협조구역 　(위탁고도:77-257m) - 과밀억제권역 - 학교환경위생정화구역 　(학교환경위생정화구 　역에대한최종확인은관 　할교육청에반드시확인 　이필요한사항임) 2012.07.17 다원감정	물건번호: 단독물건 대지 32.583/55283.9 　(9.86평) 건물 59.78 　(18.08평) 　(24평형) 방2 12층-92.12.05보존 15개동1234세대	감정가　　230,000,000 · 대지　　172,500,000 　　　　　　　(75%) (평당 17,494,929) · 건물　　　57,500,000 　　　　　　　(25%) (평당 3,180,310) 최저가　　147,200,000 　　　　　　　(64.0%) ●경매진행과정 　　　　　　230,000,000 ① 유찰　　2012-10-29 20%↓　　184,000,000 ② 유찰　　2012-11-26 20%↓　　147,200,000 ③ 낙찰　　2013-01-28 <table><tr><td>낙찰자</td><td>유경환</td></tr><tr><td>응찰수</td><td>18명</td></tr><tr><td>낙찰액</td><td>193,888,880 (84.30%)</td></tr><tr><td>2위</td><td>186,700,000 (81.17%)</td></tr></table> 　　허가　　2013-02-04 납부기한　2013-03-12 　　　　　　(납부완료) 　　종결　　2013-03-19	●법원임차조사 *소유자점유 ●지지옥션세대조사 세 06.05.02 신동현 최 04.08.11 신봉석 주민센터확인:2012.10.17	소유권　신봉석 　　　　　2004.08.13 　전소유자:전승용 근저당　안양농협 　　　　　석수 　　　　　2010.05.31 　　　　　201,600,000 임 의 안양농협 　　　　　2012.07.05 　*청구액:190,272,947원 등기부채권총액 201,600,000 　　　　　　　　　　　원 열람일자 : 2012.07.27

(1) 말소기준이 되는 권리

기준이 되는 권리는 2010년 05월 31일 안양농협의 2억 160만원짜리
근저당권이다.

(2) 등기부상의 권리분석

등기부상의 권리로서 매수인에게 인수될 권리는 없다.

(3) 등기부 외의 권리분석

임대차관계를 살펴보면 채무자(소유자)가 직접 살고 있어 인수될 권
리는 없다.

(4) 배당순서

순 위	종 류	배당자	배당액	비 고
1순위	경매비용		3,000,000	
2순위	근저당권	안양농협	190,888,880	말소기준권리

(5) 해설

주인이 직접 살고 있어 명도가 비교적 쉬워 보인다.
매수인이 인수해야 할 권리관계는 아무것도 없이 깨끗하다.

5. 아파트(2012-1559)

소 재 지	서울 도봉구 도봉동 30-1 한신 117동 12층 1203호 [도로명주소]				
경 매 구 분	임의(기일)	채 권 자	㈜ 대백저축은행		
용 도	아파트	채무/소유자	박원정/하동현	낙 찰 일 시	13.04.15 (259,876,000원)
감 정 가	340,000,000 (12.01.27)	청 구 액	329,693,916	종 국 결 과	13.06.25 배당종결
최 저 가	217,600,000 (64%)	토지총면적	34.05 ㎡ (10.3평)	경매개시일	12.01.20
입찰보증금	10% (21,760,000)	건물총면적	84.94 ㎡ (25.69평)[32평형]	배당종기일	12.04.04
조 회 수	· 금일 1 | 공고후 132 | 누적 260		· 5분이상 열람 금일 0 | 누적 1		[조회통계]
관리비미납금	· 336,120원　12년11월분까지 미납액임 전기수도포함.2678세대 (2013.01.21 현재)				

   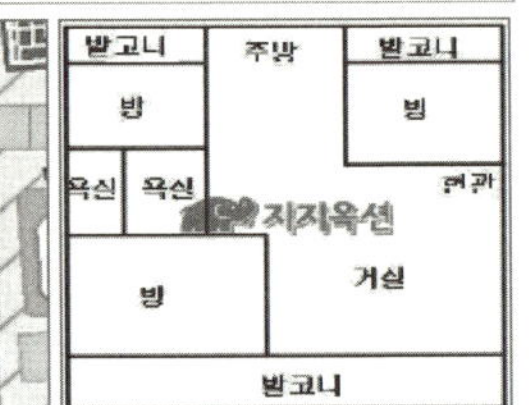

우편번호및주소/감정서	물건번호/면 적 (㎡)	감정가/최저가/과정	임차조사	등기권리
132-010 서울 도봉구 도봉동 30-1 한신 117동 12층 1203호 ●감정평가서정리 - 도로명주소:서울 도봉 　구 도봉동 30-1 - 누원초교서측인근 - 주변아파트단지,근린 　시설,생활편의시설등 　소재 - 지하철1,7호선도봉산 　역북측인근소재하며인 　근교통도로로각종노선 　버스운행중 - 부정형토지 - 단지내도로본건까지접 　근가능 - 고속철도저촉 - 도로저촉 - 소류3류접함 - 중로1류접함 - 중로3류저촉 - 도시가스난방 - 도시지역 - 준공업지역 - 가축사육제한구역 - 학교환경위생정화구역 - 한강폐기물매립시설설 　치제한지역 - 토지거래계약에관한허 　가구역 2012.01.27 이웅감정	물건번호: 단독물건 대지 34.05/94880.4 　(10.3평) 건물 84.94 　(25.69평) 　방3,욕실2 주거공용면적:19.68 17층-95.11.28보존 계단식	감정가　　340,000,000 · 대지　　204,000,000 　　　　　　　(60%) (평당 19,805,825) · 건물　　136,000,000 　　　　　　　(40%) (평당 5,293,889) 최저가　　217,600,000 　　　　　　(64.0%) ●경매진행과정 　　　　　　340,000,000 ① 유찰　　2013-02-04 20%↓　　272,000,000 ② 유찰　　2013-03-11 20%↓　　217,600,000 ③ 낙찰　　2013-04-15 낙찰자　　송석은 응찰수　　17명 낙찰액　259,876,000 　　　　(76.43%) 2위　　256,110,000 　　　　(75.33%) 　허가　　2013-04-22 납부기한　2013-05-28 　　　　　(납부완료) 　종결　　2013-06-25	●법원임차조사 *소유자점유 ●지지옥션세대조사 전입세대없음 주민센터확인:2013.01.23	소유권 하동현 2002.09.09 전소유자:배종문 근저당 대백상호저축 2009.09.10 403,000,000 가압류 서울신용보증 중랑 2011.11.02 13,750,000 임 의 대백저축은행 2012.01.20 *청구액:329,693,916원 등기부채권총액 416,750,000 원 열람일자 : 2013.01.16

(1) 말소기준이 되는 권리

기준이 되는 권리는 2009년 9월 10일 대백상호저축의 4억 300만원
짜리 근저당권이다.

(2) 등기부상의 권리분석

등기부상의 권리로서 매수인에게 인수될 권리는 없다.

(3) 등기부 외의 권리분석

임대차관계를 살펴보면 채무자(소유자)가 직접 살고 있어 인수될 권
리는 없다.

(4) 배당순서

순 위	종 류	배당자	배당액	비 고
1순위	경매비용		4,000,000	
2순위	근저당권	대백상호저축	255,876,000	말소기준권리

(5) 해설

주인이 직접 살고 있어 명도가 비교적 쉬워 보인다.
매수인이 인수해야 할 권리관계는 아무것도 없이 깨끗하다.

6. 아파트(2013-15463)

소 재 지	서울 노원구 상계동 1265 미주동방벽운 101동 11층 1104호 [도로명주소]				
경 매 구 분	임의(기일)	채 권 자	현대캐피탈㈜		
용 도	아파트	채무/소유자	권순종	낙 찰 일 시	14.02.04 (455,000,000원)
감 정 가	518,000,000 (13.06.24)	청 구 액	467,294,792	다 음 예 정	
최 저 가	331,520,000 (64%)	토지총면적	51.13 ㎡ (15.47평)	경매개시일	13.06.19
입찰보증금	10% (33,152,000)	건물총면적	114.92 ㎡ (34.76평) [42평형]	배당종기일	13.08.29
조 회 수	· 금일 2	공고후 159	누적 257 · 5분이상 열람 금일 1	누적 42	[조회통계]

관리비미납금	·1,510,700원 8개월미납액 13년2월분~9월분 전기수도포함.492세대 (2013.10.24 현재)

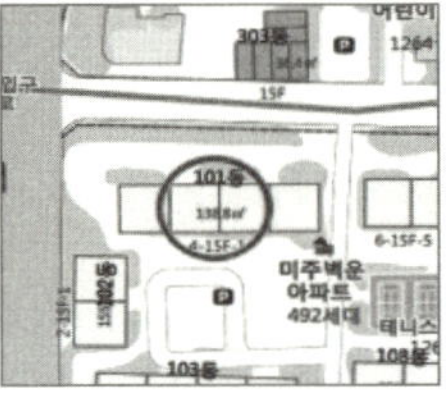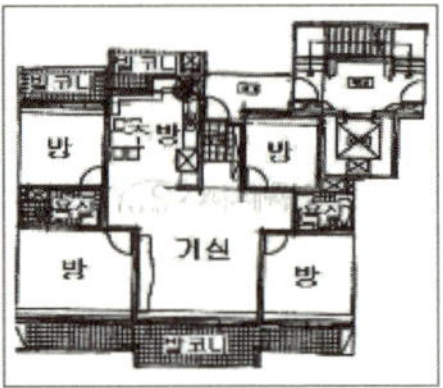

우편번호및주소/감정서	물건번호/면 적(㎡)	감정가/최저가/과정	임차조사	등기권리
139-200 서울 노원구 상계동 1265 미주동방벽운 101동 11층 1104호 ●감정평가서정리 - 지하철7호선(수락산 　역)북측인근 - 주위아파트,학교,단지 　내상가,은행등근린생 　활시설,공원등형성된 　지대 - 제반차량출입용이,대 　중교통사정양호 - 서측동일로변다수의노 　선버스소재 - 지하철7호선(수락산 　역)소재 - 부정형등고평탄지 - 서측왕복6차선동일로, 　북측동일로250길,남측 　동일로248길접함 - 도로접함 - 열병합에의한지역난방 - 3종일반주거지역 - 1종지구단위계획구역 　(상계2택지) - 가축사육제한구역 - 대공방어협조구역 - 과밀억제권역 - 학교환경위생정화구역 - 한강폐기물매립시설설 　치제한지역 2013.06.24 수서감정	물건번호: 단독물건 대지 51.127/27836 　(15.47평) 건물 114.92 　(34.76평) 　방4,욕실2,발코니3 　15층-00.06.28보존	감정가　　518,000,000 ·대지　　310,800,000 　　　　　　　(60%) (평당 20,090,498) ·건물　　207,200,000 　　　　　　　(40%) (평당 5,960,875) 최저가　　331,520,000 　　　　　　　(64.0%) ●경매진행과정 　　　　　518,000,000 ① 유찰　2013-11-11 20%↓　414,400,000 ② 변경　2013-12-16 　　　　　414,400,000 ② 유찰　2014-01-06 20%↓　331,520,000 ③ 낙찰　2014-02-04 | 낙찰자 | 문성일 | 응찰수 | 21명 | 낙찰액 | 455,000,000 (87.84%) | 2위 | 424,810,000 (82.01%) 허가　2014-02-11 납부기한　2014-03-19 　　　　　(납부완료) [법원기일내역]	●법원임차조사 *현황조사를 위하여 현장을 방문, 입구에 공동현관호출기 시스템이 설치되어 있어 해당 호수 호출하였으나 무반응하 여 점유자 확인 불능임. 전입 세대열람 미발견. ●지지옥션세대조사 전입세대없음 주민센터확인:2013.10.29	소유권 권순종 2005.09.15 전소유자:김후심 근저당 현대캐피탈 2007.12.28 540,000,000 임 의 현대캐피탈 송무팀 2013.06.19 *청구액:467,294,792원 압 류 서울노원구 2013.11.20 등기부채권총액 540,000,000 원 열람일자 : 2013.12.20

(1) 말소기준이 되는 권리

기준이 되는 권리는 2007년 12월 28일 현대캐피탈의 5억 4000만원 짜리 근저당권이다.

(2) 등기부상의 권리분석

등기부상의 권리로서 매수인에게 인수될 권리는 없다.

(3) 등기부 외의 권리분석

임대차관계를 살펴보면 전입세대가 없으므로 인수될 권리는 없다.

(4) 배당순서

순 위	종 류	배당자	배당액	비 고
1순위	경매비용		4,900,000	
2순위	근저당권	현대캐피탈	450,100,000	말소기준권리

(5) 해설

매수인이 인수해야 할 권리관계는 아무것도 없이 깨끗하다.

7. 아파트(2013-9116)

소 재 지	서울 중랑구 면목동 354-12 용마 103동 2층 201호 [도로명주소]				
경매구분	강제경매	채 권 자	한나영		
용 도	아파트	채무/소유자	남봉운	매각일시	14.02.24 (148,000,000원)
감 정 가	**280,000,000** (13.04.12)	청 구 액	140,087,020	종국결과	14.05.20 배당종결
최 저 가	**114,688,000** (41%)	토지면적	22.12 ㎡ (6.69평)	경매개시일	13.04.11
입찰보증금	10% (11,468,800)	건물면적	76.08 ㎡ (23.01평)	배당종기일	13.06.21
조 회 수	(단순조회 / 5분이상 열람) · 금일 1 / 0 · 금회차공고후 **404** / 30 · 누적 **1,023** / 207				[조회통계]
주 의 사 항	· 선순위가처분 [특수件분석신청] · 소멸되지 않는 권리 : 1.갑구 순위 5번 가처분등기(2010.12.24.등기), 2.갑구 순위 7번 가처분등기(2011. 8.22.등기)				

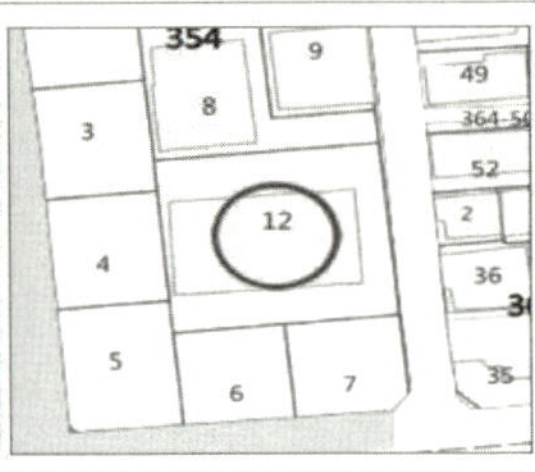

소재지/감정서	물건번호/면 적(㎡)	감정가/최저가/과정	임차조사	등기권리
131-200 서울 중랑구 면목동 354-12 용마 103동 2층 201호 [감정평가정리] - 면남초등교서측인근위치 - 주위단독주택,다가구주택,아파트등공동주택,근린시설혼재하며 서측면목로변에노선상 가형성, 윗편면목시장등소재 - 차량출입용이,대중교통사정보통 - 서측면목로변노선버스소재하며북측근거리지하철7호선사가정역소재 - 북서측하향장방형경사지를축대이용하여평탄작업함 - 동측6m도로인접 - 도시가스개별난방 - 도시지역 - 2종일반주거지역 (7층이하) - 가축사육제한구역 - 대공방어협조구역 - 과밀억제권역 - 상대정화구역 - 학교환경위생정화구역 2013.04.12 수서감정	물건번호: 단독물건 대지 22.1195/779.8 (6.69평) 779.8(42.557/1500.3) 건물 76.08 (23.01평) 방3,욕실2 공용:7.82 - 총6층 - 보존:2007.04.02 17세대	감정가 280,000,000 · 대지 154,000,000 (55%) (평당 23,019,432) · 건물 126,000,000 (45%) (평당 5,475,880) 최저가 114,688,000 (41.0%) [경매진행과정] ① 280,000,000 2013-09-16 유찰 ② 20%↓ 224,000,000 2013-10-21 유찰 ③ 20%↓ 179,200,000 2013-11-25 유찰 ④ 20%↓ 143,360,000 2013-12-30 유찰 ⑤ 20%↓ 114,688,000 2014-02-24 매각	[법원임차조사] 이기환 전입 2010.10.20 미상 배우자:한나영 조사서상 한나영 전입 2010.10.20 확정 2010.12.20 (보) 140,000,000 주거/전부 점유기간 2010.12.10- 임차권자 등기부상 *임차인점유, 현황조사를 위하여 현장을 방문. 입구에 공동현관호출기 시스템이 설치되어 있어 해당호수에 호출하였으나 무반응하여 점유자 확인 불능임. 전입세대주 이기환을 발견하여 주민등록 표에 의하여 작성하였음. *이기환 : 임차권자 한나영의 배우자.	소유권 남봉운 2010.12.09 전소유자:김병회 가처분 김기한 2010.12.24 2010카합3791서울중앙[GO] 가처분 김무환 2011.08.22 2011카단4540서울북부[GO] 임차권 한나영 2013.01.07 140,000,000 전입: 2010.10.20 확정: 2010.12.20 강 제 한나영 2013.04.11 *청구액:140,087,020원 채권총액 140,000,000원
		[지지옥션세대조사] [세] 10.10.20 이기환 주민센터확인:2013.09.09		열람일자 : 2013.11.07

매수인	(주)지산플러스세븐
응찰수	4명
매각가	148,000,000 (52.86%)
2위	143,200,000 (51.17%)

허가 2014-03-03
납기 2014-04-08
납부
2014-05-20 종결

(1) 말소기준이 되는 권리

기준이 되는 권리는 2013년 04월 11일 한나영의 강제경매개시결정
이다.

(2) 등기부상의 권리분석

등기부상의 권리로서 김기한 가처분(2010.12.24.등기), 김무환 가처분
(2011.08.22.등기)은 소멸되지 않고 매수인에게 인수된다.

(3) 등기부 외의 권리분석

임대차관계를 살펴보면 임차인(한나영)은 대항력이 있으나, 배당요구
하여 전액을 배당받으므로 인수될 권리는 없다.

(4) 배당순서

순 위	종 류	배당자	배당액	비 고
1순위	경매비용		2,710,000	
2순위	임차인	한나영	140,000,000	
3순위	소유자	남봉운	5,290,000	배당잉여금

(5) 해설

매수인은 2개의 선순위 가처분등기를 인수해야 하므로 입찰에 신중
해야 한다.

8. 아파트(2013-41)

소 재 지	서울 노원구 상계동 680 상계주공 805동 3층 308호 (01677) 서울 노원구 노원로38길 46				
경 매 구 분	임의경매	채 권 자	㈜한국스탠다드차타드은행의 양수인 한국자산관리공사		
용 도	아파트	채무/소유자	이현일	매 각 일 시	14.07.28 (148,340,000원)
감 정 가	200,000,000 (13.01.05)	청 구 액	150,425,431	종 국 결 과	14.09.18 배당종결
최 저 가	120,000,000 (64%)	토 지 면 적	42.32 ㎡ (12.8평)	경매개시일	13.01.03
입찰보증금	10% (12,800,000)	건 물 면 적	31.95 ㎡ (9.66평)[11평형]	배당종기일	13.03.14
조 회 수	(단순조회 / 5분이상 열람) ·금일 1 / 0 ·금회차공고후 369 / 82 ·누적 736 / 145				조회통계
주 의 사 항	·선순위가등기 특수件분석신청 ·소멸되지 않는 권리 : 1994.11.16. 소유권이전청구권가등기				
관리비미납	·5,243,940원 05년4월분~14년3월분(공가) 전기수도별도.830세대 (2014.05.02 현재) ·관리사무소 ☎ 02-931-7313				

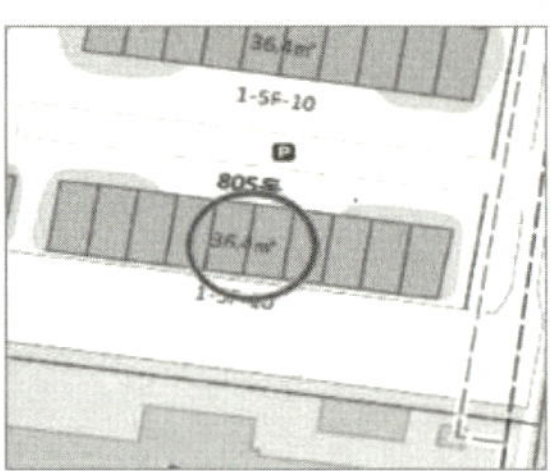

소재지/감정서	물건번호/면 적(㎡)	감정가/최저가/과정	임차조사	등기권리
139-200 서울 노원구 상계동 680 상계주공 805동 3층 308 호 [노원로38길 46] 감정평가정리 - 상곡초등학교북측인근 - 주위아파트,근린생활 시설,학교등혼재한주 거지대 - 차량출입가능,제반교 통사정무난 - 버스(정),지하철(마들 역)인근소재 - 부정형평지 - 동,서,남측3면자동차 용도로접함 - 도로접함 - 도시가스개별난방 - 도시지역 - 2종일반주거지역 - 1종지구단위계획구역 (상계1,2단계택지) - 가축사육제한구역 - 대공방어협조구역 (위탁고도:77-257m) - 과밀억제권역 - 학교환경위생정화구역 (최종확인은관할교육 청에반드시확인) 2013.01.05 삼상감정	물건번호: 단독물건 대지 42.32/39613.5 (12.8평) 건물 [11평형] 31.95 (9.66평) 방2 공용:5.4 - 총5층 - 보존:1988.08.24	감정가 200,000,000 ·대지 100,000,000 (50%) (평당 7,812,500) ·건물 100,000,000 (50%) (평당 10,351,967) 최저가 128,000,000 (64.0%) 경매진행과정 ① 200,000,000 2014-05-19 유찰 ② 20%↓ 160,000,000 2014-06-23 유찰 ③ 20%↓ 128,000,000 2014-07-28 매각 매수인 오세옥 응찰수 22명 매각가 148,340,000 (74.17%) 2위 148,000,100 (74.00%) 허가 2014-08-04 납기 2014-09-15 납부 2014-09-18 종결	법원임차조사 *현황조사에 의하여 현장 방 문하였으나, 폐문부재로 소유 자 및 점유자를 만나지 못 하여 안내문을 투입하였으나 아무 연락이 없어 점유자 확 인 불능임. 전입세대열람 미 발견 지지옥션세대조사 전입세대없음 주민센터확인:2014.05.02	가등기 이청길 1994.11.16 소유이전청구가등 소유권 이현일 2009.02.27 전소유자:이청길 근저당 한국자산관리공사 2009.05.14 176,400,000 근저당 HK상호저축은행 2010.09.30 40,300,000 압 류 국민건강보험공단 2012.05.23 노원지사 임 의 SC은행 2013.01.03 소매여신사후 *청구액:150,425,431원 채권총액 216,700,000원 열람일자 : 2014.04.30

(1) 말소기준이 되는 권리

기준이 되는 권리는 2009년 05월 14일 한국자산관리공사의 근저당권이다.

(2) 등기부상의 권리분석

등기부상의 권리로서 가등기(1994.11.16.등기)는 소멸되지 않고 매수인에게 인수된다.

(3) 등기부 외의 권리분석

임대차관계를 살펴보면 전입세대가 없으므로 인수될 권리는 없다.

(4) 배당순서

순 위	종 류	배당자	배당액	비 고
1순위	경매비용		2,690,000	
2순위	근저당권	한국자산관리공사	145,650,000	말소기준권리

(5) 해설

매수인은 선순위 가등기를 인수해야 하므로 입찰에 신중해야 한다.

9. 다세대주택(2011-19277)

소 재 지	서울 양천구 신월동 58-18 세진아트빌 4층 402호 [도로명주소]				
경 매 구 분	임의(기일)	채 권 자	여의도동(새)		
용 도	다세대	채무/소유자	이길령	낙 찰 일 시	12.09.19 (94,777,000원)
감 정 가	120,000,000 (11.09.07)	청 구 액	90,000,000	종 국 결 과	12.11.07 배당종결
최 저 가	76,800,000 (64%)	토지총면적	20.22 ㎡ (6.12평)	경매개시일	11.09.02
입찰보증금	10% (7,680,000)	건물총면적	28.64 ㎡ (8.66평)	배당종기일	11.11.30
조 회 수	· 금일 1	공고후 118	누적 275	· 5분이상 열람 금일 0	누적 1 [조회통계]

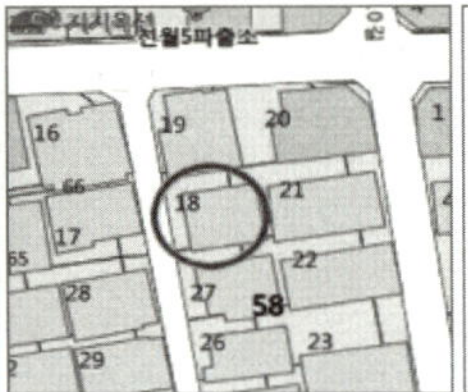

우편번호및주소/감정서	물건번호/면 적(㎡)	감정가/최저가/과정	임차조사	등기권리

158-090
서울 양천구 신월동 58-18 세진아트빌 4층 402호
 	
●감정평가서정리
 - 철콘조평슬래브지붕
 - 신월중교남동측인근
 - 부근중소규모공동주택(연립및다세대주택등), 단독주택및소규모점포 등혼재
 - 차량진출입가능
 - 인근노선버스(정)도로 이용가능
 - 제반교통사정보통
 - 정방형토지
 - 서측3-4m도로이용중
 - 집합건축물대장(전유부)상에주택과-25437 (2010.12.14)호에의거 위반건축물표시[판넬/판넬7㎡(주거)무단증축]라고표기되어있음
 - 도시가스개별난방
 	
 - 대공방어협조구역 (위탁고도77-257m)
 - 과밀억제권역
 - 학교환경위생정화구역 (강서교육청에반드시 확인요망)
 - 수평표면구역
 - 도시지역
 - 2종일반주거지역 (7층이하)
 - 가축사육제한구역
 	
2011.09.07 원감정
	물건번호: 단독물건
	
	대지 20.22/157.6
	  (6.12평)
	건물 28.64
	  (8.66평)
	  방2,공용:4.92
	  4층-10.12.06보존
		감정가 120,000,000
		 · 대지 32,400,000
		  (27%)
		(평당 5,294,118)
		
		 · 건물 87,600,000
		  (73%)
		(평당 10,115,473)
		
		최저가 76,800,000
		  (64.0%)
		
		●경매진행과정
		  120,000,000
		① 유찰 2012-07-11
		
		20%↓ 96,000,000
		② 유찰 2012-08-16
		
		20%↓ 76,800,000
		③ 낙찰 2012-09-19
		
		낙찰자 이명규
		응찰수 12명
		낙찰액 94,777,000 (78.98%)
		2위 86,611,100 (72.18%)
		
		허가 2012-09-26
		납부기한 2012-10-31 (납부완료)
		종결 2012-11-07
			●법원임차조사
			한기재 전입 2011.04.21
			  확정 2011.09.06
			  배당 2011.09.16
			  (보) 50,000,000
			  주거/전부
			  점유기간
			  2011.4.22-2013.4.22
			
			●지지옥션세대조사
			세 11.04.21 한기재
			주민센터확인:2012.06.28
				소유권 이길령
				  2011.03.21
				  전소유자:허준영
				
				근저당 여의도동(새)
				  2011.03.21
				  117,000,000
				
				임 의 여의도동(새)
				  2011.09.05
				  ★청구액:90,000,000원
				
				압 류 서울특별시양천구
				  2011.12.06
				
				압 류 중부세무서
				  2012.01.11
				
				등기부채권총액 117,000,000원
				
				열람일자 : 2012.06.25

(1) 말소기준이 되는 권리

기준이 되는 권리는 2011년 3월 21일 여의도동의 1억 1,700만원짜리 근저당권이다.

(2) 등기부상의 권리분석

등기부상의 권리로서 매수인에게 인수될 권리는 없다.

(3) 등기부 외의 권리분석

임차인은 말소기준권리보다 전입날짜가 늦어 매수인에게 대항력이 없다.

(4) 배당순서

순 위	종 류	배당자	배당액	비 고
1순위	경매비용		2,100,000	
2순위	임차인	한기재	25,000,000	소액보증금
3순위	근저당권	여의도동(새)	67,677,000	말소기준권리

(5) 해설

세입자가 소액보증금은 받아가기 때문에 명도에 별 어려움은 없어 보인다.

매수인이 인수해야 할 권리관계는 아무것도 없이 깨끗하다.

10. 다세대주택(2011-10075)

소 재 지	서울 강북구 수유동 291-68 풍산쉐르빌 A동 3층 302호 [도로명주소]				
경 매 구 분	임의(기일)	채 권 자	신림서부(새)		
용 도	다세대	채무/소유자	박운봉	낙 찰 일 시	12.03.12 (165,050,000원)
감 정 가	250,000,000 (11.06.30)	청 구 액	208,000,000	종 국 결 과	12.05.14 배당종결
최 저 가	128,000,000 (51%)	토지총면적	30.23 ㎡ (9.14평)	경매개시일	11.06.14
입찰보증금	10% (12,000,000)	건물총면적	53.57 ㎡ (16.2평)	배당종기일	11.09.05
조 회 수	· 금일 1	공고후 262	누적 484		· 5분이상 열람 금일 0	누적 0	[조회통계]

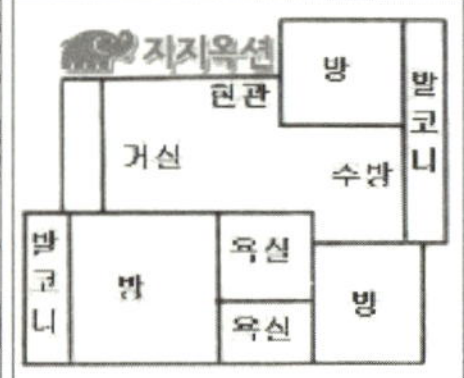

우편번호및주소/감정서	물건번호/면 적(㎡)	감정가/최저가/과정	임차조사	등기권리

142-070
서울 강북구 수유동 291-68 풍산쉐르빌 A동 3층 302호
 	
●감정평가서정리
 - 철콘조평슬래브지붕
 - 인수중학교북동측인근
 - 주위다세대주택및단독주택과상업시설등혼재
 - 제반차량진입가능,교통상황보통
 - 인근버스(정)위치
 - 사다리형등고평탄지
 - 북측4-6m,서측3m도로각접함
 - 소로3류(폭8m미만)접함
 - 도시가스난방
 	
 - 2종일반주거지역
   (7층이하)
 - 최고고도지구
   (5층20m이하-완화시7층28m)
 - 대공방어협조구역
   (위탁고도77-257m)
 - 과밀억제권역
 - 상대정화구역
 	
2011.06.30 강림감정
	물건번호: 단독물건
	
	대지 30.23/222
	  (9.14평)
	건물 53.57
	  (16.2평)
	방3,욕실2,발코니3
	4층-01.09.28보존
	7세대
		감정가 250,000,000
		 · 대지 100,000,000
		              (40%)
		 (평당 10,940,919)
		
		 · 건물 150,000,000
		              (60%)
		 (평당 9,259,259)
		
		최저가 128,000,000
		              (51.2%)
		
		●경매진행과정
		              250,000,000
		 ① 유찰 2011-11-28
		
		 20%↓ 200,000,000
		 ② 유찰 2011-12-27
		
		 20%↓ 160,000,000
		 ③ 유찰 2012-02-06
		
		 20%↓ 128,000,000
		 ④ 낙찰 2012-03-12
			●법원임차조사
			김성춘 전입 2010.07.12
			       확정 2010.07.12
			       배당 2011.07.25
			       (보) 25,000,000
			       (월) 350,000
			       주거/전부
			       점유기간
			       2010.7.10-2012.7.10
			
			●지지옥션세대조사
			[세] 10.07.12 김성춘
			주민센터확인:2011.11.15
				소유권 박운봉
				       2010.06.08
				       전소유자:임선숙
				- - - - - - - - -
				저당권 신림서부(새)
				       2010.06.08
				       208,000,000
				- - - - - - - - -
				저당권 서울시송파구시설관리공단
				       2011.01.20
				       105,312,970
				- - - - - - - - -
				압 류 서울시강북구
				       2011.02.21
				- - - - - - - - -
				임 의 신림서부(새)
				       2011.06.14
				       *청구액:208,000,000원
				
				등기부채권총액 313,312,970원
				
				열람일자 : 2011.07.13

낙찰자	최복순
응찰수	16명
낙찰액	165,050,000 (66.02%)
2위	160,190,000 (64.08%)

허가   2012-03-19
납부기한   2012-04-20
           (납부완료)

종결   2012-05-14

(1) 말소기준이 되는 권리

기준이 되는 권리는 2010년 6월 8일 신림서부의 2억 800만원짜리 저당권이다.

(2) 등기부상의 권리분석

등기부상의 권리로서 매수인에게 인수될 권리는 없다.

(3) 등기부 외의 권리분석

임차인은 말소기준권리보다 전입날짜가 늦어 매수인에게 대항력이 없다.

(4) 배당순서

순 위	종 류	배당자	배당액	비 고
1순위	경매비용		3,100,000	
2순위	임차인	김성춘	20,000,000	소액보증금
3순위	저당권	신림서부(새)	141,950,000	말소기준권리

(5) 해설

세입자가 소액보증금은 받아가기 때문에 명도에 별 어려움은 없어 보인다.

매수인이 인수해야 할 권리관계는 아무것도 없이 깨끗하다.

11. 다세대주택(2011-19713)

소 재 지	서울 노원구 상계동 1049-48 풀내음파크빌 B동 2층 202호 도로명주소				
경매구분	임의(기일)	채 권 자	냉동냉장수산업협동조합		
용 도	다세대	채무/소유자	이재춘	낙찰일시	12.04.10 (181,445,500원)
감 정 가	220,000,000 (11.11.03)	청 구 액	147,726,602	종 국 결 과	12.06.19 배당종결
최 저 가	176,000,000 (80%)	토지총면적	46.56 ㎡ (14.08평)	경매개시일	11.10.28
입찰보증금	10% (17,600,000)	건물총면적	78.33 ㎡ (23.69평)	배당종기일	12.01.16
조 회 수	· 금일 2	공고후 159	누적 231	· 5분이상 열람 금일 0	누적 0 조회통계

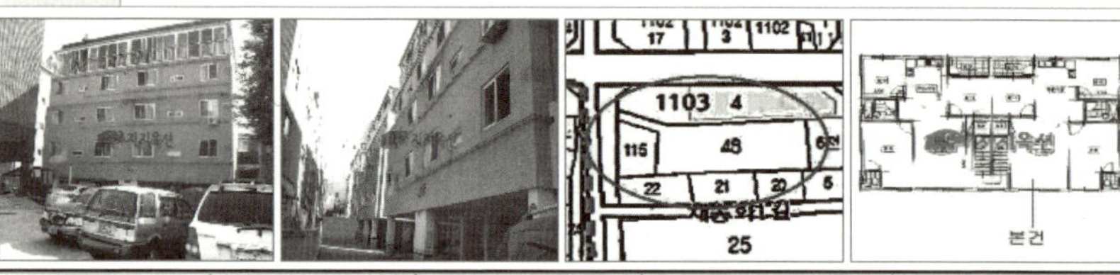

우편번호및주소/감정서	물건번호/면 적(㎡)	감정가/최저가/과정	임차조사	등기권리
139-200 서울 노원구 상계동 1049-48 풀내음파크빌 B 동 2층 202호 ●감정평가서정리 - 철콘구조철근콘크리트 　지붕 - 노일초등교북서측인근 　및전철7호선수락산역 　남서측근거리소재 - 인근다세대주택,근린 　생활시설,노일초등교 　등학교소재 - 제반차량출입가능 - 인근버스(정),근거리전 　철7호선수락산역소재 - 대중교통편보통 - 장방형토지(일부연장 　부지) - 북서측약3m도로및주차 　장부지연장부지통해약 　10m도로접함 - 도로 - 도시가스개별난방 - 도시지역 - 2종일반주거지역 - 가축사육제한구역 - 대공방어협조구역 - 과밀억제권역 - 학교환경위생정화구역 - 한강폐기물매립시설설 　치제한지역 2011.11.03 KI감정	물건번호: 단독물건 대지 46.56/709 　(14.08평) 건물 78.33 　(23.69평) 방3,화장실2 공용부분:7.34 5층-08.11.21보존 옥탑층일부정원수식 재 8세대 계단식	감정가　　220,000,000 · 대지　　90,000,000 　　　　　　(40.91%) （평당 6,392,045） · 건물　　130,000,000 　　　　　　(59.09%) （평당 5,487,547） 최저가　　176,000,000 　　　　　　(80.0%) ●경매진행과정 　　　　　220,000,000 ① 유찰　2012-03-06 20%↓　176,000,000 ② 낙찰　2012-04-10 낙찰자 : 김연옥 응찰수 : 3명 낙찰액 : 181,445,500 　　　　(82.48%) 2위 : 179,600,000 　　　(81.64%) 허가　　2012-04-17 납부기한　2012-05-23 　　　　（납부완료） 종결　　2012-06-19	●법원임차조사 *본 건 현황조사에 의하여 현 장 방문하였으나, 폐문부재로 소유자 및 점유자들을 만나지 못하여 안내문을 투입하였으 나 아무 연락이 없어 점유자 확인 불능임. 전입세대주 이 재춘(소유자)를 발견함. ●지지옥션세대조사 세 09.09.29 이재춘 주민센터확인:2012.02.22	저당권 냉동냉장수협 　　　수유시장 　　　2008.09.30 　　　182,000,000 소유권 이재춘 　　　2009.09.30 　　　전소유자:서정옥,양 　　　동선외1 저당권 서정옥 　　　2009.10.06 　　　15,000,000 가압류 최금순 　　　2010.08.19 　　　15,509,664 가압류 신한카드 　　　노원채권 　　　2010.08.27 　　　8,321,879 가압류 삼성카드 　　　강북콜렉션 　　　2010.09.09 　　　3,159,465 가압류 국민은행 　　　여신관리집중 　　　2011.02.10 　　　3,708,969 가압류 장태남 　　　2011.04.07 　　　12,000,000 가압류 최진완 　　　2011.09.21 　　　28,000,000 가압류 롯데카드 　　　노원 　　　2011.10.19 　　　7,311,154 임 의 냉동냉장수협 　　　2011.10.28 　　*청구액:147,726,602원 등기부채권총액 275,011,131 　　　　　　　　　　　　원 열람일자 : 2011.11.16

(1) 말소기준이 되는 권리

기준이 되는 권리는 2008년 9월 30일 냉동냉장수협의 1억 8,200 만 원짜리 저당권이다.

(2) 등기부상의 권리분석

등기부상의 권리로서 매수인에게 인수될 권리는 없다.

(3) 등기부 외의 권리분석

임대차관계를 살펴보면 채무자(소유자)가 직접 살고 있어 인수될 권리는 없다.

(4) 배당순서

순 위	종 류	배당자	배당액	비 고
1순위	경매비용		2,800,000	
2순위	저당권	냉동냉장수협	178,645,500	말소기준권리

(5) 해설

주인이 직접 살고 있어 명도가 비교적 쉬워 보인다.
매수인이 인수해야 할 권리관계는 아무것도 없이 깨끗하다.

12. 다세대주택(2012-10895)

소 재 지	서울 강서구 화곡동 967-3 하이트맨션 지층 B01호 [도로명주소]				
경 매 구 분	임의(기일)	채 권 자	㈜ 국민은행		
용 도	다세대	채무/소유자	정수정	낙 찰 일 시	13.01.03 (85,600,000원)
감 정 가	150,000,000 (12.05.04)	청 구 액	80,745,316	종 국 결 과	13.03.27 배당종결
최 저 가	76,800,000 (51%)	토지총면적	33.52 m² (10.14평)	경매개시일	12.04.25
입찰보증금	10% (7,600,000)	건물총면적	50.71 m² (17.76평)	배당종기일	12.07.09
조 회 수	· 금일 1 | 공고후 73 | 누적 165	· 5분이상 열람 금일 0 | 누적 0			[조회통계]

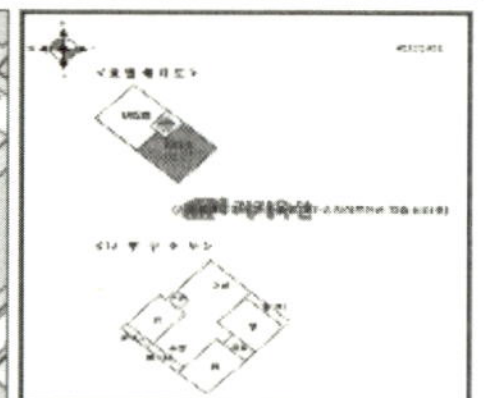

우편번호및주소/감정서	물건번호/면 적(m²)	감정가/최저가/과정	임차조사	등기권리
157-010 서울 강서구 화곡동 967-3 하이트맨션 지층 B01호 ●감정평가서정리 - 철콘조평슬래브지붕 - 그리스도대학교서측인근 - 주변다세대및다가구, 단독주택,근린시설혼재한주거지대 - 차량출입가능 - 버스(정)인근소재 - 대중교통사정보통 - 난방설비 - 세장형토지 - 북서측6m도로접함 - 도시지역 - 2종일반주거지역 (7층이하) - 공항시설보호지구 - 최고고도지구 (수평표면:해발57.86m 미만) - 가축사육제한구역 (지역경제과확인요망) - 대공방어협조구역 (위탁고도:77-257m) - 과밀억제권역 - 학교환경위생정화구역 (강서교육청에반드시 확인요망) - 수평표면구역 2012.05.04 선감정	물건번호: 단독물건 대지 33.52/329.4 (10.14평) 건물 58.71 (17.76평) 방3 4층-02.01.31보존	감정가 150,000,000 · 대지 45,000,000 (30%) (평당 4,437,870) · 건물 105,000,000 (70%) (평당 5,912,162) 최저가 76,800,000 (51.2%) ●경매진행과정 150,000,000 ① 유찰 2012-09-12 20%↓ 120,000,000 ② 유찰 2012-10-23 20%↓ 96,000,000 ③ 유찰 2012-11-27 20%↓ 76,800,000 ④ 낙찰 2013-01-03 낙찰자 안종범 응찰수 2명 낙찰액 85,600,000 (57.07%) 2위 76,800,000 (51.20%) 허가 2013-01-10 납부기한 2013-02-15 (납부완료) 종결 2013-03-27	●법원임차조사 *소유자점유 ●지지옥션세대조사 [세] 02.02.04 정** 주민센터확인:2012.09.17	소유권 정수정 2002.02.25 전소유자:한샘건설 근저당 국민은행 화곡본동 2002.02.25 84,000,000 압 류 강서세무서 2010.12.02 압 류 서울강서구 2011.06.27 가압류 신용진 2011.11.09 6,162,680 임 의 국민은행 여신관리집중 2012.04.25 *청구액:80,745,316원 등기부채권총액 90,162,680 원 열람일자 : 2012.05.09

(1) 말소기준이 되는 권리

기준이 되는 권리는 2002년 2월 25일 국민은행의 8,400만원짜리 근저당권이다.

(2) 등기부상의 권리분석

등기부상의 권리로서 매수인에게 인수될 권리는 없다.

(3) 등기부 외의 권리분석

임대차관계를 살펴보면 채무자(소유자)가 직접 살고 있어 인수될 권리는 없다.

(4) 배당순서

순 위	종 류	배당자	배당액	비 고
1순위	경매비용		2,000,000	
2순위	근저당권	국민은행	83,600,000	말소기준권리

(5) 해설

주인이 직접 살고 있어 명도가 비교적 쉬워 보인다.
매수인이 인수해야 할 권리관계는 아무것도 없이 깨끗하다.

13. 다세대주택(2012-7076)

소 재 지	서울 강북구 우이동 28-8 유성빌라 지하층 B03호 [삼양로165길 25-13]				
경 매 구 분	임의(기일)	채 권 자	노원(새)		
용 도	다세대	채무/소유자	신상월	낙 찰 일 시	13.02.04 (57,999,000원)
감 정 가	90,000,000 (12.04.05)	청 구 액	57,061,710	종 국 결 과	13.04.30 배당종결
최 저 가	57,600,000 (64%)	토지총면적	19.31 ㎡ (5.84평)	경매개시일	12.03.26
입찰보증금	10% (5,760,000)	건물총면적	40.7 ㎡ (12.31평)	배당종기일	12.06.05
조 회 수	· 금일 1 | 공고후 82 | 누적 185		· 5분이상 열람 금일 0 | 누적 1		조회통계

  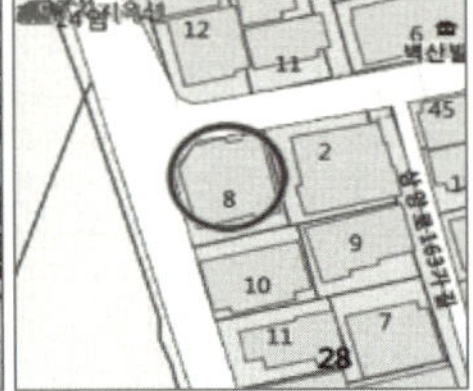 

우편번호및주소/감정서	물건번호/면적(㎡)	감정가/최저가/과정	임차조사	등기권리
142-090 서울 강북구 우이동 28-8 유성빌라 지하층 B03호 [삼양로165길 25-13] ●감정평가서정리 - 철콘조및벽돌조평슬래 　브지붕 - 서라벌중학교북동측인 　근 - 주변단독및다세대주택 　등형성된기존주택지대 - 차량출입자유 - 버스(정)근거리소재 - 제반교통사정무난 - 방형의등고평탄지 - 서측6-7m,북측4m도로 　접함 - 소로3류(8m미만)접함 - 정비구역미분류(건축 　허가등제한구역,주택 　과확인) - 개별도시가스보일러난 　방 - 2종일반주거지역 　(7층이하) - 최고고도지구 　(5층20m이하-완화시7 　층28m) - 가축사육제한구역 - 대공방어협조구역 　(위탁고도77-257m) - 과밀억제권역 2012.04.05 삼정감정	물건번호: 단독물건 대지 19.31/238 　(5.84평) 건물 40.7 　(12.31평) 방2.공용:5.32 4층-97.03.18보존	감정가　　90,000,000 · 대지　　36,000,000 　　　　　　　(40%) (평당 6,164,384) · 건물　　54,000,000 　　　　　　　(60%) (평당 4,386,677) 최저가　　57,600,000 　　　　　　(64.0%) ●경매진행과정 　　　　　　90,000,000 ① 유찰　　2012-08-27 20%↓　　72,000,000 ② 유찰　　2012-10-08 20%↓　　57,600,000 ③ 변경　　2012-11-05 - - - - - - - - - - - - - - - 　　　　　　57,600,000 ③ 낙찰　　2013-02-04 | 낙찰자 | 오태훈 | | 응찰수 | 1명 | | 낙찰액 | 57,999,000 (64.44%) | 허가　　2013-02-12 납부기한　2013-03-20 　　　　　（납부완료） 종결　　2013-04-30	●법원임차조사 전현철　전입 2011.11.22 　　　확정 2011.07.25 　　　배당 2012.04.23 　　　(보)　35,000,000 　주거/전부방2 　점유기간 　2011.7.20-2013.7.19 ●지지옥션세대조사 [세] 11.11.22 전현철 주민센터확인:2012.08.14	소유권 신상월 　　2011.06.30 　　전소유자:강일웅 근저당 노원(새) 　　2011.06.30 　　71,500,000 임 의 노원(새) 　　2012.03.26 　*청구액:57,061,710원 등기부채권총액 71,500,000 　　　　　　　　　원 열람일자 : 2012.04.09

(1) 말소기준이 되는 권리

기준이 되는 권리는 2011년 6월 30일 노원(새)의 7,150만원짜리 근저당권이다.

(2) 등기부상의 권리분석

등기부상의 권리로서 매수인에게 인수될 권리는 없다.

(3) 등기부 외의 권리분석

임차인은 말소기준권리보다 전입날짜가 늦어 매수인에게 대항력이 없다.

(4) 배당순서

순 위	종 류	배당자	배당액	비 고
1순위	경매비용		1,600,000	
2순위	임차인	전현철	25,000,000	소액보증금
3순위	근저당권	노원(새)	31,399,000	말소기준권리

(5) 해설

세입자가 소액보증금은 받아가기 때문에 명도에 별 어려움은 없어 보인다.

매수인이 인수해야 할 권리관계는 아무것도 없이 깨끗하다.

14. 다세대주택(2013-15099)

소 재 지	서울 동작구 사당동 272-32 범신빌라 2층 1호 [도로명주소]				
경 매 구 분	임의(기일)	채 권 자	㈜한국스탠다드차타드은행		
용 도	다세대	채무/소유자	최경윤/유영자	낙 찰 일 시	14.01.07 (182,500,000원)
감 정 가	210,000,000 (13.05.02)	청 구 액	86,070,304	종 국 결 과	14.02.25 배당종결
최 저 가	168,000,000 (80%)	토지총면적	27.67 ㎡ (8.37평)	경매개시일	13.04.24
입찰보증금	10% (16,800,000)	건물총면적	36.75 ㎡ (11.12평)	배당종기일	13.07.08
조 회 수	· 금일 1 | 공고후 66 | 누적 157		· 5분이상 열람 금일 0 | 누적 9		[조회통계]

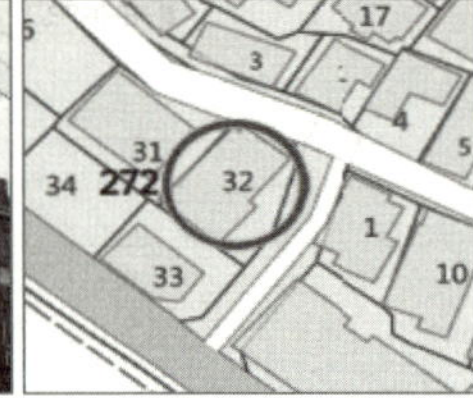

우편번호및주소/감정서	물건번호/면 적(㎡)	감정가/최저가/과정	임차조사	등기권리
156-090 서울 동작구 사당동 272-32 범신빌라 2층 1호 ●감정평가서정리 - 벽돌조슬래브지붕 - 지하철7호선남성역남측인근 - 주위본건유사한중.소규모공동주택,아파트단지,단독주택등혼재 - 버스(정)및지하철역인근소재 - 교통사정보통 - 도시가스공급설비 - 북동향부정형경사지 - 북동측,남동측5-6m도로접함 - 2종일반주거지역(7층이하) - 가축사육제한구역 - 대공방어협조구역(위탁고도77-257m) - 과밀억제권역 2013.05.02 중앙감정	물건번호: 단독물건 대지 27.67/165 (8.37평) 건물 36.75 (11.12평) 방2,발코니2 공용:4.62 2층-87.03.06보존 남동향,계단식	감정가 210,000,000 · 대지 105,000,000 (50%) (평당 12,544,803) · 건물 105,000,000 (50%) (평당 9,442,446) 최저가 168,000,000 (80.0%) ●경매진행과정 210,000,000 ① 유찰 2013-12-03 20%↓ 168,000,000 ② 낙찰 2014-01-07 낙찰자 김은영 응찰수 1명 낙찰액 182,500,000 (86.90%) 허가 2014-01-14 납부기한 2014-02-25 종결 2014-02-25	●법원임차조사 김은경 전입 2011.11.14 확정 2011.11.14 배당 2013.07.04 (보) 95,000,000 주거/2층201호전부 점유기간 2011.10.31- 조사서상전입: 2011.11.04 *임차인점유. 현재 임차인 김은경이 살고 있다고 함(임차인 김은경과 면담). 임차인 김은경은 2011.11.04자로 관할 주민센터에 전입신고 및 확정일자를 받아 놓았다고 함 ●지지옥션세대조사 [세] 11.11.14 김은영 주민센터확인:2013.11.22	소유권 유영자 2008.09.01 전소유자:임관순 근저당 SC은행 소매여신운영 2008.11.18 100,800,000 가압류 군산시수협 상호금융팀 2012.08.21 150,760,858 임 의 SC은행 소매여신사후 2013.04.25 *청구액:86,070,304원 등기부채권총액 251,560,858 원 열람일자 : 2013.11.18

(1) 말소기준이 되는 권리

기준이 되는 권리는 2008년 11월 18일 SC은행 소매여신운영의 1억80
만원짜리 근저당권이다.

(2) 등기부상의 권리분석

등기부상의 권리로서 매수인에게 인수될 권리는 없다.

(3) 등기부 외의 권리분석

임차인은 말소기준권리보다 전입날짜가 늦어 매수인에게 대항력이
없다.

(4) 배당순서

순 위	종 류	배당자	배당액	비 고
1순위	경매비용		2,150,000	
2순위	근저당권	SC은행	100,800,000	말소기준권리
3순위	임차인	김은경	79,550,000	

(5) 해설

임차인은 대항력이 없고, 배당금으로 보증금 7,955만원을 받아가기
때문에 명도에 별 어려움은 없어 보인다.
매수인이 인수해야 할 권리관계는 아무것도 없이 깨끗하다.

15. 다세대주택(2014-4815)

과거사건	동부3계 2009-7414		

소 재 지	서울 광진구 능동 164-1 1층 101호 (04989) 서울 광진구 천호대로116길 108-13				
경매구분	강제경매	채 권 자	이운길		
용 도	다세대	채무/소유자	김종철	매 각 일 시	14.11.03 (160,000,000원)
감 정 가	**141,000,000** (14.04.24)	청 구 액	90,000,000	종 국 결 과	15.04.10 배당종결
최 저 가	141,000,000 (100%)	토지면적	10 ㎡ (3.02평)	경매개시일	14.04.14
입찰보증금	10% (14,100,000)	건물면적	56.83 ㎡ (17.19평)	배당종기일	14.07.07
조 회 수	(단순조회 / 5분이상 열람) · 금일 1 / 0 · 금회차공고후 **126** / 16 · 누적 **141** / 16				조회통계
주 의 사 항	· 선순위가등기 [특수件분석신청] · 소멸되지 않는 권리 : 2009.9.23.접수번호 61906호 소유권이전청구권가등기				

■ 참고사항

· 현황: 201호

  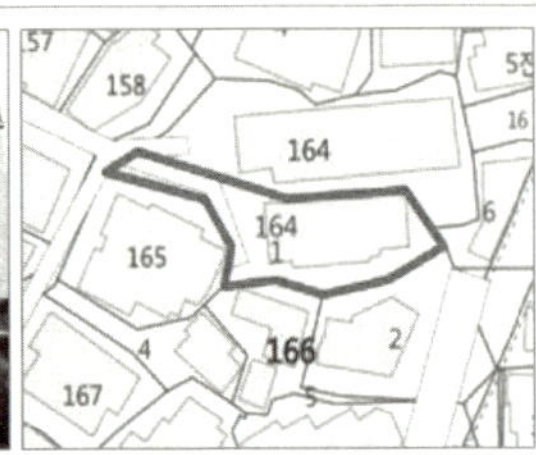

소재지/감정서	물건번호/면적(㎡)	감정가/최저가/과정	임차조사	등기권리
143-180 서울 광진구 능동 164-1 1층 101호 (외관상표시:201호) [천호대로116길 108-13] **감정평가정리** - 철콘조평슬라브지붕 - 어린이대공원북측(능동주민센터남동측)인근 - 주변단독및다세대주택,대공원등형성된어린이대공원주변주거지대 - 차량출입자유로움 - 인근버스(정),근거리지하철5,7호선군자역소재 - 제반교통사정보통 - 부정형서하향완경사지 - 서측로폭3m도로접합 - 지상일부주차공간있음 - 개별도시가스보일러난방 - 1종일반주거지역 - 최고고도지구 (2014.03.27)(16m이하) - 대공방어협조구역 (위탁고도:77-257m) - 과밀억제권역 2014.04.24 삼정감정	물건번호: 단독물건 대지 10/325 (3.02평) ₩28,200,000 건물 56.83 (17.19평) ₩112,800,000 방3,공용:5.61 - 총2층 - 승인:1997.12.30 - 보존:2005.10.24 남향,계단식	감정가 141,000,000 · 대지 28,200,000 (20%) (평당 9,337,748) · 건물 112,800,000 (80%) (평당 6,561,955) 최저가 141,000,000 (100.0%) **경매진행과정** ① 141,000,000 2014-11-03 매각 매수인 이학순 응찰수 1명 매각가 160,000,000 (113.48%) 허가 2014-11-10 납기 2015-03-13 납부 2015-03-13 2015-04-10 종결	**법원임차조사** 이운길 전입 2008.01.17 확정 2008.01.07 배당 2014.07.07 (보) 90,000,000 주거/101호 방3칸 점유기간 2007.12.29-2009.12.28 조사서상확정:2008.1.17 주민등록등재자 *본건 목적물이 있는 건물의 호실표시는 반지하층에 100단위, 1층에 200단위, 2층에 300단위로 되어 있고 다시 그 호실표시 앞에 조그마한 종이 표지에 반지하는 B100단위, 1층은 100단위, 2층은 200단위로 표시되어 있음. 임차인 이운길의 처 이현진에 의하면 살고 있는 집 호실표시가 201호로 되어 있지만 등기부상은 1층 101호라고 답변. 임차인 이운길의 처 이현진 답변, 관할 주민센터에 주민등록등재자를 조사한 바, 임차인 이운길세대 등재되어 있음. **지지옥션세대조사** 세 08.01.17 이** (101호) 주민센터확인:2014.10.17	소유권 김종철 2009.09.23 전소유자:장아름 가등기 장중영 2009.09.23 소유이전청구가등 압류 서울시광진구 2010.01.22 임차권 이운길 2013.07.22 90,000,000 전입: 2008.01.17 확정: 2008.01.17 강제 이운길 2014.04.14 *청구액:90,000,000원 채권총액 90,000,000원 열람일자 : 2014.05.14

(1) 말소기준이 되는 권리

기준이 되는 권리는 2010년 01월 22일 서울시 광진구 압류이다.

(2) 등기부상의 권리분석

등기부상의 권리로서 매수인에게 인수될 권리는 선순위 가등기
(2009.09.23.등기)가 있다.

(3) 등기부 외의 권리분석

임차인은 말소기준권리보다 전입날짜가 빨라서 매수인에게 대항력
이 있다.

(4) 배당순서(압류는 배당에서 제외)

순 위	종 류	배당자	배당액	비 고
1순위	경매비용		2,140,000	
2순위	임차인	이운길	90,000,000	
3순위	소유자	김종철	67,860,000	배당잉여금

(5) 해설

임차인은 대항력이 있으나, 배당금으로 보증금 9,000만원을 받아가기
때문에 명도에 별 어려움은 없어 보인다.
매수인이 인수해야 할 선순위 가등기가 있으므로 입찰에 신중해야
한다.

16. 다세대주택(2013-22597)

소 재 지	서울 은평구 응암동 227-90 조이아트빌 A동 3층 301호 (03475) 서울 은평구 백련산로4길 11-10				
경 매 구 분	임의경매	채 권 자	엔에스제칠차유동화전문유한회사(중소기업은행의 양수인)		
용 도	다세대	채무/소유자	박희식	매 각 일 시	15.02.03 (110,790,000원)
감 정 가	**140,000,000** (13.12.02)	청 구 액	75,500,683	종 국 결 과	15.04.09 배당종결
최 저 가	**89,600,000** (64%)	토 지 면 적	27.55 ㎡ (8.33평)	경매개시일	13.11.13
입찰보증금	10% (8,960,000)	건 물 면 적	55.12 ㎡ (16.67평)	배당종기일	14.01.27
조 회 수	(단순조회 / 5분이상 열람) · 금일 1 / 0 · 금회차공고후 201 / 34 · 누적 702 / 125				조회통계
주 의 사 항	· 선순위가등기 특수件분석신청 · 소멸되지 않는 권리 : 2005.07.05.소유권이전청구권가등기 가등기권자 김경란				

  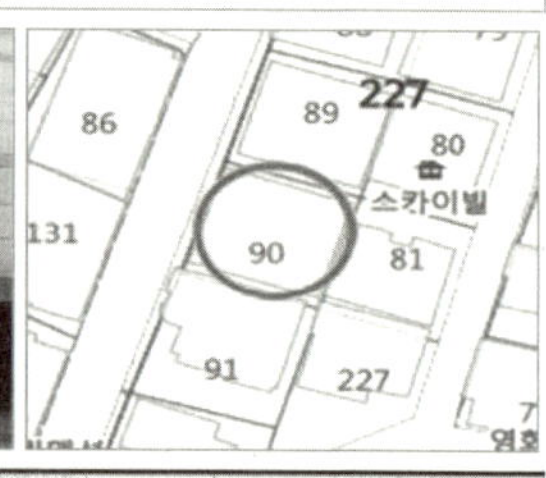

소재지/감정서	물건번호/면 적(㎡)	감정가/최저가/과정	임차조사	등기권리

122-010
서울 은평구 응암동 227-90 조이아트빌 A동 3층 301호
[백련산로4길 11-10]
 	
감정평가정리
- 철콘조평슬래브지붕
- 영락중교남측인근
- 주위단독주택,저층공동주택,병원,소규모근린생활시설및학교등소재
- 차량출입가능
- 버스(정)인근소재
- 난방설비
- 대체로정방형완경사지
- 서측세로접함
 	
- 도시지역
- 1종일반주거지역
- 가축사육제한구역
- 대공방어협조구역
  (위탁고도:77-257m)
- 과밀억제권역
- 상대정화구역
  (최종확인은관할교육청에반드시확인필요한사항)
 	
2013.12.02 가인감정
	물건번호: 단독물건
	
	대지 27.5521/208
	  (8.33평)
	  ₩49,000,000
	건물 55.12
	  (16.67평)
	  ₩91,000,000
	- 총4층
	- 보존:2002.09.03
	8세대
		감정가 140,000,000
		· 대지 49,000,000
		              (35%)
		(평당 5,882,353)
		
		· 건물 91,000,000
		              (65%)
		(평당 5,458,908)
		
		최저가 89,600,000
		              (64.0%)
		
		경매진행과정
		① 140,000,000
		2014-03-25 유찰
		
		② 20%↓ 112,000,000
		2014-04-29 변경
		
		② 112,000,000
		2014-07-08 유찰
		
		③ 20%↓ 89,600,000
		2014-08-12 변경
		
		③ 89,600,000
		2015-02-03 매각
		
			매수인	김보미

응찰수	3명
매각가	110,790,000 (79.14%)

2위	105,700,000 (75.50%)	
		
		허가 2015-02-10
		납기 2015-03-23
		납부 2015-03-11
		
		2015-04-09 종결
			법원임차조사
			김경란 전입 2008.04.01
			     주거/미상
			     점유기간
			     미상
			     조사서상
			*임차인점유, 폐문부재로 안내문을 남겨두고 왔으나 아무 연락이 없어 점유관계 미상이나, 본건 목적물 상에 주민등록 전입된 전입세대 중 소유자 세대를 제외한 전입 세대주 김경란을 주민등록표등본에 의해 임대차관계조사서에 일응 임차인으로 등재함
			
			지지옥션세대조사
			세 08.04.01 김＊＊
			세 09.09.17 박＊＊
			주민센터확인:2014.03.12
				가등기 김경란
				2005.07.05
				  소유이전청구가등
				
				소유권 박희식
				2008.11.05
				  전소유자:김길주
				
				근저당 중소기업은행
				  종로
				2009.09.16
				  91,200,000
				
				압 류 서대문세무서
				2012.06.12
				
				가압류 이강옥
				2012.10.31
				  58,445,450
				  2012카단5931의정부
				  고양GO
				
				임 의 중소기업은행
				2013.11.14
				  여신관리부
				*청구액:75,500,683원
				
				채권총액 149,645,450원
				
				열람일자 : 2015.01.19

(1) 말소기준이 되는 권리

기준이 되는 권리는 2009년 09월 16일 중소기업은행 근저당권이다.

(2) 등기부상의 권리분석

등기부상의 권리로서 매수인에게 인수될 권리는 선순위 가등기
(2005.07.05.등기)가 있다.

(3) 등기부 외의 권리분석

임차인(김경란)은 말소기준권리보다 전입날짜가 빨라서 매수인에게 대
항력이 있다.

(4) 배당순서

순 위	종 류	배당자	배당액	비 고
1순위	경매비용		1,990,000	
2순위	근저당권	중소기업은행	91,200,000	
3순위	가압류	이강욱	17,600,000	

(5) 해설

임차인은 대항력이 있으나, 배당요구를 하지 않아서 추가적으로 보증
금을 매수인이 물어주어야 한다.
매수인이 인수해야 할 선순위 가등기가 있으므로 입찰에 신중해야
한다.

17. 연립주택(2012-6223)

소 재 지	서울 금천구 시흥동 1005 중앙시흥하이츠빌라 9동 3층 303호 [도로명주소]					
경 매 구 분	임의(기일)	채 권 자	묵동화랑 (새)		
용 도	연립	채무/소유자	구재복	낙 찰 일 시	12.09.26 (168,110,000원)
감 정 가	220,000,000 (12.03.20)	청 구 액	156,212,870	종 국 결 과	12.12.06 배당종결
최 저 가	140,800,000 (64%)	토지총면적	74.95 ㎡ (22.67평)	경매개시일	12.03.08
입찰보증금	10% (14,080,000)	건물총면적	49.84 ㎡ (15.08평)	배당종기일	12.05.11
조 회 수	· 금일 1	공고후 70	누적 147	· 5분이상 열람 금일 0	누적 0	[조회통계]

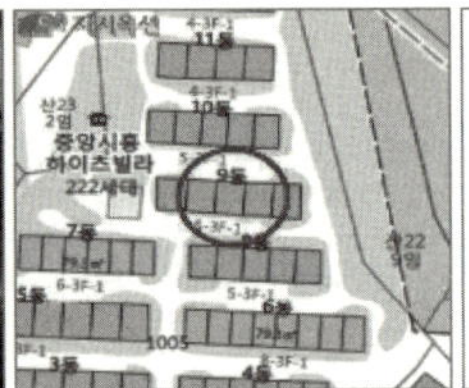

우편번호및주소/감정서	물건번호/면적(㎡)	감정가/최저가/과정	임차조사	등기권리
153-030 서울 금천구 시흥동 1005 중앙시흥하이츠빌라 9동 3층 303호 ●감정평가서정리 - 철콘조경사슬래브지붕 - 금천고등학교동측인근 - 부근단독및다세대,연립주택,근린시설등혼재한주거지대형성 - 차량출입가능 - 서측인근시흥대로운행하는버스(정)소재해이용사정보통 - 부정형완경사지(본9동소재부분남측은약2m높이석축임) - 남서측6m도로접합 - 재정비촉진지구기타(시흥3존치관리구역) - 도시가스보일러개별난방 - 도시지역 - 2종일반주거지역(7층이하) - 가축사육제한구역 - 대공방어협조구역(위탁고도:194m) - 재정비촉진지구 - 과밀억제권역 - 학교환경위생정화구역(남부교육청에반드시확인요망) - 장애물제한표면구역(진입표면구역) 2012.03.20 구정감정	물건번호: 단독물건 대지 74.95/18883.1 (22.67평) 건물 49.84 (15.08평) 방2,공용포함:67.02 3층-88.11.28보존 12개동동222세대 계단식	감정가 220,000,000 ·대지 118,800,000 (54%) (평당 5,240,406) ·건물 101,200,000 (46%) (평당 6,710,875) 최저가 140,800,000 (64.0%) ●경매진행과정 220,000,000 ① 유찰 2012-07-18 20%↓ 176,000,000 ② 유찰 2012-08-22 20%↓ 140,800,000 ③ 낙찰 2012-09-26 허가 2012-10-04 납부기한 2012-11-09 (납부완료) 종결 2012-12-06	●법원임차조사 *소유자점유 ●지지옥션세대조사 세 08.03.07 구** 주민센터확인:2012.07.23	소유권 구재복 2008.03.19 전소유자:이재학 근저당 묵동화랑(새) 2011.04.27 180,000,000 임 의 묵동화랑(새) 2012.03.08 *청구액:156,212,870원 등기부채권총액 180,000,000 원 열람일자 : 2012.04.12

낙찰자	최효숙
응찰수	6명
낙찰액	168,110,000 (76.41%)
2위	165,880,000 (75.40%)

(1) 말소기준이 되는 권리

기준이 되는 권리는 2011년 4월 27일 묵동화랑의 1억 8,000만원짜
리 근저당권이다.

(2) 등기부상의 권리분석

등기부상의 권리로서 매수인에게 인수될 권리는 없다.

(3) 등기부 외의 권리분석

임대차관계를 살펴보면 소유자(채무자)가 직접 살고 있어 인수될 권
리는 없다.

(4) 배당순서

순 위	종 류	배당자	배당액	비 고
1순위	경매비용		2,700,000	
2순위	근저당권	묵동화랑(새)	165,410,000	말소기준권리

(5) 해설

주인이 직접 살고 있어 명도가 비교적 쉬워 보인다.
매수인이 인수해야 할 권리관계는 아무것도 없이 깨끗하다.

18. 연립주택(2011-6695)

소 재 지	서울 서초구 양재동 211-1 현대빌라 1층 101호 [도로명주소]				
경 매 구 분	강제(기일)	채 권 자	이혜정		
용 도	연립	채무/소유자	유학수	낙 찰 일 시	12.10.04 (270,150,000원)
감 정 가	335,000,000 (11.04.04)	청 구 액	186,875,342	종 국 결 과	12.11.22 배당종결
최 저 가	268,000,000 (80%)	토지총면적	39.84 ㎡ (12.05평)	경매개시일	11.03.11
입찰보증금	10% (26,800,000)	건물총면적	80.33 ㎡ (24.3평)	배당종기일	11.06.13
조 회 수	· 금일 1 | 공고후 137 | 누적 431		· 5분이상 열람 금일 0 | 누적 0		[조회통계]

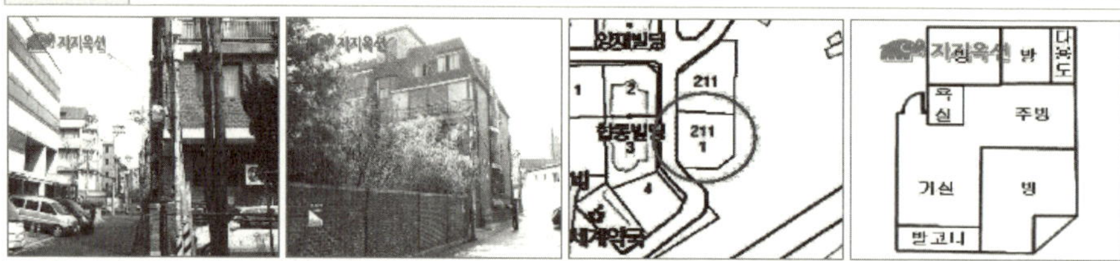

우편번호및주소/감정서	물건번호/면 적(㎡)	감정가/최저가/과정	임차조사	등기권리
137-130 서울 서초구 양재동 211-1 현대빌라 1층 101호 ●감정평가서정리 - 콘크리트벽식조평슬래브지붕 - 서울교육문화회관남동측인근 - 주위노변상가,연립주택등혼재형성 - 차량진출입가능 - 버스(정)인근소재 - 제반교통사정보통 - 사다리꼴평지 - 서측6m도로개설 - 지구단위계획결정고시:서고시제2004-408호(2004.12.10),기준용적률:180%이하,허용용적률:200%이하,상한용적률:서울시도시계획조례시행규칙제7조적용,건축물높이:1.5D이하,(대표적)불허용도:연립주택및아파트(블럭단위공동건축시에한해제외),자동차관련시설(주차장제외)등 - 도시가스개별난방 - 도시지역 - 2종일반주거지역(7층이하) - 1종지구단위계획구역 - 대공방어협조구역(위탁고도:77-257m) - 과밀억제권역 2011.04.04 알비감정	물건번호: 단독물건 대지 39.84/418.9 (12.05평) 건물 80.33 (24.3평) 방3,화장실2 4층-98.05.28보존 10세대	감정가 335,000,000 · 대지 268,000,000 (80%) (평당 22,240,664) · 건물 67,000,000 (20%) (평당 2,757,202) 최저가 268,000,000 (80.0%) ●경매진행과정 335,000,000 ① 낙찰 2011-07-07 낙찰자 이정연 응찰수 1명 낙찰액 336,350,000 (100.40%) 불허 2011-07-14 335,000,000 ① 유찰 2012-08-30 20%↓ 268,000,000 ② 낙찰 2012-10-04 응찰수 1명 낙찰액 270,150,000 (80.64%) 허가 2012-10-11 납부기한 2012-11-20 (납부완료) 종결 2012-11-22	●법원임차조사 *소유자점유.2회 방문하였으나 폐문부재이고, 관할 주민센터 전입세대 확인의뢰 결과 본건에는 소유자세대 이외에 전입세대 없다고 함. ●지지옥션세대조사 [세] 05.07.05 유학수 주민센터확인:2012.08.20	소유권 유학수 2005.06.18 전소유자:이보길 근저당 신한은행 양재하이브랜드 2005.06.30 66,000,000 가압류 이혜정 2008.12.08 100,000,000 강 제 이혜정 2011.03.11 *청구액:186,875,342원 등기부채권총액 166,000,000원 열람일자 : 2012.08.16

(1) 말소기준이 되는 권리

기준이 되는 권리는 2005년 6월 30일 신한은행의 6,600만원짜리 근저당권이다.

(2) 등기부상의 권리분석

등기부상의 권리로서 매수인에게 인수될 권리는 없다.

(3) 등기부 외의 권리분석

임대차관계를 살펴보면 소유자(채무자)가 직접 살고 있어 인수될 권리는 없다.

(4) 배당순서

순 위	종 류	배당자	배당액	비 고
1순위	경매비용		3,000,000	
2순위	근저당권	신한은행	66,000,000	말소기준권리
3순위	가압류	이혜정	100,000,000	
4순위	소유자	유학수	101,150,000	

(5) 해설

주인이 직접 살고 있어 명도가 비교적 쉬워 보인다.
매수인이 인수해야 할 권리관계는 아무것도 없이 깨끗하다.

19. 연립주택(2012-2027)

소 재 지	서울 서초구 양재동 248-1 금강아트빌라 가동 2층 202호 [도로명주소]				
경매구분	임의(기일)	채 권 자	모아마스제육차유동화전문 유한회사(㈜우리은행의 양수인)		
용 도	연립	채무/소유자	이원희	낙찰일시	12.09.04 (557,000,000원)
감 정 가	670,000,000 (12.01.31)	청 구 액	518,841,070	종국결과	12.11.09 배당종결
최 저 가	536,000,000 (80%)	토지총면적	89.2 ㎡ (26.98평)	경매개시일	12.01.19
입찰부증금	10% (53,600,000)	건물총면적	84.92 ㎡ (25.69평)	배당종기일	12.04.09
조 회 수	· 금일 1	공고후 96	누적 211	· 5분이상 열람 금일 0	누적 0			[조회통계]
주의사항	· -대금지급기일(기한)이후 지연이자율:연2할 · -임대차 : 물건명세서와 같음				

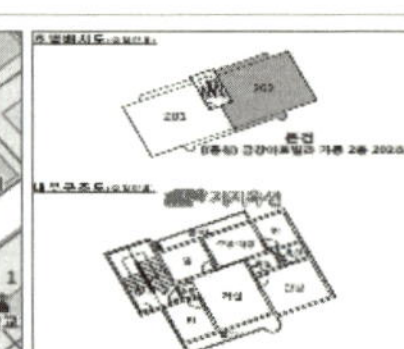

우편번호및주소/감정서	물건번호/면 적(㎡)	감정가/최저가/과정	임차조사	등기권리 NPL
137-130 서울 서초구 양재동 248-1 금강아트빌라 가동 2층 202호 ●감정평가서정리 - 벽돌조스라브위기와지붕 - 양재시민의숲역(신분당선)북동측인근위치 - 주위연립,다세대,다가구주택,근린생활시설,업무용건물등혼재 - 차량출입가능 - 인근버스(정)및양재시민의숲역등소재 - 일반교통사정보통 - 유사사각형등고평탄지 - 남동측약8m,북서측약6m도로접함 - 지구단위계획결정고시:서고시제2004-408호(2004.12.10),기준용적률-180%이하,허용용적률-200%이하,상한용적률-서울시도시계획조례시행규칙제7조적용,건축물높이:1.5D이하18m이하,(대표적)불허용도:연립주택및아파트(블럭단위공동건축시에한해제외),자동차관련시설(주차장제외)등 - 도시가스난방 - 도시지역 - 2종일반주거지역(7층이하) - 1종지구단위계획구역(양재택지자세한사항은도시계획과별도확인요함) - 가축사육제한구역 - 대공방어협조구역(위탁고도:77-257m) - 과밀억제권역 - 상대정화구역 2012.01.31 미강감정	물건번호: 단독물건 대지 89.2/1080 (26.98평) 건물 84.92 (25.69평) 방4,욕실2 3층-90.04.23보존	감정가 670,000,000 · 대지 362,000,000 (54.03%) (평당 13,417,346) · 건물 308,000,000 (45.97%) (평당 11,989,101) 최저가 536,000,000 (80.0%) ●경매진행과정 670,000,000 ① 유찰 2012-07-31 20%↓ 536,000,000 ② 낙찰 2012-09-04 낙찰자 송선미 응찰수 1명 낙찰액 557,000,000 (83.13%) 허가 2012-09-11 납부기한 2012-10-11 (납부완료) 종결 2012-11-09	●법원임차조사 *소유자점유.2회 방문하였으나 폐문부재이고, 관할 주민센터 전입세대 확인의뢰 결과 본건에는 소유자세대 이외에 전입세대 없다고 함.이상건은 소유자 이원희의 남편으로서 임대차에 해당되지 않음. ●지지옥션세대조사 세 03.09.22 이상건 주민센터확인:2012.08.03	소유권 이원희 2003.08.27 전소유자:조추옥 근저당 우리은행 봉천동 2008.08.22 600,000,000 근저당 신라상호저축 양재동 2010.02.11 65,000,000 근저당 송선민 2010.11.09 100,000,000 가압류 신용보증기금 양재 2010.11.11 259,000,000 가압류 신한카드 2011.11.04 18,872,881 가압류 신용보증재단중앙 영동농협 2012.01.04 5,297,496 임 의 모아마스제육차유동화전문 2012.01.20 *청구액:518,841,070원 가압류 국민은행 양재남 2012.02.14 4,975,826 등기부채권총액 1,053,146,203원 열람일자 : 2012.03.19

(1) 말소기준이 되는 권리

기준이 되는 권리는 2008년 8월 22일 우리은행의 6억원짜리 근저당권이다.

(2) 등기부상의 권리분석

등기부상의 권리로서 매수인에게 인수될 권리는 없다.

(3) 등기부 외의 권리분석

임대차관계를 살펴보면 채무자(소유자)가 직접 살고 있어 인수될 권리는 없다.

(4) 배당순서

순 위	종 류	배당자	배당액	비 고
1순위	경매비용		5,500,000	
2순위	근저당권	우리은행	551,500,000	말소기준권리

(5) 해설

주인이 직접 살고 있어 명도가 비교적 쉬워 보인다.
매수인이 인수해야 할 권리관계는 아무것도 없이 깨끗하다.

20. 연립주택(2012-16428)

소 재 지	서울 강서구 화곡동 73-105 대근빌라 가동 3층 309호 도로명주소				
경매구분	임의(기일)	채 권 자	광주(새)		
용 도	연립	채무/소유자	김현정	낙찰일시	13.01.23 (142,810,000원)
감 정 가	210,000,000 (12.06.26)	청 구 액	141,786,760	종국결과	13.03.12 배당종결
최 저 가	134,400,000 (64%)	토지총면적	53.79 ㎡ (16.27평)	경매개시일	12.06.20
입찰보증금	10% (13,440,000)	건물총면적	46.44 ㎡ (14.05평)	배당종기일	12.09.03
조 회 수	· 금일 1 | 공고후 75 | 누적 137		· 5분이상 열람 금일 0 | 누적 0		조회통계

우편번호및주소/감정서	물건번호/면적(㎡)	감정가/최저가/과정	임차조사	등기권리
157-010 서울 강서구 화곡동 73-105 대근빌라 가동 3층 309호 ●감정평가서정리 - 철콘및벽돌조철콘조경슬래브위기와지붕 - 우장초등교남서측약100m지점소재 - 인근다세대및단독주택,근린생활시설,아파트등소재 - 인근버스(정)및전철5호선우장산역소재 - 대중교통수단및차량출입여건원만 - 부정형동고평탄지 - 북서측약6m도로접하며인근화곡로,강서로.공항대로등연계 - 도로접함 - 도시가스개별난방 - 도시지역 - 1종일반주거지역 - 공항시설보호지구 - 최고고도지구 　(수평표면:해발57.86m 미만) - 가축사육제한구역 　(지역경제과확인요망) - 대공방어협조구역 　(위탁고도:77-257m) - 과밀억제권역 - 학교환경위생정화구역 　(강서교육청반드시확인요망) - 수평표면구역 2012.06.26 성림감정	물건번호: 단독물건 대지 53.79/3135 　(16.27평) 건물 46.44 　(14.05평) 방3 3층-90.03.03보존	감정가　　210,000,000 · 대지　　105,000,000 　　　　　　　(50%) (평당 6,453,596) · 건물　　105,000,000 　　　　　　　(50%) (평당 7,473,310) 최저가　　134,400,000 　　　　　　(64.0%) ●경매진행과정 　　　　　　210,000,000 ① 유찰　　2012-11-13 20%↓　　168,000,000 ② 유찰　　2012-12-18 20%↓　　134,400,000 ③ 낙찰　　2013-01-23 낙찰자　　강하나 응찰수　　1명 낙찰액　　142,810,000 　　　　　　(68.00%) 허가　　2013-01-30 납부기한　2013-03-08 　　　　　(납부완료) 종결　　2013-03-12	●법원임차조사 *소유자점유, 세대주는 소유자 남편 ●지지옥션세대조사 세 01.01.13 최범회 주민센터확인:2012.11.20	근저당 광주(새) 2011.04.20 182,000,000 근저당 이상빈 2012.03.15 6,000,000 임 의 광주(새) 2012.06.20 *청구액:141,786,760원 등기부채권총액 188,000,000 　　　　　　　　　원 열람일자 : 2012.07.06

(1) 말소기준이 되는 권리

기준이 되는 권리는 2011년 4월 20일 광주의 1억 8,200만원짜리 근저당권이다.

(2) 등기부상의 권리분석

등기부상의 권리로서 매수인에게 인수될 권리는 없다.

(3) 등기부 외의 권리분석

임대차관계를 살펴보면 채무자(소유자)가 직접 살고 있어 인수될 권리는 없다.

(4) 배당순서

순 위	종 류	배당자	배당액	비 고
1순위	경매비용		2,600,000	
2순위	근저당권	광주(새)	140,210,000	말소기준권리

(5) 해설

주인이 직접 살고 있어 명도가 비교적 쉬워 보인다.
매수인이 인수해야 할 권리관계는 아무것도 없이 깨끗하다.

21. 연립주택(2012-37856)

소 재 지	서울 성북구 장위동 233-357 1층 3호 [도로명주소]				
경 매 구 분	임의(기일)	채 권 자	공덕동(새)		
용 도	연립	채무/소유자	김동근	낙 찰 일 시	13.06.20 (96,120,000원)
감 정 가	145,000,000 (12.12.04)	청 구 액	143,000,000	종 국 결 과	13.08.28 배당종결
최 저 가	92,800,000 (64%)	토지총면적	37 m² (11.19평)	경매개시일	12.11.23
입찰보증금	10% (9,280,000)	건물총면적	46.88 m² (14.18평)	배당종기일	13.02.18
조 회 수	· 금일 1 | 공고후 55 | 누적 126		· 5분이상 열람 금일 0 | 누적 2		조회통계

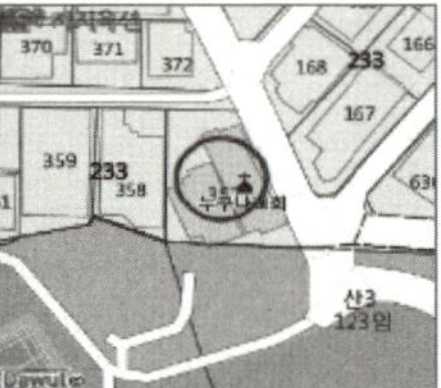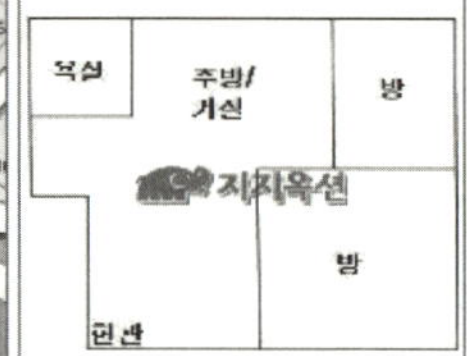

우편번호및주소/감정서	물건번호/면 적(m²)	감정가/최저가/과정	임차조사	등기권리

136-140
서울 성북구 장위동 233-357 1층 3호
 	
●감정평가서정리
- 세멘부록조세멘와즙
- 월곡초등학교북서측인근
- 주위단독, 공동주택및 근린생활시설등혼재하는주택지대
- 차량출입가능, 대중교통여건보통
- 버스(정)인근소재
- 사다리형완경사지
- 북동측노폭약5m도로접하며, 북측노폭약3m계단도로접함
- 근린공원
- 도시가스난방
 	
- 도시지역
- 1종일반주거지역
- 가축사육제한구역
- 건축허가착공제한지역
- 대공방어협조구역
  (위탁고도:77-257m)
- 재개발구역
- 재정비촉진지구
- 과밀억제권역
- 상대정화구역
 	
2012.12.04 에이원감정
	물건번호: 단독물건
	
	대지 37/486
	  (11.19평)
	건물 46.88
	  (14.18평)
	방2
	2층-81.06.05보존
	12세대
		감정가　145,000,000
		 · 대지　78,300,000
		　　　　(54%)
		(평당 6,997,319)
		
		 · 건물　66,700,000
		　　　　(46%)
		(평당 4,703,808)
		
		최저가　92,800,000
		　　　　(64.0%)
		
		●경매진행과정
		　　　145,000,000
		① 유찰　2013-04-11
		
		20%↓　116,000,000
		② 유찰　2013-05-16
		
		20%↓　92,800,000
		③ 낙찰　2013-06-20
		
		낙찰자　김용매외1
		응찰수　1명
		낙찰액　96,120,000
		　　　　(66.29%)
		
		허가　2013-06-27
		납부기한　2013-08-09
		　　　　(납부완료)
		
		종결　2013-08-28
			●법원임차조사
			최재헌　전입 2010.09.29
			　　　확정 2010.08.25
			　　　배당 2012.12.06
			　　　(보)　25,000,000
			　　　주거/전부
			　　　점유기간
			　　　2010.9.24-
			
			●지지옥션세대조사
			[세] 10.09.29 최재헌
			주민센터확인:2013.03.29
				소유권 김동근
				　　　2005.11.30
				전소유자:유정옥
				
				근저당 공덕동(새)
				　　　2009.06.19
				　　　143,000,000
				
				임 의 공덕동(새)
				　　　2012.11.23
				*청구액:143,000,000원
				
				등기부채권총액 143,000,000원
				
				열람일자 : 2012.12.07

(1) 말소기준이 되는 권리

기준이 되는 권리는 2009년 6월 19일 공덕동(새)의 1억 4,300만원짜리 근저당권이다.

(2) 등기부상의 권리분석

등기부상의 권리로서 매수인에게 인수될 권리는 없다.

(3) 등기부 외의 권리분석

임차인은 말소기준권리보다 전입날짜가 늦어 매수인에게 대항력이 없다.

(4) 배당순서

순 위	종 류	배당자	배당액	비 고
1순위	경매비용		2,500,000	
2순위	임차인	최재헌	20,000,000	소액보증금
3순위	근저당권	공덕동(새)	73,620,000	말소기준권리

(5) 해설

세입자가 소액보증금은 받아가기 때문에 명도에 별 어려움은 없어 보인다.

매수인이 인수해야 할 권리관계는 아무것도 없이 깨끗하다.

22. 연립주택(2013-8509)

소 재 지	서울 금천구 독산동 892-7,-8 성호그린빌라 지층 101호 [도로명주소]				
경 매 구 분	임의(기일)	채 권 자	농협은행 ㈜(분할전상호:농업협동조합중앙회)양수인 농업협동조합자산관리회사		
용 도	연립	채무/소유자	박영춘	낙 찰 일 시	14.01.15 (51,880,000원)
감 정 가	63,000,000 (13.04.04)	청 구 액	40,451,144	종 국 결 과	14.03.05 배당종결
최 저 가	50,400,000 (80%)	토지총면적	16.03 ㎡ (4.85평)	경매개시일	13.03.26
입찰보증금	10% (5,040,000)	건물총면적	30.58 ㎡ (9.25평)	배당종기일	13.06.07
조 회 수	· 금일 1	공고후 43	누적 101	· 5분이상 열람 금일 0	누적 9	[조회통계]
주 의 사 항	· 2013.04.10 가등기권자대리인 서울남부지방법원 집행관 한의수 부동산현황조사보고서 제출				

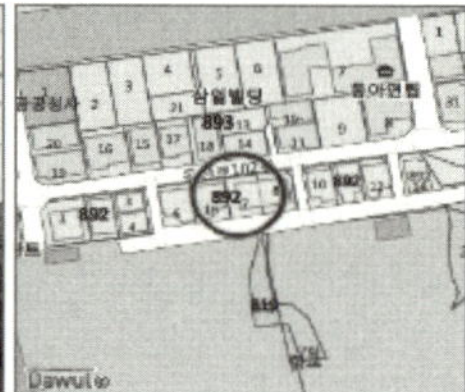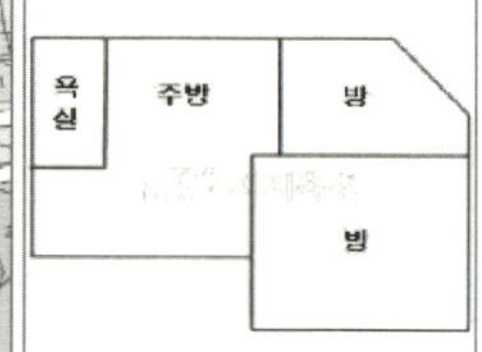

우편번호및주소/감정서	물건번호/면 적(㎡)	감정가/최저가/과정	임차조사	등기권리

153-010
서울 금천구 독산동 892-7,-8 성호그린빌라 지층 101호
 	
●감정평가서정리
 - 철콘조평슬래브지붕
 - 영남초등교북서측인근
 - 부근공동주택및단독주택,근린시설,학교등혼재
 - 차량출입가능
 - 인근버스(정)소재
 - 대중교통사정보통
 - 2필일단가장형토지
 - 북측으로세로한면접함
 - 가스보일러난방
 	
 - 도시지역
 - 1종일반주거지역
 - 가축사육제한구역
 - 대공방어협조구역
  (위탁고도194m)
 - 과밀억제권역
 - 학교환경위생정화구역
  (남부교육청에반드시
  확인요망)
 - 장애물제한표면구역
  (진입표면구역)
 	
2013.04.04 정일감정
	물건번호: 단독물건
	
	대지 16.03/382.9
	  (4.85평)
	건물 30.58
	  (9.25평)
	  공용:11.99
	  4층-96.04.19보존
		감정가 63,000,000
		 · 대지 23,940,000
		  (38%)
		 (평당 4,936,082)
		
		 · 건물 39,060,000
		  (62%)
		 (평당 4,222,703)
		
		최저가 50,400,000
		  (80.0%)
		
		●경매진행과정
		  63,000,000
		 ① 유찰 2013-12-04
		
		 20%↓ 50,400,000
		 ② 낙찰 2014-01-15
		
		 낙찰자 금팔이
		 응찰수 2명
		 낙찰액 51,880,000
		  (82.35%)
		 2위 51,390,000
		  (81.57%)
		
		 허가 2014-01-22
		 납부기한 2014-03-05
		
		 종결 2014-03-05
			●법원임차조사
			금학일 전입 2009.03.19
			  확정 2011.04.15
			  배당 2013.04.05
			  (보) 50,000,000
			  주거/전부
			  점유기간
			  2009.03.19-
			
			*소유자가 직접 점유하고 있지 않고 목적물 전부에 대하여 임대차 있음 *소유자는 주민등록만 등재되어 있고 거주는 하지 않음. 보증금(차임)액 및 확정일자는 임차인 진술에 의함
			
			●지지옥션세대조사
			[세] 09.03.19 금학일
			[세] 10.03.25 박영춘
			주민센터확인:2013.11.25
				근저당 농협자산관리
				  2008.10.01
				  45,600,000
				
				소유권 박영춘
				  2009.03.17
				  전소유자:강광숙
				
				압 류 서울시금천구
				  2012.05.23
				
				가압류 서울신용보증재단
				  금천
				  2013.02.26
				  26,250,000
				
				임 의 농협은행
				  수원여신관리단
				  2013.03.26
				  *청구액:40,451,144원
				
				등기부채권총액 71,850,000원
				
				열람일자 : 2013.11.18

(1) 말소기준이 되는 권리

기준이 되는 권리는 2008년 10월 01일 농협자산관리의 4,560만원짜
리 근저당권이다.

(2) 등기부상의 권리분석

등기부상의 권리로서 매수인에게 인수될 권리는 없다.

(3) 등기부 외의 권리분석

임차인은 말소기준권리보다 전입날짜가 늦어 매수인에게 대항력이
없다.

(4) 배당순서

순 위	종 류	배당자	배당액	비 고
1순위	경매비용		1,400,000	
2순위	임차인	금학일	20,000,000	소액보증금
3순위	근저당권	농협자산관리	30,480,000	말소기준권리

(5) 해설

세입자가 소액보증금은 받아가기 때문에 명도에 별 어려움은 없어
보인다.
매수인이 인수해야 할 권리관계는 아무것도 없이 깨끗하다.

23. 연립주택(2012-12972)

소 재 지	경기 남양주시 화도읍 묵현리 367-2 신흥빌라 3층 301호 도로명주소				
경 매 구 분	강제경매	채 권 자	신용보증기금		
용 도	연립	채무/소유자	노성숙	매 각 일 시	12.10.26 (73,301,000원)
감 정 가	**98,000,000** (12.04.06)	청 구 액	52,490,000	종 국 결 과	13.01.16 배당종결
최 저 가	**62,720,000** (64%)	토 지 면 적	33.22 ㎡ (10.05평)	경매개시일	12.03.28
입찰보증금	10% (6,272,000)	건 물 면 적	54 ㎡ (16.34평)	배당종기일	12.06.28
조 회 수	(단순조회 / 5분이상 열람) ·금일 1 / 0 ·금회차공고후 53 / 0 ·누적 137 / 0				조회통계
주 의 사 항	·선순위가처분 특수件분석신청 ·소멸되지 않는 권리 : 갑구 4번 가처분등기(2011.05.30.등기)는 말소되지 않고 매수인이 인수함.				

■ 참고사항

·1. 갑구 4번 가처분등기(2011.05.30.등기)는 말소되지 않고 매수인이 인수함.

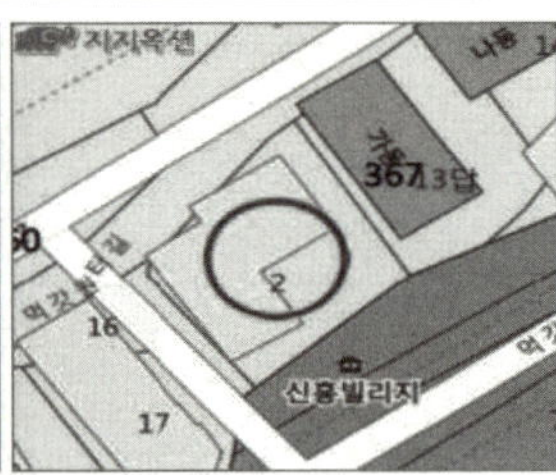

소재지/감정서	물건번호/면적(㎡)	감정가/최저가/과정	임차조사	등기권리
472-846 경기 남양주시 화도읍 묵현리 367-2 신흥빌라 3층 301호 **감정평가정리** - 도로명주소:경기도 남양주시 화도읍 먹갓원터길 18-1 - 콘크리트조벽식구조아스팔트슁글지붕 - 천마초교북동측인근 - 주위연립및단독주택, 근린생활시설,임야등 혼재 - 제반차량출입자유 - 버스(정)인근,대중교통상황보통 - 부정형토지 - 단지내외진입도로개설 - 도시가스개별난방 2012.04.06 신한감정	물건번호: 단독물건 대지 33.22/560 (10.05평) 건물 54 (16.34평) 방3 - 총4층 - 보존:1995.11.22	감정가 98,000,000 ·대지 49,000,000 (50%) (평당 4,875,622) ·건물 49,000,000 (50%) (평당 2,998,776) 최저가 62,720,000 (64.0%) **경매진행과정** ① 98,000,000 2012-08-17 유찰 ② 20%↓ 78,400,000 2012-09-21 유찰 ③ 20%↓ 62,720,000 2012-10-26 매각 매수인 권오경 응찰수 2명 매각가 73,301,000 (74.80%) 허가 2012-11-03 납기 2012-12-13 납부 2013-01-16 종결	**법원임차조사** 정재용 전입 2006.07.06 확정 2006.07.06 배당 2012.06.20 (보) 28,000,000 (월) 100,000 주거/전부 점유기간 2006.7.6- *세대호출 무응답, 폐문부재, 세대우편함에는 임차인 정재용 명의의 우편물(투표안내문,선거공문) 1통이 있었음. 이건 빌라에서 세대원 모두가 거주하며, 동거인 심재학은 주민등록만 이전한 것이라고 임차인 정재용이 전화문답에 의하여 진술함. *정재용 : 증액한 임차보증금 500만원에 대한 확정일자는 2008.07.21. 임. **지지옥션세대조사** 세 06.07.06 정재용 등 10.06.25 심재학 주민센터확인:2012.08.08	소유권 노성숙 2011.04.08 전소유자:유제이 가처분 신용보증기금 광진 2011.05.30 2011카단3759서울동부 GO 강 제 신용보증기금 2012.03.28 광진 *청구액:52,490,000원 열람일자 : 2012.05.09

(1) 말소기준이 되는 권리

기준이 되는 권리는 2012년 03월 28일 신용보증기금 강제경매개시
결정이다.

(2) 등기부상의 권리분석

등기부상의 권리로서 매수인에게 인수될 권리는 선순위 가처분
(2011.05.30.등기)가 있다.

(3) 등기부 외의 권리분석

임차인(정재용)은 말소기준권리보다 전입날짜가 빨라서 매수인에게 대
항력이 있다.

(4) 배당순서

순 위	종 류	배당자	배당액	비 고
1순위	경매비용		1,580,000	
2순위	임차인	정재용	28,000,000	
3순위	강제경매	신용보증기금	43,720,000	말소기준등기

(5) 해설

임차인은 대항력이 있으나, 배당요구를 하여 전액배당을 받아서 추가
적으로 매수인이 물어주어야 할 보증금은 없다.
매수인이 인수해야 할 선순위 가처분등기가 있으므로 입찰에 신중
해야한다.

24. 연립주택(2014-13490)

소 재 지	경기 양평군 양동읍 양근리 178-6 양평맨숀 2동 205호 [도로명주소]				
경매구분	강제경매	채권자	김경렬		
용 도	연립	채무/소유자	윤석철	매각일시	15.05.13 (90,636,360원)
감정가	**140,000,000** (14.11.17)	청구액	40,000,000	종국결과	15.07.22 배당종결
최저가	**68,600,000** (49%)	토지면적	50.33 ㎡ (15.22평)	경매개시일	14.08.22
입찰보증금	10% (6,860,000)	건물면적	82.61 ㎡ (24.99평)	배당종기일	15.01.29
조 회 수	(단순조회 / 5분이상 열람) · 금일 1 / 0 · 금회차공고후 **70** / 16 · 누적 **192** / 30				[조회통계]
주의사항	·선순위가처분 [특수件분석신청] · 소멸되지 않는 권리 : 갑구 순위 4번 가처분등기(2008. 11. 18. 등기)는 말소되지 않고 매수인에게 인수됨				

■ 참고사항

·갑구 순위 4번 가처분등기(2008. 11. 18. 등기)는 말소되지 않고 매수인에게 인수됨

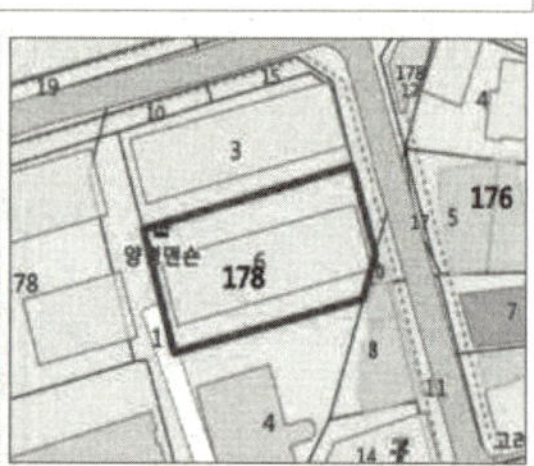

소재지/감정서	물건번호/면 적(㎡)	감정가/최저가/과정	임차조사	등기권리
476-802 경기 양평군 양평읍 양근리 178-6 양평맨숀 2동 205호 (통용:225호) [감정평가정리] - 도로명주소:경기도 양평군 양평읍 시민로 35-1 - 철콘조슬래브기와지붕 - 상호연접하여4개필지로일단지를구성하여,3층건4개동소재 - 양평역동남측인근 - 주위번화한노선상가지대의후면주거지대로서연립주택및단독주택주로소재 - 차량출입가능 - 인근간선도로버스(정)소재 - 교통사정양호 - 도시가스설비 - 장방형평지 - 단지남측진입로있으며간선도로와연계 - 준주거지역 - 자연보전권역 - 공장설립승인지역 - 배출시설설치제한지역 - 한강폐기물매립시설설치제한지역 - 수질보전특별대책지역(1권역) 2014.11.17 도선감정	물건번호: 단독물건 대지 50.33/604 (15.22평) ₩80,000,000 건물 63.51 (19.21평) ₩60,000,000 방3.공용:계단5.4 ·지층창고 19.1 (5.78평) 공용부분 - 총3층 - 승인:1984.05.04 - 보존:1984.05.12	감정가　140,000,000 ·대지　80,000,000 　　　(57.14%) (평당 5,256,242) ·건물　60,000,000 　　　(42.86%) (평당 2,400,960) 최저가　68,600,000 　　　(49.0%) [경매진행과정] ① 140,000,000 2015-02-25 유찰 ② 30%↓ 98,000,000 2015-04-08 유찰 ③ 30%↓ 68,600,000 2015-05-13 매각 매수인 권운규 응찰수 5명 매각가 90,636,360 (64.74%) 허가 2015-05-20 납기 2015-06-18 납부 2015-06-18 2015-07-22 종결	[법원임차조사] 김경렬 전입 2006.11.29 확정 2006.11.29 배당 2014.12.22 (보) 40,000,000 주거/전부 점유기간 2006.11.29-2008.11.29 조사서상전입: 2006.11.19 [지지옥션세대조사] 세 06.11.29 김** 주민센터확인:2015.02.10	소유권 윤석철 2006.11.29 전소유자:김응종 가처분 이두열 2008.11.18 2008카단1800수원여주ＧＯ 압류 국민건강보험공단 2012.08.21 양평지사 강제 김경렬 2014.08.22 *청구액:40,000,000원 열람일자 : 2014.11.20

(1) 말소기준이 되는 권리

기준이 되는 권리는 2012년 08월 21일 국민건강보험공단 압류이다.

(2) 등기부상의 권리분석

등기부상의 권리로서 매수인에게 인수될 권리는 선순위 가처분(2008.11.18.등기)가 있다.

(3) 등기부 외의 권리분석

임차인(김경렬)은 말소기준권리보다 전입날짜가 빨라서 매수인에게 대항력이 있다.

(4) 배당순서(압류는 배당에서 제외)

순 위	종 류	배당자	배당액	비 고
1순위	경매비용		1,440,000	
2순위	임차인	김경렬	40,000,000	
3순위	소유자	윤석철	49,190,000	배당잉여금

(5) 해설

임차인은 대항력이 있으나, 배당요구를 하여 전액배당을 받아서 추가적으로 매수인이 물어주어야 할 보증금은 없다.

매수인이 인수해야 할 선순위 가처분등기가 있으므로 입찰에 신중해야한다.

25. 오피스텔(2011-17837)

<table>
<tr><td>소 재 지</td><td colspan="5">서울 양천구 신월동 235-7 신목동샤르망 9층 906호 [도로명주소]</td></tr>
<tr><td>경 매 구 분</td><td>임의(기일)</td><td>채 권 자</td><td colspan="3"></td></tr>
<tr><td>용 도</td><td>오피스텔(주거용)</td><td>채무/소유자</td><td>박봉순</td><td>낙 찰 일 시</td><td>12.08.16 (54,838,300원)</td></tr>
<tr><td>감 정 가</td><td>56,000,000 (11.08.23)</td><td>청 구 액</td><td>41,062,936</td><td>종 국 결 과</td><td>12.10.24 배당종결</td></tr>
<tr><td>최 저 가</td><td>44,800,000 (80%)</td><td>토지총면적</td><td>7.93 ㎡ (2.4평)</td><td>경매개시일</td><td>11.08.17</td></tr>
<tr><td>입찰보증금</td><td>10% (4,480,000)</td><td>건물총면적</td><td>19.36 ㎡ (5.86평)</td><td>배당종기일</td><td>11.11.07</td></tr>
<tr><td>조 회 수</td><td colspan="3">· 금일 1 | 공고후 163 | 누적 642</td><td colspan="2">· 5분이상 열람 금일 0 | 누적 1 [조회통계]</td></tr>
</table>

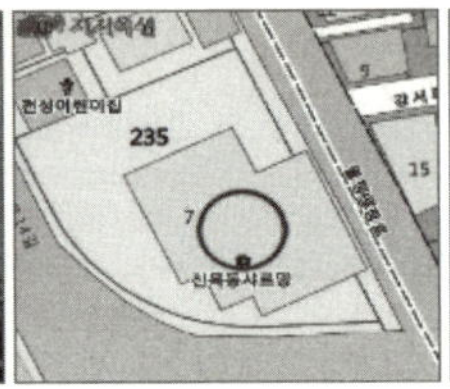

우편번호및주소/감정서	물건번호/면 적(㎡)	감정가/최저가/과정	임차조사	등기권리
158-090 서울 양천구 신월동 235-7 신목동샤르망 9층 906호 ●감정평가서정리 - 도로명주소:서울 양천구 월정로 101 - 철콘구조철콘평슬래브지붕 - 업무시설및1종근린생활시설 - 신월중앙시장북서측약300m지점 - 도로변은각종점포형성된로선상가지대, 후면은공동주택, 단독주택, 소규모점포등혼재된일반주택지대 - 제반차량출입가능 - 시내버스(정)도보2-3분소요, 지하철5호선까치산역원거리소재 - 부정형등고평탄지 - 북동측으로월정로, 남측으로배다리서길, 남서측으로들마당4길접함 - 도로접함 - 도시가스개별난방 - 도시지역 - 2종일반주거지역 　(7층이하) - 가축사육제한구역 - 대공방어협조구역 　(위탁고도77-257m) - 과밀억제권역 - 수평표면구역 - 진입표면구역 2011.08.23 김일수감정	물건번호: 단독물건 대지 7.9289/2160.4 　(2.4평) 건물 19.36 　(5.86평) 공용:17.86(지하주차장10.24포함) 9층-04.03.12보존	감정가　　56,000,000 · 대지　　24,640,000 　　　　　(44%) (평당 10,266,667) · 건물　　31,360,000 　　　　　(56%) (평당 5,351,536) 최저가　　44,800,000 　　　　　(80.0%) ●경매진행과정 　　　　　56,000,000 ① 유찰　2012-07-11 20%↓　　44,800,000 ② 낙찰　2012-08-16 낙찰자　권재운 응찰수　12명 낙찰액　54,838,300 　　　　(97.93%) 2위　　52,700,000 　　　　(94.11%) 허가　2012-08-23 납부기한　2012-09-20 　　　　(납부완료) 종결　2012-10-24	●법원임차조사 김부희　전입 2010.05.03 　　　확정 2010.05.03 　　　배당 2011.08.24 　(보)　20,000,000 　(월)　　130,000 주거/전부 점유기간 2010.5.3-2012.5.3 ●지지옥션세대조사 세 10.05.03 김부희 주민센터확인:2012.07.16	소유권　박봉순 　　2010.01.29 　전소유자:신화공영 근저당　남부약사신협 　　2010.01.29 　　48,100,000 압 류　양천구 　　2010.11.16 임 의　남부약사신협 　　2011.08.19 　*청구액:41,062,936원 등기부채권총액 48,100,000원 열람일자 : 2012.07.09

(1) 말소기준이 되는 권리

기준이 되는 권리는 2010년 1월 29일 남부약사신협의 4,810만원짜리 근저당권이다.

(2) 등기부상의 권리분석

등기부상의 권리로서 매수인에게 인수될 권리는 없다.

(3) 등기부 외의 권리분석

임차인은 말소기준권리보다 전입날짜가 늦어 매수인에게 대항력이 없다.

(4) 배당순서

순 위	종 류	배당자	배당액	비 고
1순위	경매비용		1,380,000	
2순위	임차인	김부희	20,000,000	소액보증금
3순위	근저당권	남부약사신협	33,458,300	말소기준권리

(5) 해설

세입자가 소액보증금은 받아가기 때문에 명도에 별 어려움은 없어 보인다.

매수인이 인수해야 할 권리관계는 아무것도 없이 깨끗하다.

26. 오피스텔(2011-24477)

소 재 지	서울 영등포구 양평동2가 1-1 신동아하이팰리스 13층 103-1307호 도로명주소				
경매구분	임의(기일)	채 권 자	하나캐피탈 ㈜		
용 도	오피스텔(주거용)	채무/소유자	서윤미	낙 찰 일 시	12.11.14 (225,550,000원)
감 정 가	240,000,000 (11.11.17)	청 구 액	52,000,000	종 국 결 과	13.01.31 배당종결
최 저 가	192,000,000 (80%)	토지총면적	19.29 ㎡ (5.84평)	경매개시일	11.11.03
입찰보증금	10% (19,200,000)	건물총면적	72.13 ㎡ (21.82평)	배당종기일	12.01.17
조 회 수	· 금일 1	공고후 143	누적 595	· 5분이상 열람 금일 0	누적 0	조회통계

  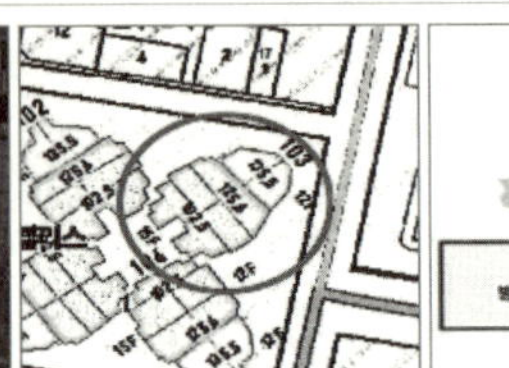 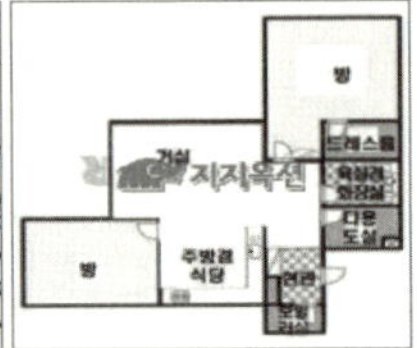

우편번호및주소/감정서	물건번호/면 적(㎡)	감정가/최저가/과정	임차조사	등기권리
150-102 서울 영등포구 양평동2가 1-1 신동아하이팰리스 13층 103-1307호 ●감정평가서정리 - 철콘조철콘지붕 - 지하철5호선양평역2번출구에서남측으로직선거리350m,관악고등학교정문에서북동측으로 150m지점위치 - 인근아파트,오피스텔등소재 - 차량통행가능 - 북측인근지하철5호선양평역,동측인근도로강나라길변으로로마을버스(정),북측인근도로(영등포로)변으로각종노선버스(정)소재 - 대중교통사정무난 - 정방형토지 - 동측및북측,서측으로 15m,10m,12m도로각각접함 - 도시가스보일러 - 준공업지역 - 가축사육제한구역(예외:애완및방범용가축)지역경제과문의) - 대공방어협조구역(위탁고도77-257m) - 과밀억제권역(세부사항:서울시청도시계획과문의) - 학교환경위생정화구역(세부사항남부교육청반드시확인요망) - 한강폐기물매립시설설치제한지역(맑은환경과문의) - 토지거래허가구역(허가대상:면적:660㎡초과(준공업지역)) 2011.11.17 대일감정	물건번호: 단독물건 대지 19.29/9753.4 (5.84평) 건물 72.13 (21.82평) 방2,드레스룸 분양면적:123.74 15층-05.08.17보존	감정가 240,000,000 · 대지 98,400,000 (41%) (평당 16,849,315) · 건물 141,600,000 (59%) (평당 6,489,459) 최저가 192,000,000 (80.0%) ●경매진행과정 240,000,000 ① 변경 2012-04-17 240,000,000 ① 유찰 2012-06-26 20%↓ 192,000,000 ② 변경 2012-07-31 192,000,000 ② 낙찰 2012-11-14 낙찰자 박상해 응찰수 10명 낙찰액 225,550,000 (93.98%) 2위 222,877,000 (92.87%) 허가 2012-11-21 납부기한 2012-12-28 (납부완료) 종결 2013-01-31	●법원임차조사 현성우 전입 2010.10.08 확정 2010.10.08 배당 2011.11.18 (보) 160,000,000 주거/전부 점유기간 2010.10.8- ●지지옥션세대조사 세 10.03.15 서윤미 세 10.10.08 현성우 주민센터확인:2012.04.04	소유권 서윤미 2009.08.03 전소유자:KB부동산신탁 저당권 예가람상호저축 영등포 2010.02.26 26,000,000 저당권 하나캐피탈 2011.06.07 52,000,000 저당권 신현서 2011.06.15 13,000,000 저당권 신현서 2011.07.01 39,000,000 저당권 이석철 2011.09.08 13,000,000 임 의 하나캐피탈 2011.11.03 *청구액:52,000,000원 가압류 서울신용보증 강남영업본부 2012.01.06 9,152,000 가압류 씨티은행 2012.01.06 6,458,925 압 류 국민건강보험 영등포남부 2012.02.27 등기부채권총액 158,610,925원 열람일자 : 2012.06.12

(1) 말소기준이 되는 권리

기준이 되는 권리는 2010년 2월 26일 예가람상호저축의 2,600만원
짜리 저당권이다.

(2) 등기부상의 권리분석

등기부상의 권리로서 매수인에게 인수될 권리는 없다.

(3) 등기부 외의 권리분석

임차인은 말소기준권리보다 전입날짜가 늦어 매수인에게 대항력이
없다.

(4) 배당순서

순 위	종 류	배당자	배당액	비 고
1순위	경매비용		1,900,000	
2순위	저당권	예가람상호저축	26,000,000	말소기준권리
3순위	임차인	현성우	160,000,000	
4순위	저당권	하나캐피탈	37,650,000	

(5) 해설

세입자가 보증금 전액을 받아가기 때문에 명도에 별 어려움은 없어
보인다.

매수인이 인수해야 할 권리관계는 아무것도 없이 깨끗하다.

27. 오피스텔(2011-23805)

소 재 지	서울 서초구 서초동 1446-11 현대슈퍼빌 14층 오피스텔1408호 [도로명주소]				
경 매 구 분	임의(기일)	채 권 자	한현옥		
용 도	오피스텔(주거용)	채무/소유자	임영순	낙 찰 일 시	12.03.06 (246,770,000원)
감 정 가	250,000,000 (11.08.30)	청 구 액	175,000,000	종 국 결 과	12.05.08 배당종결
최 저 가	200,000,000 (80%)	토지총면적	9.56 ㎡ (2.89평)	경매개시일	11.08.18
입찰보증금	10% (20,000,000)	건물총면적	36.89 ㎡ (11.16평)	배당종기일	11.11.10
조 회 수	· 금일 1	공고후 260	누적 597		· 5분이상 열람 금일 0	누적 4	[조회통계]

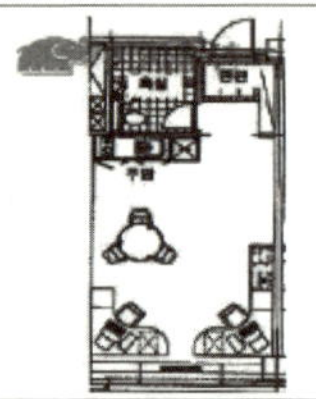

우편번호및주소/감정서	물건번호/면 적(㎡)	감정가/최저가/과정	임차조사	등기권리

137-070
서울 서초구 서초동
1446-11 현대슈퍼빌 14층
오피스텔1408호
 	
●감정평가서정리
 - 공부상:아파트
 - 서울남부(터)남측인접
   소재
 - 부근오피스빌딩,상업
   용건물,주상복합건물,
   오피스텔등혼재한노선
   상가지대
 - 차량출입자유로움
 - 인근버스(정)및지하철
   3호선남부(터)소재
 - 사다리형등고평탄지
 - 북동측우면로(30m),남
   측8m도로접함
 - 도로접함
 - 건축선지정(도로경계
   선에서3m후퇴)
 - 지역난방
 	
 - 준주거지역
 - 일반미관지구
 - 가축사육제한구역
 - 대공방어협조구역
   (위탁고도77-257m)
 - 과밀억제권역
 	
2011.08.30 신성감정
	물건번호: 단독물건
	
	대지 9.56/27115.2
	  (2.89평)
	건물 36.89
	  (11.16평)
	  공유포함:82.23
	  46층-03.10.29보존
		감정가 250,000,000
		 · 대지 102,500,000
		          (41%)
		 (평당 35,467,128)
		
		 · 건물 147,500,000
		          (59%)
		 (평당 13,216,846)
		
		최저가 200,000,000
		          (80.0%)
		
		●경매진행과정
		          250,000,000
		 ① 유찰 2012-01-31
		
		 20%↓ 200,000,000
		 ② 낙찰 2012-03-06
		
		낙찰자: 심영선
		응찰수: 16명
		낙찰액: 246,770,000 (98.71%)
		2위: 242,100,000 (96.84%)
		
		 허가 2012-03-13
		납부기한 2012-04-20
		        (납부완료)
		
		 종결 2012-05-08
			●법원임차조사
			한현옥 (보) 175,000,000
			  주거
			  등기부상
			
			*생활지원센터 직원(여,20대)
			에 의하면, 현재 비어 있다고
			함
			
			●지지옥션세대조사
			전입세대없음
			주민센터확인:2012.02.06
				소유권 임영순
				  2004.05.25
				  전소유자:군인공제
				  회
				
				전세권 한현옥
				  2010.08.09
				  175,000,000
				  존속기간:2011.08.06
				
				임 의 한현옥
				  2011.08.25
				  *청구액:175,000,000원
				
				등기부채권총액 175,000,000
				          원
				
				열람일자 : 2011.09.19

(1) 말소기준이 되는 권리

기준이 되는 권리는 2010년 8월 9일 한현옥의 1억 7,500만원짜리 전세권이다.

(2) 등기부상의 권리분석

등기부상의 권리로서 매수인에게 인수될 권리는 없다.

(3) 등기부 외의 권리분석

임차인이 경매신청을 하여 전액 보증금을 배당받으므로 인수될 권리는 없다.

(4) 배당순서

순 위	종 류	배당자	배당액	비 고
1순위	경매비용		2,900,000	
2순위	전세권	한현옥	175,000,000	말소기준권리
3순위	소유자	임영순	68,870,000	

(5) 해설

세입자가 보증금 전액을 받아가기 때문에 명도에 별 어려움은 없어 보인다.

매수인이 인수해야 할 권리관계는 아무것도 없이 깨끗하다.

28. 오피스텔(2012-16767)

소 재 지	서울 종로구 숭인동 1388 동양파라빌 4층 404호 [난계로 251]				
경 매 구 분	임의(기일)	채 권 자	우리에프앤아이제29차유동화전문유한회사(㈜하나은행의 양수인)		
용 도	오피스텔(주거용)	채무/소유자	노석	낙 찰 일 시	12.12.18 (128,200,000원)
감 정 가	130,000,000 (12.06.04)	청 구 액	53,651,747	종 국 결 과	13.03.08 배당종결
최 저 가	104,000,000 (80%)	토지총면적	4.28 ㎡ (1.29평)	경매개시일	12.05.30
입찰보증금	10% (10,400,000)	건물총면적	27.09 ㎡ (8.19평)	배당종기일	12.08.20
조 회 수	· 금일 1 | 공고후 177 | 누적 319		· 5분이상 열람 금일 0 | 누적 0		조회통계
주 의 사 항	· -대금지급기일(기한)이후 지연이자율:연2할 · -임대차 : 물건명세서와 같음				

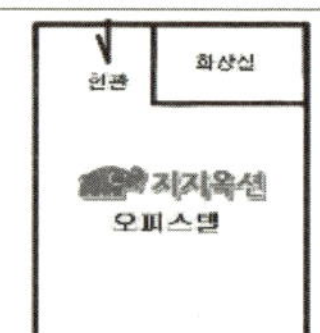

우편번호및주소/감정서	물건번호/면 적(㎡)	감정가/최저가/과정	임차조사	등기권리 NPL
110-550 서울 종로구 숭인동 1388 동양파라빌 4층 404호 [난계로 251] ●감정평가서정리 - 철콘조철콘지붕 - 업무시설,1,2종근린생 　활시설 - 지하철신설역1,2호 　선남서측인근 - 주위오피스텔,은행등, 　업무용빌딩,근린시설, 　동대문우체국등공공기 　관,병원,신설동로타리 　등형성된상가지대 - 차량진입가능 - 인근버스(정)및지하철 　1,2호선(신설동역)소재 - 교통사정무난 - 자루형등고평탄지 - 동측대로,북측및서측 　세로접함 - 도로접함 - 숭인지구단위계획결 　정:2007.01.11(서고시 　제4호)건폐율:60%,기 　준용적율:500%,허용용 　적율:800%,최대개발규 　모:2000㎡이하,최고높 　이:70m이하,용도등기 　타세부사항건축과문의 - 도시가스개별난방 - 도시지역 - 일반상업지역 - 중심지미관지구 　(건축선지정,세부문의: 　건축과) - 지구단위계획구역 - 가축사육제한구역 - 대공방어협조구역 　(위탁고도:54-236m) - 과밀억제권역 2012.06.04 SR감정	물건번호: 단독물건 대지 4.28/1917.4 　(1.29평) 건물 27.09 　(8.19평) 　공용:24.1(주차장 　13.18포함) 　14층-05.08.24보존	감정가　　130,000,000 · 대지　　　52,000,000 　　　　　　　(40%) (평당 40,310,078) · 건물　　　78,000,000 　　　　　　　(60%) (평당 9,523,810) 최저가　　104,000,000 　　　　　　　(80.0%) ●경매진행과정 　　　　　　130,000,000 ① 유찰　　2012-11-13 20%↓　　104,000,000 ② 낙찰　　2012-12-18 낙찰자　　　장세자 응찰수　　　　11명 낙찰액　128,200,000 　　　　　(98.62%) 2위　　　122,200,000 　　　　　(94.00%) 허가　　2012-12-26 납부기한　2013-01-28 　　　　　(납부완료) 종결　　2013-03-08	●법원임차조사 김은경　전입 2007.10.08 　　　　확정 2007.10.08 　　　　배당 2012.06.08 　　　　(보)　 30,000,000 　　　　(월)　　　300,000 　　　　주거/전부 　　　　점유기간 　　　　2007.10.8- *2회 방문하였으나 폐문부재 이고, 방문한 취지 및 연락처 를 남겼으나 아무런 연락이 없으므로 주민등록 전입된 세 대만 임차인으로 보고함. ●지지옥션세대조사 세 07.10.08 김은경 주민센터확인:2012.11.22	소유권　노석 　　　　2006.08.03 　　　　전소유자:해와달산 　　　　업 근저당　하나은행 　　　　신설동 　　　　2006.08.03 　　　　67,600,000 압 류　서울강북구 　　　　2010.04.13 임 의　우리FNI제29유동 　　　　화전문 　　　　(양도전:하나은행) 　　　　2012.05.30 　　　　*청구액:53,651,747원 등기부채권총액 67,600,000 　　　　　　　　　　　원 열람일자 : 2012.07.12

(1) 말소기준이 되는 권리

기준이 되는 권리는 2006년 8월 3일 하나은행의 6,760만원짜리 근저당권이다.

(2) 등기부상의 권리분석

등기부상의 권리로서 매수인에게 인수될 권리는 없다.

(3) 등기부 외의 권리분석

임차인은 말소기준권리보다 전입날짜가 늦어 매수인에게 대항력이 없다.

(4) 배당순서(단, 압류는 배당에서 제외)

순 위	종 류	배당자	배당액	비 고
1순위	경매비용		1,700,000	
2순위	임차인	김은경	16,000,000	소액보증금
3순위	근저당	하나은행	67,600,000	말소기준권리
4순위	임차인	김은경	14,000,000	
5순위	소유자	노 석	28,900,000	

(5) 해설

세입자가 보증금 전액을 받아가기 때문에 명도에 별 어려움은 없어 보인다.

매수인이 인수해야 할 권리관계는 아무것도 없이 깨끗하다.

29. 오피스텔(2013-13586)

소 재 지	서울 마포구 도화동 559 마포트라팰리스 6층 A605호 [마포대로 53]				
경 매 구 분	강제(기일)	채 권 자	황인청		
용 도	오피스텔(주거용)	채무/소유자	정건우	낙 찰 일 시	13.12.26 (391,300,000원)
감 정 가	430,000,000 (13.07.23)	청 구 액	170,000,000	종 국 결 과	14.03.06 배당종결
최 저 가	344,000,000 (80%)	토지총면적	11.07 ㎡ (3.35평)	경매개시일	13.07.04
입찰보증금	10% (34,400,000)	건물총면적	73.72 ㎡ (22.3평)	배당종기일	13.09.17
조 회 수	· 금일 1	공고후 97	누적 216	· 5분이상 열람 금일 0	누적 37		조회통계
주 의 사 항	· 주거용 오피스텔로 이용중임				

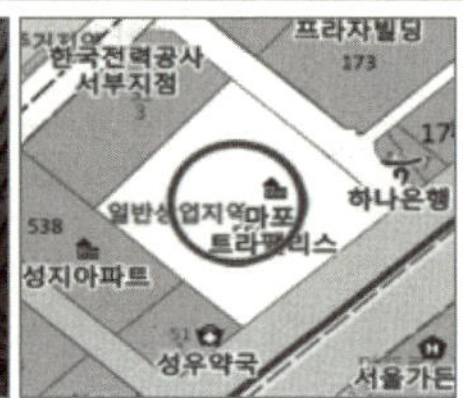

우편번호및주소/감정서	물건번호/면 적(㎡)	감정가/최저가/과정	임차조사	등기권리
121-040 서울 마포구 도화동 559 마포트라팰리스 6층 A605 호 [마포대로 53] ●감정평가서정리 - 철콘조철콘평슬라브지 　붕 - 업무시설(오피스텔)외 　2 - 지하철5호선마포역북 　동측인근 - 주위업무시설,아파트, 　학교,근린생활시설등 　혼재한노선상가지대 - 차량접근가능 - 인근여러노선시내버스 　(정)및지하철5호선마 　포역위치 - 대중교통사정무난 - 사다리형토지 - 주통로인북동측로폭 　12m도로접함 - 광로2류(폭50m-70m) 　접함 - 도시가스보일러난방 - 일반상업지역 - 방화지구 - 중심지미관지구 - 대공방어협조구역 - 정비구역 - 재개발구역 - 과밀억제권역 - 상대정화구역 - 한강폐기물매립시설설 　치제한지역 2013.07.23 강남감정	물건번호: 단독물건 대지 11.0664/9462.5 (3.35평) 건물 73.72 (22.3평) 방2,욕실2 공용:23.37(주차장제 외) 31층-06.05.25보존	감정가　　430,000,000 · 대지　　172,000,000 　　　　　　(40%) (평당 51,343,284) · 건물　　258,000,000 　　　　　　(60%) (평당 11,569,507) 최저가　　344,000,000 　　　　　　(80.0%) ●경매진행과정 　　　　　430,000,000 ① 유찰　 2013-11-21 20%↓　　344,000,000 ② 낙찰　 2013-12-26 낙찰자　김선태 응찰수　10명 낙찰액　391,300,000 　　　　(91.00%) 2위　　374,300,000 　　　　(87.05%) 허가　　2014-01-02 납부기한　2014-02-07 　　　　(납부완료) 종결　　2014-03-06	●법원임차조사 김민의　전입 2011.03.07 　　　　확정 2011.03.07 　　　　배당 2013.09.16 　　　(보) 250,000,000 　　　주거/전부 　　　점유기간 　　　2011.03.07-현재 *성명미상의 여자분의 개문 및 면담거부로 안내문을 남겨 두고 왔으나 아무 연락이 없 어 점유관계 미상이나, 이건 목적물 상의 주민등록 전입자 는 소유자가 아닌 세대주 김 민의의 주민등록표등본이 발 급되므로 그 등본에 의해 임 대차관계조사서에 일응 임차 인으로 등재함. 등록사항등 현황서는 발급되지 아니함	소유권 정건우 　　　2006.06.21 　　　전소유자:삼성물산 근저당 신한은행 　　　마포중앙 　　　2006.06.21 　　　96,000,000 가압류 황인청 　　　2012.11.29 　　　180,000,000 강 제 황인청 　　　2013.07.04 　*청구액:170,000,000원 등기부채권총액 276,000,000 　　　　　　　　　원 열람일자 : 2013.08.28

(1) 말소기준이 되는 권리

기준이 되는 권리는 2006년 6월 21일 신한은행 마포중앙의 9600만 원짜리 근저당권이다.

(2) 등기부상의 권리분석

등기부상의 권리로서 매수인에게 인수될 권리는 없다.

(3) 등기부 외의 권리분석

임차인은 말소기준권리보다 전입날짜가 늦어 매수인에게 대항력이 없다.

(4) 배당순서

순 위	종 류	배당자	배당액	비 고
1순위	경매비용		3,000,000	
2순위	근저당권	신한은행	96,000,000	말소기준권리
3순위	임차인	김민의	250,000,000	
4순위	가압류	황인청	42,300,000	

(5) 해설

세입자가 임차보증금 전액을 받아가기 때문에 명도에 별 어려움은 없어 보인다.

매수인이 인수해야 할 권리관계는 아무것도 없이 깨끗하다.

30. 오피스텔(2012-19778[1])

소 재 지	서울 서대문구 북가좌동 343-1 , -25 선정 8층 805호 [증가로 259]				
경 매 구 분	임의(기일)	채 권 자	신현달		
용 도	오피스텔(주거용)	채무/소유자	김수만	낙 찰 일 시	14.01.21 (74,015,000원)
감 정 가	87,000,000 (12.10.18)	청 구 액	240,000,000	다 음 예 정	
최 저 가	69,600,000 (80%)	토지총면적	7.13 ㎡ (2.16평)	경매개시일	12.10.16
입찰보증금	10% (6,960,000)	건물총면적	21.75 ㎡ (6.58평)	배당종기일	12.12.26
조 회 수	· 금일 1 | 공고후 197 | 누적 335		· 5분이상 열람 금일 0 | 누적 30		조회통계

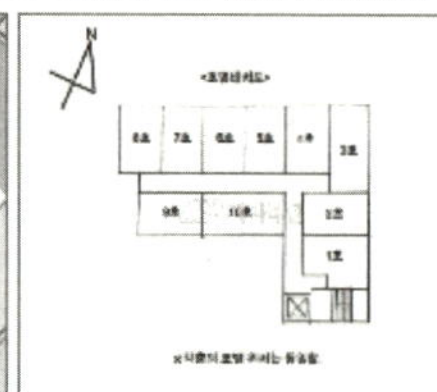

우편번호및주소/감정서	물건번호/면 적(㎡)	감정가/최저가/과정	임차조사	등기권리 NPL

120-130
서울 서대문구 북가좌동 343-1 , -25 선정 8층 805호 [증가로 259]
 	
●감정평가서정리
 - 철콘조평슬래브지붕
 - 근린생활시설및오피스텔
 - 지하철증산역동측인근
 - 주위도로변상가및업무용빌딩,배후주거지역 주상복합지대
 - 증산로및지하철6호선 증산역근접한증가로변 소재,교통편리
 - 난방설비
 - 장방형평지
 - 동측및북측도로접함
 	
 - 도시지역
  (2012.08.09)
 - 2종일반주거지역
  (7층이하)
 - 가축사육제한구역
  (2012.08.09)
 - 대공방어협조구역
  (2012.08.09)
 - 과밀억제권역
  (2012.08.09)
 	
2012.10.18 수감정
	물건번호: 1 번
	(총물건수 8건)
	
	1)대지 7.13/1065.7
	 (2.16평)
	건물 21.75
	 (6.58평)
	방1,공용면적:12.26
	10층-04.03.12보존
		감정가 87,000,000
		 · 대지 39,000,000
		   (44.83%)
		 (평당 18,055,556)
		
		 · 건물 48,000,000
		   (55.17%)
		 (평당 7,294,833)
		
		최저가 69,600,000
		   (80.0%)
		
		●경매진행과정
		   87,000,000
		 ① 유찰 2013-12-17
		
		 20%↓ 69,600,000
		 ② 낙찰 2014-01-21
		
		 낙찰자 장인선
		 응찰수 3명
		 낙찰액 74,015,000 (85.07%)
		 2위 73,100,000 (84.02%)
		
		 허가 2014-01-28
		 납부기한 2014-03-10
		   (납부완료)
		
		법원기일내역
			●법원임차조사
			홍성두 전입 2007.04.09
			 확정 2007.04.09
			 배당 2012.10.30
			 (보) 50,000,000
			 주거/805호방1
			 점유기간
			 2007.3.31-
			
			*폐문부재로 안내문을 남겨두고 왔으나 아무 연락이 없어 점유관계 미상이나, 주민등록 전입자는 소유자 김수만이 아닌 세대주 홍성두의 주민등록등본이 발급되므로 그 주민등록등본에 의해 임대차관계조사서에 일응 임차인으로 등재함. 등록사항등 현황서는 발급되지 아니함
			
			 총보증금:50,000,000
			
			●지지옥션세대조사
			전입세대없음
			주민센터확인:2013.12.04
				소유권 김수만
				 2004.03.12
				
				근저당 신현달
				 2011.04.08
				 60,000,000
				
				가압류 서현숙
				 2012.10.10
				 55,000,000
				
				임 의 신현달
				 2012.10.16
				 *청구액:240,000,000원
				
				가압류 우리은행
				 응암로
				 2013.04.12
				 175,000,000
				
				압 류 서대문세무서
				 2013.04.26
				
				임차권 홍성두
				 2013.09.30
				 50,000,000
				 전입:
				 2007.04.09
				 확정:
				 2007.04.07
				
				등기부채권총액 340,000,000
				 원
				
				열람일자 : 2013.12.02

(1) 말소기준이 되는 권리

기준이 되는 권리는 2011년 04월 08일 신현달의 6,000만원짜리 근저당권이다.

(2) 등기부상의 권리분석

등기부상의 권리로서 매수인에게 인수될 권리는 없다.

(3) 등기부 외의 권리분석

임차인은 말소기준권리보다 전입일자가 빨라서 매수인에게 대항력이 있다. 그러나 배당에서 보증금 전액을 배당받아 매수인이 인수하는 금액은 없다.

(4) 배당순서

순 위	종 류	배당자	배당액	비 고
1순위	경매비용		330,000	
2순위	임차인	홍성두	50,000,000	
3순위	근저당권	신현달	23,685,000	말소기준권리

(5) 해설

세입자가 임차보증금 전액을 받아가기 때문에 명도에 별 어려움은 없어 보인다.

매수인이 인수해야 할 권리관계는 아무것도 없이 깨끗하다.

31. 오피스텔(2013-1439)

소 재 지	서울 은평구 신사동 23-38 두성쉐르빌 5층 502호 [도로명주소]				
경 매 구 분	강제경매	채 권 자	최윤정		
용 도	오피스텔(주거용)	채무/소유자	이향오외5	매 각 일 시	14.01.28 (72,210,000원)
감 정 가	**100,000,000** (13.02.02)	청 구 액	20,000,000	종 국 결 과	14.04.04 배당종결
최 저 가	**64,000,000 (64%)**	토 지 면 적	12.08 ㎡ (3.65평)	경매개시일	13.01.18
입찰보증금	10% (6,400,000)	건 물 면 적	33.18 ㎡ (10.04평)	배당종기일	13.04.11
조 회 수	(단순조회 / 5분이상 열람) · 금일 1 / 0 · 금회차공고후 198 / 14 · 누적 350 / 85				[조회통계]
주 의 사 항	· 선순위가처분 [특수件분석신청]				

■ 참고사항

· 말소되지 않는 선순위 가처분 있으므로 입찰시 주의요함.

소재지/감정서	물건번호/면적(㎡)	감정가/최저가/과정	임차조사	등기권리
122-080 서울 은평구 신사동 23-38 두성쉐르빌 5층 502호 **감정평가정리** - 철콘조경사슬래브지붕 - 공동주택및오피스텔 - 응암전철역남서측인근 - 인근연립및다세대주택등공동주택,단독주택,도로변소규모근린시설소재 - 차량통행가능 - 인근도로에서버스및전철등제반대중교통이용가능 - 제반교통사정양호 - 거의정방형등고평탄지 - 세로의해차량접근가능 - 가스보일러개별난방 - 1종일반주거지역 - 가축사육제한구역 - 대공방어협조구역 - 정비구역 - 과밀억제권역 - 상대정화구역 2013.02.02 재우감정	물건번호: 단독물건 대지 12.08/166.6 (3.65평) 166.6(12.98/166.6) 건물 33.18 (10.04평) - 총5층 - 보존:2001.11.10 8세대	감정가　100,000,000 · 대지　35,000,000 (35%) (평당 9,589,041) · 건물　65,000,000 (65%) (평당 6,474,104) 최저가　64,000,000 (64.0%) **경매진행과정** ① 　100,000,000 2013-11-13 유찰 ② 20%↓　80,000,000 2013-12-18 유찰 ③ 20%↓　64,000,000 2014-01-28 매각 매수인　원세준 응찰수　8명 매각가　72,210,000 (72.21%) 2위　71,000,000 (71.00%) 허가　2014-02-05 납기　2014-03-14 납부 2014-04-04 종결	**법원임차조사** 주영남　전입 2008.12.31 주거/미상 점유기간 미상 조사서상 최윤정　전입 2009.02.04 확정 2009.02.04 (보) 20,000,000 주거/미상 점유기간 미상 조사서상 *폐문부재로 안내문을 남겨두고 왔으나 아무 연락이 없어 점유관계 미상이나, 이건 목적물 상의 주민등록 전입자는 소유자가 아닌 세대주 주영남, 최윤정의 주민등록표등본이 발급되므로 그들의 등본에 의해 임대차관계조사서에 일응 임차인으로 등재함.등록사항등 현황서는 발급되지 아니함. *주영남 : 임차인 주영남 대항요건을 갖춘 임차인 가능성있으므로 입찰시 확인 요함 **지지옥션세대조사** [세] 08.12.31 주영남 [세] 09.02.04 최윤정 주민센터확인:2013.11.01	가처분 김옥자 2009.04.15 2009카단3789서울서부이은정외3[ED] 임차권 최윤정 2012.02.13 20,000,000 전입: 2009.02.04 확정: 2009.02.04월세300,000 강제 최윤정 2013.01.22 *청구액:20,000,000원 채권총액 20,000,000원 열람일자 : 2013.10.29

(1) 말소기준이 되는 권리

기준이 되는 권리는 2013년 01월 22일 강제경매개시결정이다.

(2) 등기부상의 권리분석

등기부상의 권리로서 매수인에게 인수될 권리는 선순위 가처분 (2009.04.15.등기)가 있다.

(3) 등기부 외의 권리분석

임차인(주영남, 최윤정)은 말소기준권리보다 전입날짜가 빨라서 매수인에게 대항력이 있다.

(4) 배당순서

순 위	종 류	배당자	배당액	비 고
1순위	경매비용		1,090,000	
2순위	임차인	최윤정	20,000,000	
3순위	소유자	이향오외5	51,120,000	배당잉여금

(5) 해설

임차인은 대항력이 있으나, 배당요구를 하지않아 매수인이 추가적으로 물어주어야 할 보증금이 있다.

매수인이 인수해야 할 선순위 가처분등기가 있으므로 입찰에 신중해야한다.

32. 오피스텔(2014-44225)

소 재 지	경기 의정부시 의정부동 205-1 정우 11층 1103호 (11692) 경기 의정부시 호국로 1290				
경 매 구 분	강제경매	채 권 자	조상훈		
용 도	오피스텔	채무/소유자	최영만	매 각 일 시	15.05.04 (51,750,000원)
감 정 가	**60,000,000** (14.10.07)	청 구 액	45,000,000	종 국 결 과	15.06.23 배당종결
최 저 가	**38,400,000** (64%)	토 지 면 적	5.19 ㎡ (1.57평)	경매개시일	14.09.23
입찰보증금	10% (3,840,000)	건 물 면 적	30.75 ㎡ (9.3평)	배당종기일	14.12.09
조 회 수	(단순조회 / 5분이상 열람) ·금일 1 / 0 ·금회차공고후 **106** / 5 ·누적 **304** / 23				조회통계
주 의 사 항	·선순위가등기 [특수件분석신청] ·소멸되지 않는 권리 : 2013.7.25. 접수 제67368호 소유권이전청구권가등기				

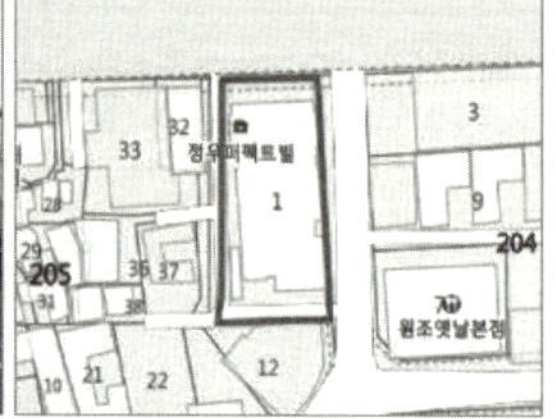

소재지/감정서	물건번호/면적(㎡)	감정가/최저가/과정	임차조사	등기권리
480-010 경기 의정부시 의정부동 205-1 정우 11층 1103호 [호국로 1290] **감정평가정리** - 철콘조평슬래브지붕 - 업무시설및1,2종근린 　생활시설 - 경기도교육청북부청사 　남측인근위치 - 주위근린시설등이루어 　진지역 - 차량진입가능,대중교 　통사정보통 - 인근버스(정)소재 - 세장형토지 - 북측및동측광대로및8 　m도로접함 - 대로2류(30-35m)접함 - 소로2류(8-10m)접함 - 일반상업지역 - 특정용도제한지구 - 과밀억제권역 - 철도보호지구 - 상대정화구역 　(의정부중앙초) 2014.10.07 한결감정	물건번호: 단독물건 대지 5.194/611.4 　(1.57평) 　₩18,000,000 건물 30.75 　(9.3평) 　₩42,000,000 　공용:18.877 - 총13층 - 승인:2003 - 보존:2003.06.11	감정가 · 　　60,000,000 　·대지　　18,000,000 　　　　　　(30%) 　(평당 11,464,968) 　·건물　　42,000,000 　　　　　　(70%) 　(평당 4,516,129) 최저가　　38,400,000 　　　　　　(64.0%) **경매진행과정** ① 　　　　60,000,000 　2015-02-23 유찰 ② 20%↓　48,000,000 　2015-03-30 유찰 ③ 20%↓　38,400,000 　2015-05-04 매각 	매수인	조상훈
응찰수	2명
매각가	51,750,000 (86.25%)	 허가　2015-05-11 납기　2015-06-23 2015-06-23 종결	**법원임차조사** 조상훈　전입 2007.11.05 　　　　확정 2007.11.05 　　　　(보)　45,000,000 　　　　주거/전부 　　　　점유기간 　　　　2007.11.06- 　　　　임차권자 　　　　등기부상 *현지 출장시 아무도 만나지 못하였고(폐문부재), 전입세대열람 결과 세대주가 존재하지 아니하며, 등록사항 등의 열람결과 대상 임차인이 없어 정확한 점유관계를 알 수 없음. 현관문에 조상훈 앞 전보(택배)도착 안내문이 게시(게시일은 2014.5.31)되어 있음. 2014년 9월 관리비고지서 내역상 세대 전기와 수도 사용량은 없음. **지지옥션세대조사** 전입세대 없음. 주민센터확인:2015.04.01	소유권 최영만 　2013.07.24 　전소유자:오미선 가등기 강남캐피탈대부 　2013.07.25 　　소유이전청구가등 압 류 북인천세무서 　2013.09.25 압 류 인천시 　2013.12.12 임차권 조상훈 　2013.12.31 　45,000,000 　전입: 　2007.11.05 　1차확정: 　2007.11.05 　보증금35,000,000 2 　차확정: 　2009.11.04 　보증금40,000,000 3 　차확정: 　2011.10.31 　보증금42,000,000 4 　차확정: 　2012.11.02 　보증금45,000,000 강 제 조상훈 　2014.09.23 　*청구액:45,000,000원 압 류 국민건강보험공단 　2014.11.11 　인천부평지사 　채권총액 45,000,000원 열람일자 : 2015.04.15

(1) 말소기준이 되는 권리

기준이 되는 권리는 2013년 09월 25일 압류등기이다.

(2) 등기부상의 권리분석

등기부상의 권리로서 매수인에게 인수될 권리는 선순위 가등기
(2013.07.25.등기)가 있다.

(3) 등기부 외의 권리분석

임차인(조상훈)은 말소기준권리보다 전입날짜가 빨라서 매수인에게 대
항력이 있다.

(4) 배당순서

순 위	종 류	배당자	배당액	비 고
1순위	경매비용		1,550,000	
2순위	임차인	조상훈	45,000,000	
3순위	소유자	최영만	5,200,000	배당잉여금

(5) 해설

임차인은 대항력이 있으나, 배당요구(강제 경매 신청)를 하여 전액배당
을 받아서 추가적으로 매수인이 물어주어야 할 보증금은 없다.
매수인이 인수해야 할 선순위 가등기가 있으므로 입찰에 신중해야
한다.

33. 단독주택(2011-20744)

소 재 지	서울 도봉구 방학동 628-22 [도로명주소]				
경매구분	임의(기일)	채 권 자	㈜제이앤제이대부		
용 도	단독주택	채무/소유자	손세택	낙찰일시	12.06.12 (198,700,000원)
감 정 가	325,783,600 (11.11.22)	청 구 액	60,000,000	종국결과	13.02.19 배당종결
최 저 가	166,802,000 (51%)	토지총면적	126.8 ㎡ (38.36평)	경매개시일	11.11.10
입찰보증금	10% (16,680,200)	건물총면적	87.89 ㎡ (26.59평)	배당종기일	12.01.19
조 회 수	· 금일 1 | 공고후 160 | 누적 451		· 5분이상 열람 금일 0 | 누적 0		[조회통계]

   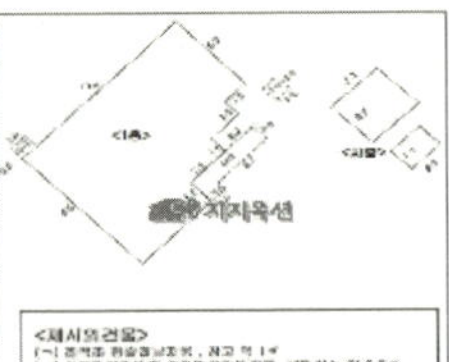

우편번호및주소/감정서	물건번호/면적(㎡)	감정가/최저가/과정	임차조사	등기권리
132-020 서울 도봉구 방학동 628-22 ●감정평가서정리 - 벽돌조세멘기와지붕 - 방학2동주민센터남동측인근 - 부근단독및연립,다세대주택등공동주택,상가등혼재된기존주택지대 - 차량출입가능하나다소불편 - 버스(정)인근소재 - 대중교통사정보통 - 방형의등고평탄지 - 동측일부3m내외도로접함 - 도시가스난방 - 2종일반주거지역 (7층이하) - 가축사육제한구역 - 대공방어협조구역 - 과밀억제권역 2011.11.22 안국감정 표준공시지가 : 1,130,000 감정지가 : 2,390,000	물건번호: 단독물건 대지 126.8 (38.36평) 건물 · 주택 68.4 (20.69평) 방3 · 지하실창고 13.19 (3.99평) 제시외 · 창고 1 (0.3평) · 보일러실 0.8 (0.24평) · 가추 4.5 (1.36평) 87.12.23보존	감정가 325,783,600 · 대지 303,052,000 (93.02%) (평당 7,900,209) · 건물 22,366,600 (6.87%) (평당 841,166) · 제시 365,000 (0.11%) 최저가 166,802,000 (51.2%) ●경매진행과정 325,783,600 ① 유찰 2012-03-06 20%↓ 260,627,000 ② 유찰 2012-04-10 20%↓ 208,502,000 ③ 유찰 2012-05-08 20%↓ 166,802,000 ④ 낙찰 2012-06-12	●법원임차조사 *소유자점유 ●지지옥션세대조사 [세] 01.02.03 손세택 주민센터확인:2012.02.24	[건물] 소유권 손세택 2000.12.13 저당권 솔로몬상호저축 [공동] 도곡 2010.03.09 221,000,000 저당권 제이앤제이대부 [공동] 2011.04.08 60,000,000 임 의 제이앤제이대부 [공동] 2011.11.10 *청구액:60,000,000원 임 의 솔로몬저축은행 [공동] 여신관리부 2011.11.10 2011타경19850 [토지] *健공동제외임 [+ 建공동포함보기] 소유권 손세택 2000.12.13 등기부채권총액 281,000,000 원 열람일자 : 2011.11.23

낙찰자	박홍순
응찰수	3명
낙찰액	198,700,000 (60.99%)
2위	196,300,000 (60.25%)

허가 2012-06-19

종결 2013-02-19

(1) 말소기준이 되는 권리

기준이 되는 권리는 2010년 3월 9일 솔로몬상호저축의 2억 2,100만
원짜리 저당권이다.

(2) 등기부상의 권리분석

등기부상의 권리로서 매수인에게 인수될 권리는 없다.

(3) 등기부 외의 권리분석

임대차관계를 살펴보면 소유자(채무자)가 직접 살고 있어 인수될 권
리는 없다.

(4) 배당순서

순 위	종 류	배당자	배당액	비 고
1순위	경매비용		1,900,000	
2순위	저당권	솔로몬상호저축	196,800,000	말소기준권리

(5) 해설

주인이 직접 살고 있어 명도가 비교적 쉬워 보인다.
매수인이 인수해야 할 권리관계는 아무것도 없이 깨끗하다.

34. 단독주택(2011-19243)

소 재 지	서울 광진구 자양동 225-58 [도로명주소]				
경 매 구 분	임의(기일)	채 권 자	신정신용협동조합		
용　　도	단독주택	채무/소유자	조진영/박용희	낙 찰 일 시	12.05.14 (433,880,000원)
감 정 가	452,340,000 (11.12.24)	청 구 액	294,425,292	종 국 결 과	12.06.29 배당종결
최 저 가	361,872,000 (80%)	토지총면적	93.2 ㎡ (28.19평)	경매개시일	11.12.20
입찰보증금	10% (36,187,200)	건물총면적	95.28 ㎡ (28.82평)	배당종기일	12.03.02
조 회 수	· 금일 1	공고후 355	누적 736	· 5분이상 열람 금일 0	누적 2		[조회통계]
주 의 사 항	· 일괄매각.제시외건물 포함.				

  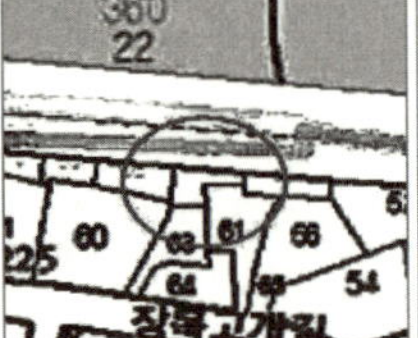 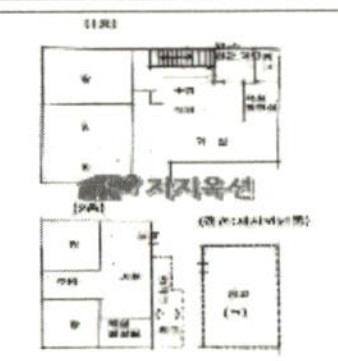

우편번호및주소/감정서	물건번호/면 적(㎡)	감정가/최저가/과정	임차조사	등기권리
143-190 서울 광진구 자양동 225-58 ●감정평가서정리 - 연와조평옥개 - 일강호남측인근 - 주위단독및다세대학교,도로따라상용각종근린시설등혼재한주거지역 - 차량접근가능 - 인근버스(정)및지하철(건대역)소재 - 제반교통사정무난 - 부정형등고평탄지 - 도시가스개별난방 - 도시지역 - 2종일반주거지역(7층이하) - 가축사육제한구역 - 대공방어협조구역(위탁고도:77-257m) - 과밀억제권역 - 학교환경위생정화구역 2011.12.24 삼상감정 표준공시지가 : 1,660,000 감정지가 : 4,200,000	물건번호: 단독물건 대지 93.2 　(28.19평) 건물 · 1층주택 35.64 　(10.78평) 　방3,실:68 · 2층주택 35.64 　(10.78평) 　방2,실:36 제시외 · 2층창고 17 　(5.14평) · 2층창고 7 　(2.12평) 2층-83.03.22보존	감정가　　452,340,000 · 대지　　391,440,000 　　　　(86.54%) (평당 13,885,775) · 건물　　52,000,000 　　　　(11.5%) (평당 1,804,303) · 제시　　8,900,000 　　　　(1.97%) 최저가　　361,872,000 　　　　(80.0%) ●경매진행과정 　　　452,340,000 ① 유찰　2012-04-02 20%↓　361,872,000 ② 낙찰　2012-05-14 	낙찰자	이승호
응찰수	14명
낙찰액	433,880,000 (95.92%)	 　허가　2012-05-21 납부기한　2012-06-28 　　　(납부완료) 　종결　2012-06-29	●법원임차조사 피기영　전입 2009.05.27 　　　확정 2009.05.11 　　　배당 2012.01.27 　　　(보) 70,000,000 　　　주거/2층 　　　점유기간 　　　2009.5.21-2011.5.21 *소유자점유,1층은 소유자가 점유 사용하고 있음 *관할 주민센터에 주민등록등재자를 조사한 바,소유자 박용희,세대주 피기영이 등재되어있음. ●지지옥션세대조사 [세] 09.07.28 박용희 [최] 83.11.09 박연경 [세] 09.05.27 피기영 주민센터확인:2012.03.20	[건물] 소유권 박용희 　　　1992.12.04 저당권 신정신협 [공동] 2010.10.28 　　　364,000,000 저당권 서대섭 [공동] 2011.04.29 　　　75,000,000 저당권 신용보증기금 [공동] 천안 　　　2011.05.27 　　　141,600,000 저당권 양재영 [공동] 2011.06.03 　　　120,000,000 임 의 신정신협 [공동] 2011.12.20 　　*청구액:294,425,292원 가압류 아주캐피탈 [공동] 강북채권센터 　　　2012.01.05 　　　10,929,604 임차권 피기영 　　　2012.01.06 　　　70,000,000 　　　전입: 　　　2009.05.27 　　　확정: 　　　2009.05.11 [토지]　*健공동제외임 [+ 建공동포함보기] 등기부채권총액 781,529,604 　　　　　　　원 열람일자 : 2012.01.20

(1) 말소기준이 되는 권리

기준이 되는 권리는 2010년 10월 28일 신정신협의 3억 6,400만원짜리 저당권이다.

(2) 등기부상의 권리분석

등기부상의 권리로서 매수인에게 인수될 권리는 없다.

(3) 등기부 외의 권리분석

임대차관계를 살펴보면 1층은 소유자(채무자)가 직접 살고 있고, 2층 임차인(피기영)은 대항력은 있으나, 보증금 전액을 배당받는다.

(4) 배당순서

순 위	종 류	배당자	배당액	비 고
1순위	경매비용		4,000,000	
2순위	임차인	피기영	70,000,000	
3순위	저당권	신정신협	359,880,000	말소기준권리

(5) 해설

임차인은 보증금 전액을 배당받아 명도가 비교적 쉬워 보인다.
매수인이 인수해야 할 권리관계는 아무것도 없이 깨끗하다.

35. 단독주택(2011-19313)

소 재 지	서울 은평구 응암동 451-10 [도로명주소]				
경 매 구 분	임의(기일)	채 권 자	연희신용협동조합		
용 도	단독주택	채무/소유자	양남수	낙 찰 일 시	12.09.12 (366,999,990원)
감 정 가	559,223,800 (11.11.19)	청 구 액	350,000,000	종 국 결 과	12.11.16 배당종결
최 저 가	286,322,000 (51%)	토지총면적	198 ㎡ (59.9평)	경매개시일	11.11.17
입찰보증금	10% (28,632,200)	건물총면적	139.5 ㎡ (42.2평)	배당종기일	12.01.30
조 회 수	· 금일 1 | 공고후 313 | 누적 1,310		· 5분이상 열람 금일 0 | 누적 0		[조회통계]
주 의 사 항	· 일괄매각				

우편번호및주소/감정서	물건번호/면 적(㎡)	감정가/최저가/과정	임차조사	등기권리
122-010 서울 은평구 응암동 451-10 ●감정평가서정리 - 연와조슬래브위기와즙 - 영락중학교서남측소재 - 주위단독및다세대주택 밀집한주거지대 - 응암로약150m상거한세로변소재,교통다소불편 - 장방형가까운평지 - 서남측도로접함 - 도로저촉 - 난방설비 - 준공년도:1980년6월 - 3종일반주거지역 - 가축사육제한구역 - 건폭허가,착공제한지역 - 대공방어협조구역 (위탁고도:77-257m) - 정비구역 (주택재개발사업) - 과밀억제권역 - 상대정화구역 (최종확인관할교육청 반드시확인필요한사항임) 2011.11.19 수감정 표준공시지가 : 1,780,000 감정지가 : 2,660,000	물건번호: 단독물건 대지 198 (59.9평) 건물 ·1층주택 70.08 (21.2평) ·2층주택 47.6 (14.4평) ·지하실 21.82 (6.6평) 2층-88.05.03보존	감정가 559,223,800 · 대지 526,680,000 (94.18%) (평당 8,792,654) · 건물 32,543,800 (5.82%) (평당 771,180) 최저가 286,322,000 (51.2%) ●경매진행과정 559,223,800 ① 유찰 2012-03-21 20%↓ 447,379,000 ② 유찰 2012-04-25 20%↓ 357,903,000 ③ 변경 2012-05-30 357,903,000 ③ 유찰 2012-08-08 20%↓ 286,322,000 ④ 낙찰 2012-09-12 낙찰자 이성근 응찰수 16명 낙찰액 366,999,990 (65.63%) 허가 2012-09-19 납부기한 2012-10-26 (납부완료) 종결 2012-11-16	●법원임차조사 *폐문부재로 안내문을 남겨두고 왔으나 아무 연락이 없어 점유관계 미상이나, 본건 목적물 상에 주민등록 전입세대가 소유자 세대 뿐이므로 그 주민등록표등본을 확인함. ●지지옥션세대조사 세 91.05.04 양남수 주민센터확인:2012.03.08	[건물] 소유권 양남수 1988.11.09 저당권 연희신협 [공동] 2008.12.02 455,000,000 저당권 종로광장(새) [공동] 2010.04.12 11,700,000 임 의 연희신협 [공동] 2011.11.17 *청구액:350,000,000원 [토지] *健공동제외임 + 健공동포함보기 소유권 양남수 1988.11.09 임 의 연희신협 2011.11.17 *청구액:350,000,000원 등기부채권총액 466,700,000원 열람일자 : 2011.12.12

(1) 말소기준이 되는 권리

기준이 되는 권리는 2008년 12월 2일 연희신협의 4억 5,500만원짜
리 저당권이다.

(2) 등기부상의 권리분석

등기부상의 권리로서 매수인에게 인수될 권리는 없다.

(3) 등기부 외의 권리분석

임대차관계를 살펴보면 소유자(채무자)가 직접 살고 있어 인수될 권
리는 없다.

(4) 배당순서

순 위	종 류	배당자	배당액	비 고
1순위	경매비용		4,300,000	
2순위	저당권	연희신협	362,699,990	말소기준권리

(5) 해설

주인이 직접 살고 있어 명도가 비교적 쉬워 보인다.

매수인이 인수해야 할 권리관계는 아무것도 없이 깨끗하다.

36. 단독주택(2012-18664)

소 재 지	서울 동작구 상도동 350-3 [도로명주소]				
경 매 구 분	임의(기일)	채 권 자	웅진수산업협동조합		
용 도	단독주택	채무/소유자	이현숙	낙 찰 일 시	12.12.27 (313,100,000원)
감 정 가	470,177,260 (12.07.09)	청 구 액	305,223,287	종 국 결 과	13.03.27 배당종결
최 저 가	300,914,000 (64%)	토지총면적	165 ㎡ (49.91평)	경매개시일	12.06.14
입찰보증금	10% (30,091,400)	건물총면적	97.26 ㎡ (29.42평)	배당종기일	12.09.10
조 회 수	· 금일 1 | 공고후 173 | 누적 586		· 5분이상 열람 금일 0 | 누적 2		조회통계

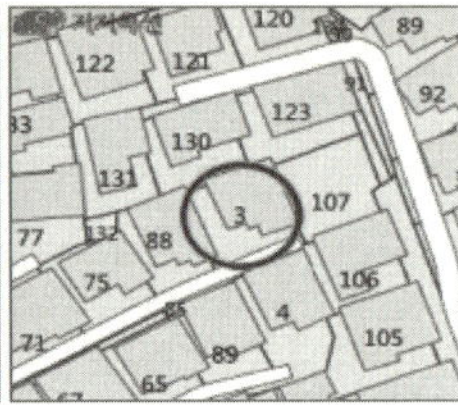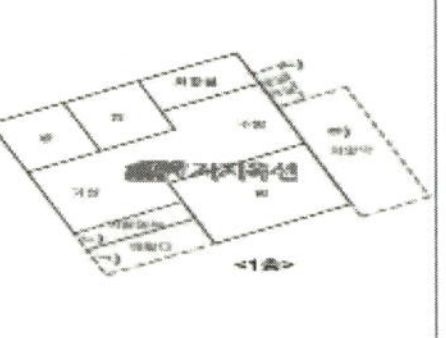

우편번호및주소/감정서	물건번호/면 적(㎡)	감정가/최저가/과정	임차조사	등기권리
156-030 서울 동작구 상도동 350-3 ●감정평가서정리 - 도로명주소:서울 동작구 상도로15가길 32-11 - 연와조세멘와즙 - 강현중학교남동측인근 - 주위단독주택및다세대주택혼재,부근각급학교,은행,관공서,생활편의시설등소재 - 차량접근가능 - 인근노선버스(정)소재 - 제반교통사정보통 - 등고평탄한사다리형토지 - 남측으로2m내외도로인접 - 도시가스난방 - 도시지역 - 2종일반주거지역 (7층이하) 2012.07.09 하나감정 표준공시지가 : 1,600,000 감정지가 : 2,810,000	물건번호: 단독물건 대지 165 (49.91평) 건물 · 주택 69.06 (20.89평) 방3 제시외 · 베란다 6 (1.82평) · 거실일부 4 (1.21평) · 보일러실 2 (0.6평) · 차양막 16.2 (4.9평) 83.04.04보존	감정가　　470,177,260 · 대지　　463,650,000 　　　　　　(98.61%) (평당 9,289,721) · 건물　　4,903,260 　　　　　　(1.04%) (평당 166,664) · 제시　　1,624,000 　　　　　　(0.35%) 최저가　　300,914,000 　　　　　　(64.0%) ●경매진행과정 　　　　　　470,177,260 ① 유찰　　2012-10-18 20%↓　　376,142,000 ② 유찰　　2012-11-22 20%↓　　300,914,000 ③ 낙찰　　2012-12-27 낙찰자　　유상일 응찰수　　1명 낙찰액　　313,100,000 (66.59%) 허가　　2013-01-03 납부기한　2013-03-15 (납부완료) 종결　　2013-03-27	●법원임차조사 *소유자점유. 2회방문하였으나폐문부재이고관할주민센터전입세대확인의뢰본건에는소유자세대이외에전입세대없다고함 ●지지옥션세대조사 세 08.10.17 김승범 주민센터확인:2012.10.24	【건물】 소유권　이현숙 2012.02.06 전소유자:씨엠글로벌 근저당　웅진수협 [공동]　간석남 2012.02.06 390,000,000 압 류　국민건강보험 동작지사 2012.05.04 임 의　웅진수협 [공동]　간석남 2012.06.14 *청구액:305,223,287원 【토지】　*健공동제외임 [+建공동포함보기] 소유권　이현숙 2012.02.06 전소유자:씨엠글로벌 등기부채권총액 390,000,000원 열람일자 : 2012.07.19

(1) 말소기준이 되는 권리

기준이 되는 권리는 2012년 2월 6일 옹진수협의 3억 9,000만원짜리 근저당권이다.

(2) 등기부상의 권리분석

등기부상의 권리로서 매수인에게 인수될 권리는 없다.

(3) 등기부 외의 권리분석

임대차관계를 살펴보면 소유자(채무자)가 직접 살고 있어 인수될 권리는 없다.

(4) 배당순서

순 위	종 류	배당자	배당액	비 고
1순위	경매비용		4,000,000	
2순위	근저당권	옹진수협	309,100,000	말소기준권리

(5) 해설

주인이 직접 살고 있어 명도가 비교적 쉬워 보인다.
매수인이 인수해야 할 권리관계는 아무것도 없이 깨끗하다.

37. 단독주택(2012-29763)

소 재 지	서울 성북구 장위동 233-81 [장위로30길 30]				
경매구분	임의(기일)	채 권 자	월곡(새)		
용 도	단독주택	채무/소유자	박래장	낙 찰 일 시	13.02.19 (658,320,000원)
감 정 가	822,888,000 (12.10.04)	청 구 액	509,632,210	종 국 결 과	13.05.07 배당종결
최 저 가	658,310,000 (80%)	토지총면적	291 ㎡ (88.03평)	경매개시일	12.09.18
입찰보증금	10% (65,831,000)	건물총면적	190.92 ㎡ (57.75평)	배당종기일	12.12.04
조 회 수	· 금일 1	공고후 129	누적 269	· 5분이상 열람 금일 0	누적 0	조회통계
주 의 사 항	· 일괄매각. 제시외건물포함 · 건물중 지하실부분은 공부상 8.73㎡이나 현황은 약25㎡임				

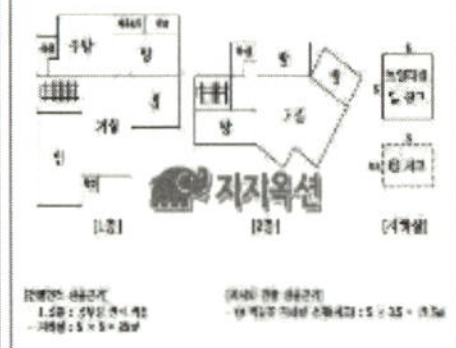

우편번호및주소/감정서	물건번호/면 적(㎡)	감정가/최저가/과정	임차조사	등기권리
136-140 서울 성북구 장위동 233-81 [장위로30길 30] ●감정평가서정리 - 연와조평옥개및오지기와즙지붕 - 장위동성당남서측인근 - 주위단독주택,다세대주택,공동주택소재한 정비된주거지대 - 차량접근가능,제반교통사정무난 - 인근버스(정)소재 - 사다리형북서하향완경사지 - 북측세로(가)도로접함 - 녹지연결,저촉 - 도시가스난방 - 도시지역 - 2종일반주거지역 - 가축사육제한구역 - 대공방어협조구역 (77-257m) - 재개발구역 - 재정비촉진지구 - 과밀억제권역 - 상대정화구역 2012.10.04 서울감정 표준공시지가 : 2,160,000 감정지가 : 2,700,000	물건번호: 단독물건 대지 291 (88.03평) 건물 · 1층주택 110.64 (33.47평) 방3,다용도실,창고 · 2층주택 54.05 (16.35평) 방3 · 지하실 8.73 (2.64평) 현:일부보일러실 실:25 제시외 · 차고 17.5 (5.29평) 2층-00.07.31보존	감정가 822,888,000 · 대지 785,700,000 (95.48%) (평당 8,925,366) · 건물 35,438,000 (4.31%) (평당 613,645) · 제시 1,750,000 (0.21%) 최저가 658,310,000 (80.0%) ●경매진행과정 822,888,000 ① 유찰 2013-01-15 20%↓ 658,310,000 ② 낙찰 2013-02-19 **낙찰자** 우영인 **응찰수** 1명 **낙찰액** 658,320,000 (80.00%) 허가 2013-02-26 납부기한 2013-04-05 (납부완료) 종결 2013-05-07	●법원임차조사 *소유자점유 ●지지옥션세대조사 세 01.12.26 박래장 주민센터확인:2013.02.06	**건물** 소유권 박래장 2002.06.22 전소유자:김현진 근저당 월곡(새) [공동] 2011.12.08 650,000,000 근저당 한상각 [공동] 2011.12.27 50,000,000 임 의 월곡(새) [공동] 2012.09.18 *청구액:509,632,210원 **토지** *健공동제외임 + 建공동포함보기 소유권 박래장 2002.06.22 전소유자:김현진 압 류 국민건강보험 성북지사 2012.06.22 등기부채권총액 700,000,000 원 열람일자 : 2012.10.15

(1) 말소기준이 되는 권리

기준이 되는 권리는 2011년 12월 8일 월곡(새)의 6억 5,000만원짜리 근저당권이다.

(2) 등기부상의 권리분석

등기부상의 권리로서 매수인에게 인수될 권리는 없다.

(3) 등기부 외의 권리분석

임대차관계를 살펴보면 소유자(채무자)가 직접 살고 있어 인수될 권리는 없다.

(4) 배당순서

순 위	종 류	배당자	배당액	비 고
1순위	경매비용		5,400,000	
2순위	근저당권	월곡(새)	650,000,000	말소기준권리
3순위	근저당권	한상각	2,920,000	

(5) 해설

주인이 직접 살고 있어 명도가 비교적 쉬워 보인다.
매수인이 인수해야 할 권리관계는 아무것도 없이 깨끗하다.

38. 단독주택(2013-8657)

소 재 지	서울 성북구 안암동3가 134-11 [보문로18길 54-7]				
경매구분	임의(기일)	채 권 자	우리파인제3차유동화전문유한회사(양도인:(주)우리은행)		
용 도	단독주택	채무/소유자	조순희	낙찰일시	14.01.23 (340,000,000원)
감 정 가	656,650,000 (13.03.13)	청 구 액	295,041,840	다음예정	
최 저 가	268,964,000 (41%)	토지총면적	205 ㎡ (62.01평)	경매개시일	13.03.08
입찰보증금	10% (26,896,400)	건물총면적	56.96 ㎡ (17.23평)	배당종기일	13.06.04
조 회 수	·금일 1	공고후 254	누적 1,160	·5분이상 열람 금일 0	누적 95 · 조회통계
주의사항	·건물면적이 공부상 54.55㎡이나 현황은 약 67.5㎡이며, 공부상 지붕이 와즙이나 현황은 아스팔트싱글 지붕임. ·2013.06.04 가등기권자 김복현 담보가등기신고및채권계산서 제출				

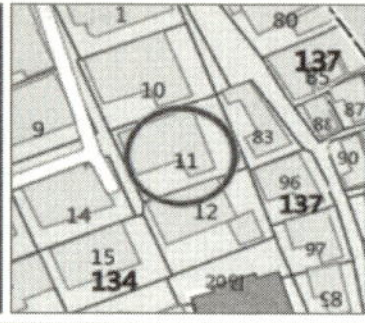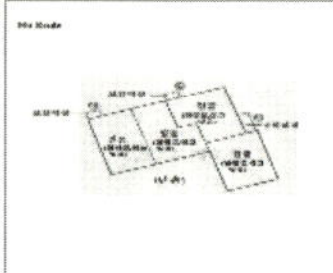

NPL정보
- · 관리회사 : **우리AMC**
- - 해당물건 : 서울특별시성북구안암동3가134-11 (토지, 건물) / 단독주택

우편번호및주소/감정서	물건번호/면 적(㎡)	감정가/최저가/과정	임차조사	등기권리 NPL

136-073
서울 성북구 안암동3가 134-11 [보문로18길 54-7]
 	
●감정평가서정리
- 연와조와즙(현:아스팔트싱글지붕)
- 삼익아파트북측인근
- 주위단독및다세대주택 혼재형성된주택지대, 상가,관공서,금융기관 등생활편의시설인근소재
- 차량접근불가능
- 시내및마을버스(정)인근소재
- 교통사정보통
- 사각형경사지
- 북서측일부4m,남서측 1.5m막다른골목길접함,북서측지적도상4m 남서측으로연결된도로는중간지점에계단2곳있어차량접근불가능, 인접도로상태불량
- 사유공물(일부사도)
- 개별가스보일러난방
 	
- 2종일반주거지역(7층이하)
- 개발행위허가제한지역
- 가축사육제한구역
- 대공방어협조구역(위탁고도:77-257m)
- 과밀억제권역
- 상대정화구역
 	
2013.03.13 Capital감정
 	
표준공시지가 : 1,890,000
감정지가 : 3,113,000
	물건번호: 단독물건
	대지 205
	(62.01평)
	건물
	·주택 54.55
	(16.5평)
	실:67.5
	원룸4개(화장실,싱크 있음)
	제시외
	·보일러실 0.45
	(0.14평)
	·보일러실 0.6
	(0.18평)
	·보일러실 1.36
	(0.41평)
	1층-83.05.24보존
		감정가 656,650,000
		·대지 638,165,000
		(97.18%)
		(평당 10,291,324)
		
		·건물 17,955,000
		(2.73%)
		(평당 1,042,078)
		·제시 530,000
		(0.08%)
		
		최저가 268,964,000
		(41.0%)
		
		●경매진행과정
		  656,650,000
		① 유찰 2013-07-25
		20%↓ 525,320,000
		② 유찰 2013-08-29
		20%↓ 420,256,000
		③ 유찰 2013-10-10
		20%↓ 336,205,000
		④ 변경 2013-11-14
		  336,205,000
		④ 유찰 2013-12-19
		20%↓ 268,964,000
		⑤ 낙찰 2014-01-23
			●법원임차조사
			*소유자점유. 2회 방문하였으나 폐문부재이고, 관할 주민센터 전입세대 확인의뢰 결과 본건에는 소유자세대 이외에 전입세대 없다고 함.
			
			●지지옥션세대조사
			[세] 12.11.22 조순희
			주민센터확인:2013.07.15
				건물
				소유권 조순희
				1983.05.24
				
				근저당 우리은행
				[공동] 성수남
				2011.08.12
				342,000,000
				
				가등기 김복현
				[공동] 2012.11.02
				소유이전청구가등
				
				가압류 한국외환은행
				[공동] 카드채권관리
				2012.11.16
				16,851,325
				
				가압류 농협은행
				[공동] 서울여신관리
				2013.03.08
				5,230,947
				
				임 의 우리은행
				[공동] 여신관리부
				2013.03.11
				*청구액:295,041,840원
				
				가압류 우리카드
				[공동] 채권관리부
				2013.04.22
				16,676,688
				
				가압류 신한카드
				[공동] 2013.05.16
				10,731,963
				
				가압류 티와이머니대부
				[공동] 엔피엘2팀
				2013.05.31
				19,702,353
				
				토지 *건공동제외임
				+ 建공동포함보기
				
				소유권 조순희
				1983.05.24
				
				등기부채권총액 411,193,276
				원
				
				열람일자 : 2013.12.03

낙찰자 **정재형**
응찰수 **3명**
낙찰액 **340,000,000** (51.78%)
2위 **312,000,000** (47.51%)

허가 2014-02-03
납부기한 2014-03-10 (납부완료)

법원기일내역

(1) 말소기준이 되는 권리

기준이 되는 권리는 2011년 08월 12일 우리은행 성수남의 3억 4,200만원짜리 근저당권이다.

(2) 등기부상의 권리분석

등기부상의 권리로서 매수인에게 인수될 권리는 없다.

(3) 등기부 외의 권리분석

임대차관계를 살펴보면 소유자(채무자)가 직접 살고 있어 인수될 권리는 없다.

(4) 배당순서

순 위	종 류	배당자	배당액	비 고
1순위	경매비용		4,200,000	
2순위	근저당권	우리은행 성수남	335,800,000	말소기준권리

(5) 해설

주인이 직접 살고 있어 명도가 비교적 쉬워 보인다.
매수인이 인수해야 할 권리관계는 아무것도 없이 깨끗하다.

39. 단독주택(2013-1509)

소 재 지	경기 평택시 오성면 창내리 108-23 [도로명주소]				
경매구분	강제경매	채 권 자	임정선		
용 도	단독주택	채무/소유자	홍순덕	매각일시	16.01.25 (40,011,000원)
감 정 가	**166,131,400** (15.01.30)	청 구 액	16,625,000	종국결과	16.04.06 배당종결
최 저 가	**27,922,000** (17%)	토지면적	0 ㎡ (0평)	경매개시일	14.12.23
입찰보증금	10% (2,792,200)	건물면적	233.9 ㎡ (70.75평)	배당종기일	15.03.16
조 회 수	(단순조회 / 5분이상 열람) · 금일 1 / 0 · 금회차공고후 151 / 24 · 누적 802 / 93				조회통계
주의사항	·선순위가처분 ·건물만입찰 [특수件분석신청] · 소멸되지 않는 권리 : 수원지방법원 평택지원 등기과 접수 제53719호 가처분등기				

■ 참고사항

·관련사건☞ 평택지원 2012가단6610 (건물철거 및 토지인도)   ·건물만의 매각임.이 사건 건물에 대하여 건물철거판결이 확정됨.(수원지법 2013나7339)

소재지/감정서	물건번호/면적(㎡)	감정가/최저가/과정	임차조사	등기권리

451-871
경기 평택시 오성면 창내리 108-23
 	
감정평가정리
- 건물만입찰
- 벽돌조(철근)콘크리트지붕
- 원창마을내위치
- 건물은사용승인을받지아니한상태로서일반건축물대장에등재되어있지않으며,가처분등기의촉탁으로2014.9.16일자로소유권보존등기만되어있는상태이며,등기사항전부증명서상면적과개략적인실측면적에다소차이가있으나그정도가미미하여등기사항전부증명서상면적을기준으로평가하였으니참조바람
- 심야전기보일러및심야전기온수난방
 	
2015.01.30 멤버스감정
	물건번호: 단독물건
	
	건물
	· 1층창고 136.83
	  (41.39평)
	  ₩66,895,200
	  실:136.8
	· 2층주택 97.07
	  (29.36평)
	  ₩99,236,200
	  방3,실:97.1
	- 총2층
		감정가 166,131,400
		· 건물 166,131,400
		　(100%)
		(평당 2,348,147)
		
		최저가 27,922,000
		　(16.8%)
		
		경매진행과정
		① 166,131,400
		　2015-07-27 유찰
		② 30%↓ 116,292,000
		　2015-08-31 유찰
		③ 30%↓ 81,404,000
		　2015-10-12 유찰
		④ 30%↓ 56,983,000
		　2015-11-16 유찰
		⑤ 30%↓ 39,888,000
		　2015-12-21 유찰
		⑥ 30%↓ 27,922,000
		　2016-01-25 매각
			법원임차조사
			*채무자 겸 소유자 홍순덕이 점유하고 있으며 다른 임차인 없다고 진술.전입세대열람내역 및 평택세무서 등록사항 등의 열람결과 등재된 임차인 없음
			
			지지옥션세대조사
			전입세대없음
			주민센터확인:2015.07.10
				소유권 홍순덕
				2014.09.16
				
				가처분 임정선
				2014.09.16
				2014카단582수원평택☞
				
				강 제 임정선
				2014.12.23
				*청구액:16,625,000원
				
				열람일자 : 2016.01.07
				**건물등기임

매수인	송성훈
응찰수	3명
매각가	40,011,000 (24.08%)
2위	37,000,000 (22.27%)
3위	32,111,000 (19.33%)

허가 2016-02-01
납기 2016-03-11
납부 2016-02-23

2016-04-06 종결

(1) 말소기준이 되는 권리

기준이 되는 권리는 2014년 12월 23일 강제경매개시결정이다.

(2) 등기부상의 권리분석

등기부상의 권리로서 매수인에게 인수될 권리는 선순위 가처분등기
(2014.09.16.등기)가 있다.

(3) 등기부 외의 권리분석

임대차관계를 살펴보면 채무자(소유자)가 직접 살고 있어 인수될 권
리는 없다.

(4) 배당순서

순 위	종 류	배당자	배당액	비 고
1순위	경매비용		990,000	
2순위	강제	임정선	16,620,000	말소기준권리
3순위	소유자	홍순덕	22,400,000	배당잉여금

(5) 해설

주인이 직접 살고 있어 명도가 비교적 쉬워 보인다.
매수인이 인수해야 할 선순위 가처분등기가 있으므로 입찰에 신중
해야한다.

40. 단독주택(2015-9375)

병합/중복	2015-11682(중복-양서농협)				
소 재 지	경기 양평군 양서면 목왕리 475-1 , 476-17 (12579) 경기 양평군 양서면 목왕리길 148번길 7-6				
경매구분	임의경매	채 권 자	김현주 ▶MORE		
용 도	단독주택	채무/소유자	이영섭	매 각 일 시	16.02.24 (301,100,000원)
감 정 가	231,844,000 (15.08.28)	청 구 액	120,000,000	다 음 예 정	
최 저 가	162,291,000 (70%)	토지면적	371 m² (112.23평)	경매개시일	15.06.29
입찰보증금	10% (16,229,100)	건물면적	195.96 m² (59.28평)	배당종기일	15.11.17
조 회 수	〈 단순조회 / 5분이상 열람 〉 · 금일 1 / 0 · 금회차공고후 536 / 122 · 누적 1,156 / 216				조회통계
주의사항	· 선순위가등기 [특수權분석신청] · 소멸되지 않는 권리 : 목록1 ~ 갑구 순위2번 소유권이전등기청구권가등기(1999. 10. 30. 등기)는 말소되지 않으므로 권리관계 확인 후 입찰요망				

소재지/감정서	물건번호/면 적(m²)	감정가/최저가/과정	임차조사	등기권리
476-822 경기 양평군 양서면 목왕리 475-1 ,476-17 [목왕리길148번길 7-6] 감정평가액 　건물:117,576,000 **감정평가정리** - 블럭조슬래브지붕(현: 경사슬래브위싱글지붕) - 보일러난방 ------------------------ - 일괄입찰 - 양서면사무소동측직선거리4km지점위치한동막마을내 소재 - 인근빌내선권수덕, 종가주택, 농경지및야산등이루어진농촌지대 - 차량접근가능 - 인근버스(정)소재 - 제반교통사정보통 - 제형의유사한토지로서인근일대북하향완경사지 - 북측본건토지일부이용한폭2-3m도로접함 - 계획관리지역 - 자연보전권역 - 공장설립승인지역(2013.03.25) - 배출시설설치제한지역 - 수질보전특별대책지역(1권역) 2015.08.28 자은감정	물건번호: 단독물건 건물 · 1층주택 121.17 　(36.65평) 　₩72,702,000 　방2.화장실2 · 2층주택 74.79 　(22.62평) 　₩44,874,000 　방1 - 총2층 - 보존:2000.04.17	감정가　　231,844,000 · 대지　　114,268,000 　　　　　(49.29%) (평당 1,018,159) · 건물　　117,576,000 　　　　　(50.71%) (평당 1,983,401) 최저가　　162,291,000 　　　　　(70.0%) **경매진행과정** ① 　　　　231,844,000 　2016-01-13 유찰 ② 30%↓ 　162,291,000 　2016-02-24 매각 매수인　이정수 응찰수　4명 매각가　301,100,000 (129.87%) 허가　2016-03-02 납기　2016-04-22 납부　2016-04-22 **법원기일내역**	**법원임차조사** 정성태　전입 2013.12.17 　　　　확정 2013.12.30 　　　　배당 2015.11.18 　　(보)　200,000,000 　　주거/방3 　　점유기간 　　2013.11.19-2015.11.18 *소유자 친누나인 이유자가족이 점유사용한다는 이유자 전술이나, 주민등록 전입자인 임차인으로 보고함. 총보증금:200,000,000 **지지옥션세대조사** 세 13.10.21 정** 세 13.12.17 정** 주민센터확인:2015.12.29	소유권 이영섭 　　　2000.04.17 근저당 양서농협 　　　2010.05.11 　　　150,000,000 가처분 이유자 　　　2014.05.01 　　　2014카단436수원여주[확정] 근저당 김현주 　　　2015.06.03 　　　120,000,000 임 의 김현주 　　　2015.06.29 　　　*청구액:120,000,000원 임 의 양서농협 　　　2015.08.19 　　　2015타경11682 채권총액 270,000,000원 열람일자 : 2015.08.26
476-822 경기 양평군 양서면 목왕리 475-1 감정평가액 　토지:114,268,000 **감정평가정리** - 476-17번지와일단지 표준지가 : 153,000 감정지가 : 308,000	대지 371 (112.23평) ₩114,268,000 소유자미상소나무, 단풍나무,주목,향나무등20여주포함		**법원임차조사** *소유자 친누나인 이유자가족이 점유사용한다는 이유자 전술임.	가등기 이동자 　　　1999.10.30 　　　소유이전청구가등 소유권 이영섭 　　　2004.12.22 　　　전소유자:이동자 근저당 양서농협 　　　2010.05.11 　　　150,000,000 가처분 이유자 　　　2014.05.01 　　　2014카단436수원여주[확정] 근저당 김현주 　　　2015.06.03 　　　120,000,000 임 의 김현주 　　　2015.06.29 　　　*청구액:120,000,000원 임 의 양서농협 　　　2015.08.19 　　　2015타경11682 채권총액 270,000,000원 열람일자 : 2015.08.26

(1) 말소기준이 되는 권리

기준이 되는 권리는 2010년 05월 11일 근저당권이다.

(2) 등기부상의 권리분석

토지등기부상의 권리로서 매수인에게 인수될 권리는 선순위 가등기
(1999.10.30.등기)가 있다.

(3) 등기부 외의 권리분석

임차인(정성태)은 말소기준권리보다 전입날짜가 늦어서 매수인에게 대
항력이 없다.

(4) 배당순서

순 위	종 류	배당자	배당액	비 고
1순위	경매비용		2,520,000	
2순위	근저당권	양서농협	150,000,000	
3순위	근저당권	김현주	120,000,000	
4순위	소유자	이영섭	28,580,000	배당잉여금

(5) 해설

임차인은 대항력이 없고, 배당을 받지 못하여 명도에 어려움이 있을
것으로 사료된다.

특히 임차인이 배당요구종기일(2015.11.17) 후 배당신청(2015.11.18)으로
배당을 받을 수 없다.

매수인이 인수해야 할 선순위 가등기등기가 있으므로 입찰에 신중
해야한다.

41. 토지(2011-17408)

소 재 지	경기 여주시 강천면 걸은리 653-4 [도로명주소] (구: 경기 여주군 강천면 걸은리 653-4)				
경 매 구 분	임의(기일)	채 권 자	엄애경		
용 도	전	채무/소유자	우경자/이병택	낙 찰 일 시	12.07.30 (14,130,000원)
감 정 가	13,020,000 (11.12.26)	청 구 액	36,000,000	종 국 결 과	12.10.22 배당종결
최 저 가	13,020,000 (100%)	토지총면적	186 m² (56.26평)	경매개시일	11.12.12
입찰보증금	10% (1,302,000)	건물총면적	0 m² (0평)	배당종기일	12.03.19
조 회 수	· 금일 1 │ 공고후 46 │ 누적 55		· 5분이상 열람 금일 0 │ 누적 0		[조회통계]
주 의 사 항	· 농지취득자격증명 [특수件분석신청] · 농지취득자격증명 제출요(미 제출시 보증금 몰수)				

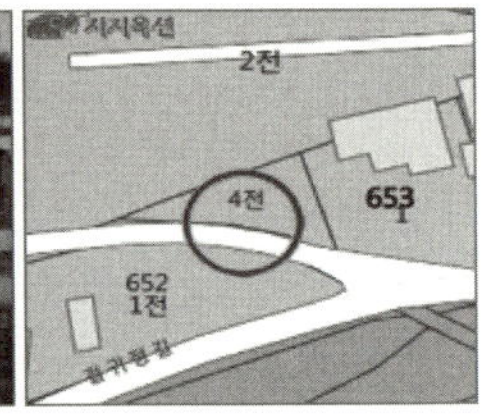

우편번호및주소/감정서	물건번호/면 적(㎡)	감정가/최저가/과정	임차조사	등기권리

469-862
 경기 여주시 강천면 걸은
 리 653-4
 (구: 경기 여주군 강천면
 걸은리 653-4)
 	
 ●감정평가서정리
 - 걸촌동마을내위치
 - 주위농가주택,단독주
 택,농경지등혼재
 - 차량접근가능,교통사
 정보통
 - 버스(정)인근소재
 - 부정형등고평탄지
 - 남측2m도로개설
 	
 - 계획관리지역
 - 자연취락지구
 (걸은)
 - 자연보전권역
 - 배출시설설치제한지역
 - 한강폐기물매립시설설
 치제한지역
 	
 2011.12.26 자은감정
 	
 표준공시지가 : 18,000
 감정지가 : 70,000
	물건번호: 단독물건
	
	 전 186
	 (56.26평)
	 농취증필요
		감정가 13,020,000
		 · 토지 13,020,000
		        (100%)
		 (평당 231,426)
		
		 최저가 13,020,000
		        (100.0%)
		
		 ●경매진행과정
		        13,020,000
		 ① 낙찰 2012-07-30
		
		 낙찰자 최종진
		 응찰수 3명
		 낙찰액 14,130,000
		       (108.53%)
		
		 허가 2012-08-06
		 납부기한 2012-09-13
		      (납부완료)
		
		 종결 2012-10-22
				소유권 이병택
				     1990.11.19
				
				 저당권 임애경
				     2011.02.22
				     25,000,000
				
				 임 의 임애경
				     2011.12.13
				  *청구액:36,000,000원
				
				 등기부채권총액 25,000,000
				        원
				
				 열람일자 : 2012.07.13

(1) 말소기준이 되는 권리

기준이 되는 권리는 2011년 2월 22일 임애경의 2,500만원짜리 저당
권이다.

(2) 등기부상의 권리분석

등기부상의 권리로서 매수인에게 인수될 권리는 없다.

(3) 배당순서

순 위	종 류	배당자	배당액	비 고
1순위	경매비용		1,300,000	
2순위	저당권	임애경	12,830,000	말소기준권리

(4) 해설

농지취득자격증명의 발급여부를 입찰전에 확인하여야 한다.
매수인이 인수해야 할 권리관계는 아무것도 없이 깨끗하다.

42. 토지(2011-16863)

소 재 지	경기 양평군 강하면 성덕리 61-1 [도로명주소]				
경매구분	임의(기일)	채 권 자	차양운		
용 도	전	채무/소유자	김영상	낙찰일시	12.10.29 (72,160,000원)
감 정 가	120,000,000 (11.12.08)	청 구 액	100,000,000	종국결과	12.12.17 배당종결
최 저 가	61,440,000 (51%)	토지총면적	1000 ㎡ (302.5평)	경매개시일	11.11.29
입찰보증금	10% (6,144,000)	건물총면적	0 ㎡ (0평)	배당종기일	12.03.05
조 회 수	· 금일 1	공고후 96	누적 469	· 5분이상 열람 금일 0	누적 0 [조회통계]
주의사항	· 농지취득자격증명 [특수件분석신청] · 농지취득자격증명 제출요(미 제출시 보증금 몰수).				

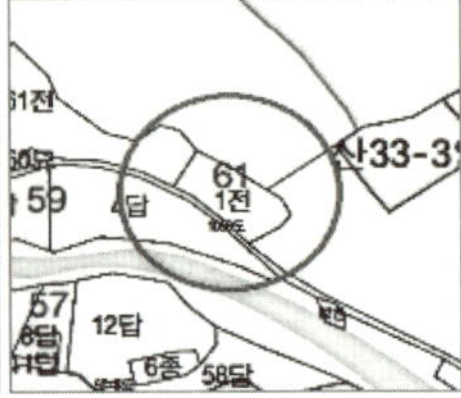

우편번호및주소/감정서	물건번호/면 적(㎡)	감정가/최저가/과정	임차조사	등기권리
476-922 경기 양평군 강하면 성덕리 61-1 ●감정평가서정리 - 이주마을남동측근거리 　산간계곡지대임야하단 　부에소재 - 부근세로변계곡따라전 　원주택지일부소재하나 　대체로산간농경지및산 　림지대 - 간선도로에서진입한지 　역,도로여건협소 - 교통사정다소불편 - 부정형완경사지,남서 　측도로부지보다높게석 　축됨 - 남서측소폭도로부지있 　으나일부폐도상태,인 　근차량접근가능한여건 - 보전녹지지역 - 자연보전권역 - 수질보전특별대책지역 　(1권역) 2011.12.08 동현감정 표준공시지가 : 32,000 감정지가 : 120,000	물건번호: 단독물건 전 1000 (302.5평) 장기간휴경지상태 농취증필요	감정가　　120,000,000 ·토지　　120,000,000 　　　　　　(100%) (평당 396,694) 최저가　　　61,440,000 　　　　　　(51.2%) ●경매진행과정 　　　　　120,000,000 ① 유찰　2012-05-21 20%↓　　96,000,000 ② 변경　2012-06-25 　　　　　 96,000,000 ② 유찰　2012-08-27 20%↓　　76,800,000 ③ 유찰　2012-09-24 20%↓　　61,440,000 ④ 낙찰　2012-10-29 낙찰자　　박종엽 응찰수　　2명 낙찰액　72,160,000 　　　　(60.13%) 허가　2012-11-05 납부기한　2012-12-14 　　　　(납부완료) 종결　2012-12-17		소유권 김영상 　2005.10.13 　전소유자:김영환 저당권 차양운 　2011.10.27 　100,000,000 임 의 차양운 　2011.11.30 　*청구액:100,000,000원 등기부채권총액 100,000,000 　　　　　　　　원 열람일자 : 2011.12.27

(1) 말소기준이 되는 권리

기준이 되는 권리는 2011년 10월 27일 차양운의 1억원짜리 저당권이다.

(2) 등기부상의 권리분석

등기부상의 권리로서 매수인에게 인수될 권리는 없다.

(3) 배당순서

순 위	종 류	배당자	배당액	비 고
1순위	경매비용		2,160,000	
2순위	저당권	차양운	70,000,000	말소기준권리

(4) 해설

농지취득자격증명의 발급여부를 입찰 전에 확인하여야 한다.
매수인이 인수해야 할 권리관계는 아무것도 없이 깨끗하다.

43. 토지(2012-3956)

소 재 지	경기 이천시 신둔면 용면리 364-2 [도로명주소]				
경 매 구 분	임의(기일)	채 권 자	㈜신한저축은행(변경전:㈜토마토저축은행)		
용 도	답	채무/소유자	건덕테크/오순분	낙 찰 일 시	12.09.10 (71,234,500원)
감 정 가	58,710,000 (12.04.03)	청 구 액	600,000,000	종 국 결 과	12.11.05 배당종결
최 저 가	58,710,000 (100%)	토지총면적	618 ㎡ (186.94평)	경매개시일	12.03.19
입찰보증금	10% (5,871,000)	건물총면적	0 ㎡ (0평)	배당종기일	12.06.25
조 회 수	· 금일 1 | 공고후 48 | 누적 50		· 5분이상 열람 금일 0 | 누적 0		[조회통계]
주 의 사 항	· 농지취득자격증명 [특수件분석신청] · 농지취득자격증명원요함(미제출시 매수신청보증금 몰취)				

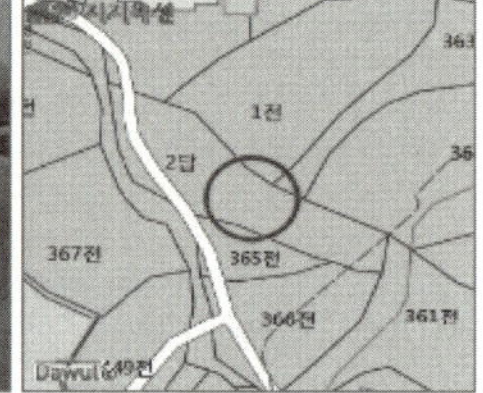

우편번호및주소/감정서	물건번호/면 적(㎡)	감정가/최저가/과정	임차조사	등기권리

467-841
경기 이천시 신둔면 용면리 364-2
 	
●감정평가서정리
- 용면마을북서측인근
- 부근농경지,단독주택 혼재하는마을주변농경지대
- 소형차량접근가능
- 지방도(무촌-궁평간도로)북서측인근
- 제반교통사정보통
- 부정형동측하향완경사지
- 서측3m도로접함
 	
- 접도구역
- 계획관리지역
- 배출시설설치제한지역
- 수질보전특별대책지역 (2권역)
 	
2012.04.03 대원감정
 	
표준공시지가 : 63,000
감정지가 : 95,000
	물건번호: 단독물건
	
	답 618
	  (186.94평)
	현:전
	농취증필요
		감정가 58,710,000
		 · 토지 58,710,000
		          (100%)
		 (평당 314,058)
		
		최저가 58,710,000
		          (100.0%)
		
		●경매진행과정
		          58,710,000
		① 낙찰 2012-09-10
		
		낙찰자 신재민
		응찰수 2명
		낙찰액 71,234,500
		          (121.33%)
		
		허가 2012-09-17
		납부기한 2012-10-26
		          (납부완료)
		
		종결 2012-11-05
				소유권 오순분
				       2002.11.16
				전소유자:이준기
				
				근저당 토마토상호저축
				       2008.06.09
				       600,000,000
				
				지상권 토마토상호저축
				       2008.06.09
				       30년
				
				임 의 신한저축은행 여신관리팀
				       2012.03.19
				*청구액:600,000,000원
				
				등기부채권총액 600,000,000원
				
				열람일자 : 2012.04.13

(1) 말소기준이 되는 권리

기준이 되는 권리는 2008년 6월 9일 토마토상호저축의 6억원짜리 근저당권이다.

(2) 등기부상의 권리분석

등기부상의 권리로서 매수인에게 인수될 권리는 없다.

(3) 배당순서

순 위	종 류	배당자	배당액	비 고
1순위	경매비용		5,100,000	
2순위	저당권	토마토저축은행	66,134,500	말소기준권리

(4) 해설

농지취득자격증명의 발급여부를 입찰전에 확인하여야 한다.
매수인이 인수해야 할 권리관계는 아무것도 없이 깨끗하다.

44. 토지(2012-4792)

소 재 지	경기 안성시 발화동 241 [도로명주소]				
경 매 구 분	임의(기일)	채 권 자	우리이에이제18차유동화전문유한회사(변경전:농협은행 ㈜)		
용 도	답	채무/소유자	유애린	낙 찰 일 시	12.11.19 (152,000,000원)
감 정 가	290,284,000 (12.03.29)	청 구 액	112,318,534	종 국 결 과	13.01.30 배당종결
최 저 가	148,626,000 (51%)	토지총면적	2341 ㎡ (708.15평)	경매개시일	12.03.23
입찰보증금	10% (14,862,600)	건물총면적	0 ㎡ (0평)	배당종기일	12.06.11
조 회 수	· 금일 1 | 공고후 41 | 누적 137		· 5분이상 열람 금일 0 | 누적 0		[조회통계]
주 의 사 항	· 농지취득자격증명 [특수件분석신청] · 농지취득자격증명 제출 요함(미제출시 매수보증금 몰수).				

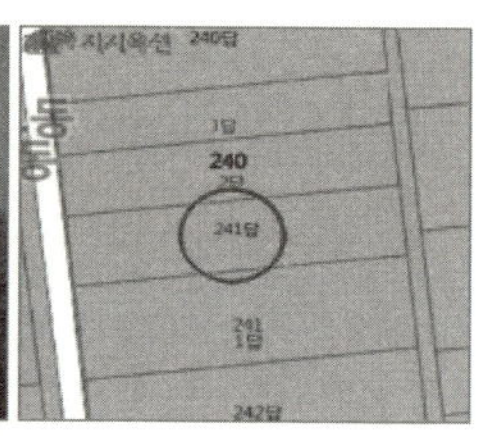

우편번호및주소/감정서	물건번호/면 적(㎡)	감정가/최저가/과정	임차조사	등기권리
456-140 경기 안성시 발화동 241 ●감정평가서정리 - 가온고교동측인근 - 주변근교경지정리된순 　수농경지대 - 차량접근가능 - 대중교통편의성보통 - 세장형평지 - 폭3m정도농기계출입로 　통해서측약6m정도도로 　접함 - 생산녹지지역 - 농업진흥구역 - 성장관리권역 2012.03.29 하일감정 표준공시지가 : 65,000 감정지가 : 124,000	물건번호: 단독물건 답 2341 　(708.15평) 　농취증필요	감정가　　290,284,000 · 토지　　290,284,000 　　　　　　　(100%) 　(평당 409,919) 최저가　　　148,626,000 　　　　　　　(51.2%) ●경매진행과정 　　　　　290,284,000 　① 유찰　2012-07-30 　20%↓　232,227,000 　② 유찰　2012-09-03 　20%↓　185,782,000 　③ 유찰　2012-10-15 　20%↓　148,626,000 　④ 낙찰　2012-11-19 　낙찰자　　이회주 　응찰수　　　1명 　낙찰액　152,000,000 　　　　　（52.36%) 　허가　　2012-11-26 　납부기한　2012-12-28 　　　　　（납부완료) 　종결　　2013-01-30	●법원임차조사 *점유자를 만나지 못하여 확인불능.	소유권 유애린 　　　1999.06.14 근저당 농협중앙 　　　안성시지부 　　　2009.01.12 　　　100,000,000 지상권 농협중앙 　　　안성시지부 　　　2009.01.12 　　　30년 근저당 농협중앙 　　　안성시지부 　　　2010.04.09 　　　30,000,000 임 의 농협은행 　　　수원여신관리단 　　　2012.03.27 　*청구액:112,318,534원 등기부채권총액 130,000,000 　　　　　　　　　원 열람일자 : 2012.04.13

(1) 말소기준이 되는 권리

기준이 되는 권리는 2009년 1월 12일 농협중앙의 1억원짜리 근저당권이다.

(2) 등기부상의 권리분석

등기부상의 권리로서 매수인에게 인수될 권리는 없다.

(3) 배당순서

순 위	종 류	배당자	배당액	비 고
1순위	경매비용		2,500,000	
2순위	근저당권	농협중앙	100,000,000	말소기준권리
3순위	근저당권	농협중앙	30,000,000	
4순위	소유자	유애린	19,500,000	

(4) 해설

농지취득자격증명의 발급여부를 입찰전에 확인하여야 한다.
매수인이 인수해야 할 권리관계는 아무것도 없이 깨끗하다.

소 재 지	경기 용인시 처인구 백암면 고안리 1112-17 [도로명주소]				
경매구분	임의(기일)	채 권 자	용인축산업협동조합		
용 도	전	채무/소유자	문종만/성선영외3	낙찰일시	13.03.20 (169,730,000원)
감 정 가	256,956,000 (11.11.29)	청 구 액	203,119,059	종국결과	13.06.14 배당종결
최 저 가	164,452,000 (64%)	토지총면적	2254 ㎡ (681.84평)	경매개시일	11.11.24
입찰보증금	10% (16,445,200)	건물총면적	0 ㎡ (0평)	배당종기일	12.02.06
조 회 수	· 금일 1	공고후 101	누적 174	· 5분이상 열람 금일 0	누적 0	[조회통계]	
주 의 사 항	· 농지취득자격증명 [특수件분석신청] · 농지취득자격증명 필요함.				

   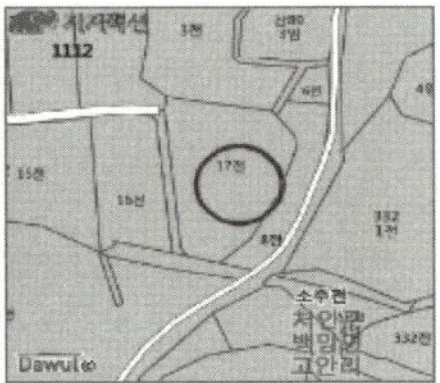

우편번호및주소/감정서	물건번호/면 적(㎡)	감정가/최저가/과정	임차조사	등기권리
449-863 경기 용인시 처인구 백암면 고안리 1112-17 ●감정평가서정리 - 주천마을남서측인근 - 부근농경지,농촌마을및임야(야산)등혼재한 시외곽농촌지역 - 차량접근용이 - 비교적근버스(정)소재 - 교통사정보통 - 서하향계단식완경사의 부정형평지, 북측및동측토지보다2-3m고지 - 남측및서측세로(가)도로접함 - 계획관리지역 - 자연보전권역 - 배출시설설치제한구역 2011.11.29 우진감정 표준공시지가 : 90,000 감정지가 : 114,000	물건번호: 단독물건 전 2254 (681.84평) 농취증필요	감정가 256,956,000 · 토지 256,956,000 (100%) (평당 376,857) 최저가 164,452,000 (64.0%) ●경매진행과정 256,956,000 ① 유찰 2013-01-16 20%↓ 205,565,000 ② 유찰 2013-02-15 20%↓ 164,452,000 ③ 낙찰 2013-03-20 낙찰자 심상훈 응찰수 1명 낙찰액 169,730,000 (66.05%) 허가 2013-03-27 납부기한 2013-05-07 (납부완료) 종결 2013-06-14		근저당 용인축협 수지동천 2008.02.18 195,000,000 지상권 용인축협 수지동천 2008.02.18 30년 근저당 용인축협 수지동천 2008.07.16 39,000,000 가압류 수지농협 2011.08.29 6,915,557 가압류 수지농협 2011.09.02 8,476,117 가압류 이상빈 2011.09.02 37,500,000 소유권 성선영외3 2011.11.10 전소유자:문종만 임 의 용인축협 2011.11.25 *청구액:203,119,059원 가압류 용인축협 2011.12.02 17,325,490 등기부채권총액 304,217,164원 열람일자 : 2012.12.28

(1) 말소기준이 되는 권리

기준이 되는 권리는 2008년 2월 18일 용인축협 수지동천의 1억9,500만원짜리 근저당권이다.

(2) 등기부상의 권리분석

등기부상의 권리로서 매수인에게 인수될 권리는 없다.

(3) 배당순서

순 위	종 류	배당자	배당액	비 고
1순위	경매비용		3,200,000	
2순위	근저당권	용인축협	166,530,000	말소기준권리

(4) 해설

농지취득자격증명의 발급여부를 입찰 전에 확인하여야 한다.
매수인이 인수해야 할 권리관계는 아무것도 없이 깨끗하다.

46. 토지(2012-13267)

소 재 지	경기 이천시 단월동 2 [도로명주소]				
경 매 구 분	임의(기일)	채 권 자	이천(새)		
용 도	전	채무/소유자	주금숙	낙 찰 일 시	14.01.08 (329,099,000원)
감 정 가	1,219,350,000 (12.09.12)	청 구 액	514,278,310	다 음 예 정	
최 저 가	255,717,000 (21%)	토지총면적	8129 ㎡ (2459.02평)	경매개시일	12.08.28
입찰보증금	10% (25,571,700)	건물총면적	0 ㎡ (0평)	배당종기일	12.11.28
조 회 수	· 금일 1 | 공고후 220 | 누적 748		· 5분이상 열람 금일 0 | 누적 118		[조회통계]
주 의 사 항	· 농지취득자격증명 [특수件분석신청] · 농지취득자격증명원 요함(미제출시 매수신청보증금 몰취)				

   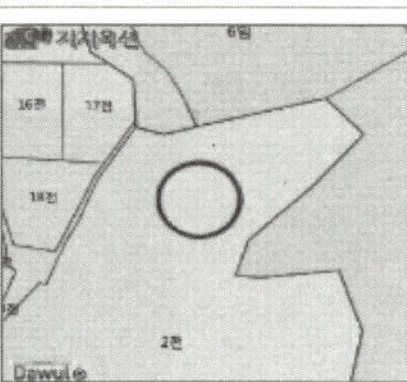

우편번호및주소/감정서	물건번호/면 적(㎡)	감정가/최저가/과정	임차조사	등기권리

467-120
경기 이천시 단월동 2
 	
●감정평가서정리
 - 단월초등교남동측근거
  리위치
 - 주위농경지,임야등혼
  재한지대
 - 차량접근가능,제반교
  통사정다소불편
 - 버스(정)다소근거리소
  재
 - 부정형완경사지
 - 서측3-4m도로접함
 	
 - 생산관리지역
 - 비행안전구역
  (5구역,지원)
 - 제한보호구역
  (지원/헬기:2km)
 - 자연보전권역
 - 배출시설설치제한지역
 - 수질보전특별대책지역
 	
2012.09.12 베스트감정
 	
표준공시지가 : 60,000
감정지가 : 150,000
	물건번호: 단독물건
	
	전 8129
	(2459.02평)
	농취증필요
		감정가 　 1,219,350,000
		 ·토지 　 1,219,350,000
		 　　　　　　(100%)
		(평당 495,868)
		
		최저가 　 255,717,000
		 　　　　　　(21.0%)
		
		●경매진행과정
		　　　　 1,219,350,000
		① 유찰 　 2013-04-29
		
		20%↓ 　 975,480,000
		② 유찰 　 2013-06-03
		
		20%↓ 　 780,384,000
		③ 유찰 　 2013-07-10
		
		20%↓ 　 624,307,000
		④ 유찰 　 2013-08-14
		
		20%↓ 　 499,446,000
		⑤ 유찰 　 2013-09-16
		
		20%↓ 　 399,557,000
		⑥ 유찰 　 2013-10-23
		
		20%↓ 　 319,646,000
		⑦ 유찰 　 2013-11-27
		
		20%↓ 　 255,717,000
		⑧ 낙찰 　 2014-01-08
		
		낙찰자 　 최상원
		응찰수 　 10명
		낙찰액 　 329,099,000
		　　　　 (26.99%)
		
		허가 　 2014-01-16
		납부기한 　 2014-02-28
		　　　　 (납부완료)
		
		종결 　 2014-03-26
				근저당 이천(새)
				　 2011.03.18
				　 650,000,000
				
				지상권 이천(새)
				　 2011.03.18
				　 30년
				
				근저당 정지수
				　 2011.06.30
				　 400,000,000
				
				임 의 이천(새)
				　 2012.08.29
				　 *청구액:514,278,310원
				
				등기부채권총액
				　 1,050,000,000원
				
				열람일자 : 2013.10.08

(1) 말소기준이 되는 권리

기준이 되는 권리는 2011년 03월 18일 이천(새)의 6억5,000만원짜리 근저당권이다.

(2) 등기부상의 권리분석

등기부상의 권리로서 매수인에게 인수될 권리는 없다.

(3) 배당순서

순 위	종 류	배당자	배당액	비 고
1순위	경매비용		5,700,000	
2순위	근저당권	이천(새)	323,399,000	말소기준권리

(4) 해설

농지취득자격증명의 발급여부를 입찰 전에 확인하여야 한다.
매수인이 인수해야 할 권리관계는 아무것도 없이 깨끗하다.

47. 토지(2013-38469[1])

병합/중복	2013-53826(병합-고향숙), 2013-45931(중복-김은애)

관련물건번호	<	**1** 종결	**2** 종결	**3** 종결	**4** 종결	>

소 재 지	경기 연천군 장남면 반정리 산35 [도로명주소]				
경매구분	강제경매	채 권 자	조상기		
용 도	임야	채무/소유자	고간란	매각일시	14.08.11 (27,500,000원)
감 정 가	**92,556,000** (13.08.13)	청 구 액	415,873,028	종국결과	14.10.30 배당종결
최 저 가	**24,263,000** (26%)	토지면적	7713 ㎡ (2333.18평)	경매개시일	13.08.06
입찰보증금	10% (2,426,300)	건물면적	0 ㎡ (0평)	배당종기일	13.10.21
조 회 수	(단순조회 / 5분이상 열람) ·금일 1 / 0 ·금회차공고후 62 / 6 ·누적 360 / 33				조회통계
주의사항	·선순위가처분 [특수件분석신청] · 소멸되지 않는 권리 : 2003.07.10.(소유권이전등기말소등기청구권 가처분)				

■ 참고사항

·민간인통제구역내소재. 현황: 임야 및 지뢰지대.

  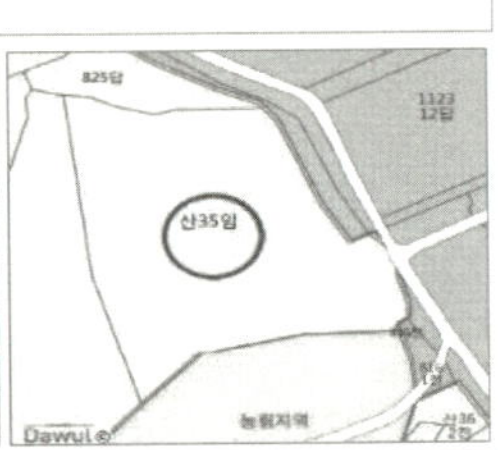

소재지/감정서	물건번호/면적(㎡)	감정가/최저가/과정	임차조사	등기권리
486-890 경기 연천군 장남면 반정리 산35 [감정평가정리] - 민간인통제구역내소재 - 경순왕릉남서측원거리소재 - 전,답등농경지,자연적임야형성된순수농경지대 - 차량접근가능 - 민간인통제구역내소재해제반대중교통사정불편 - 부정형북동향완경사지,자연림 - 동측약2-3m비포장도로접함 - 보전관리지역 - 통제보호구역 - 준보전산지 - 공장설립제한지역(2012.11.23) 2013.08.13 대가감정 표준지가 : 2,300 개별지가 : 2,300 감정지가 : 12,000	물건번호: 1 번 (총물건수 4건) 1)임야 7713 (2333.18평) 현:일부지뢰지대	감정가 92,556,000 ·토지 92,556,000 (100%) (평당 39,669) 최저가 24,263,000 (26.2%) [경매진행과정] ① 92,556,000 2014-01-06 유찰 ② 20%↓ 74,045,000 2014-02-10 유찰 ③ 20%↓ 59,236,000 2014-03-17 유찰 ④ 20%↓ 47,389,000 2014-04-21 유찰 ⑤ 20%↓ 37,911,000 2014-05-26 유찰 ⑥ 20%↓ 30,329,000 2014-06-30 유찰 ⑦ 20%↓ 24,263,000 2014-08-11 매각 매수인 김희철 응찰수 3명 매각가 27,500,000 (29.71%) 허가 2014-08-18 납기 2014-09-19 납부 2014-10-30 종결	[법원임차조사] ·현지 출장시 아무도 만나지 못하여 점유관계를 알 수 없음	소유권 고간란 1995.05.15 가처분 송찬옥 2003.07.10 2003카단8575의정부 GO 가압류 김은애 2007.05.11 200,000,000 2007카단50477의정부 GO 가처분 이조왕외4 2008.07.18 2008카합479의정부 GO 가압류 조상기 2008.10.10 350,000,000 2008카단52243의정부 GO 강제 조상기 2013.08.06 ·청구액:415,873,028원 강제 김은애 2013.09.06 2013타경45931 채권총액 550,000,000원 열람일자 : 2014.02.26

(1) 말소기준이 되는 권리

기준이 되는 권리는 2007년 5월 11일 가압류이다.

(2) 등기부상의 권리분석

등기부상의 권리로서 매수인에게 인수될 권리는 선순위 가처분(2003.07.10.등기)가 있다.

(3) 배당순서

순 위	종 류	배당자	배당액	비 고
1순위	경매비용		660,000	
2순위	가압류	김은애	9,760,000	말소기준권리
3순위	가압류	조상기	17,080,000	

(4) 해설

매수인이 인수해야 할 선순위 가처분등기가 있으므로 입찰에 신중해야한다.

48. 토지(2014-2820[1])

<table>
<tr><td rowspan="2">관련물건번호</td><td>< </td><td>1
종결</td><td>2
종결</td><td>></td></tr>
</table>

소 재 지	경기 평택시 진위면 은산리 264 [도로명주소]		
경매구분	강제경매	채 권 자	근로복지공단
용 도	전	채무/소유자	정병훈	매 각 일 시	14.12.22 (4,000,000원)
감 정 가	10,730,000 (14.03.10)	청 구 액	6,346,550	종 국 결 과	15.06.04 배당종결
최 저 가	3,681,000 (34%)	토지면적	145 ㎡ (43.86평)	경매개시일	14.02.25
입찰보증금	10% (368,100)	건물면적	0 ㎡ (0평)	배당종기일	14.05.19
조 회 수	(단순조회 / 5분이상 열람) · 금일 1 / 0 · 금회차공고후 42 / 1 · 누적 172 / 7				[조회통계]
주 의 사 항	·선순위가등기 ·맹지 ·농지취득자격증명 [특수件분석신청] ·소멸되지 않는 권리 : 1991.3.30.자 접수13063호 소유권이전청구권 가등기		

■ 참고사항

·농지취득자격증명원 제출요함(미제출시 보증금을 몰수함) 현황상 임야 맹지.갑구2번 소유권이전등기청구권 가등기(1991.3.30.등기)는 말소하지 않고 매수인이 인수함. 만약 가등기된 매매예약이 완결되는 경우에는 매수인은 소유권을 상실하게됨

  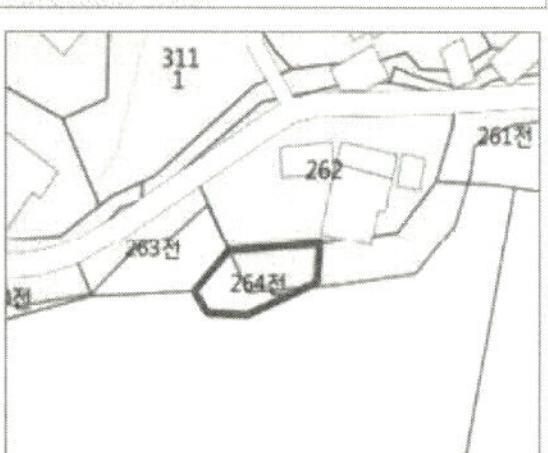

소재지/감정서	물건번호/면 적(㎡)	감정가/최저가/과정	임차조사	등기권리

451-865
경기 평택시 진위면 은산리 264
 	
[감정평가정리]
 	
- 방촌마을내소재
- 주위농가주택,전,답,임야등혼재하는농촌지대
- 인근및본건차량출입가능
- 제반교통사정다소불편
- 완경사지내부정형토지
- 영농여건불리농지
 	
- 보전관리지역
(2010.9.15)
- 공장설립제한지역
(2012-11-23)
 	
2014.03.10 청암감정
 	
표준지가 : 43,000
개별지가 : 48,200
감정지가 : 74,000
	물건번호: 1 번
	(총물건수 2건)
	
	1)전 145
	(43.86평)
	₩10,730,000
	현:임야
	맹지
	농취증필요
		감정가 10,730,000
		· 토지 10,730,000
		    (100%)
		(평당 244,642)
		
		최저가 3,681,000
		    (34.3%)
		
		[경매진행과정]
		① 10,730,000
		   2014-09-01 유찰
		
		② 30%↓ 7,511,000
		   2014-10-06 유찰
		
		③ 30%↓ 5,258,000
		   2014-11-10 유찰
		
		④ 30%↓ 3,681,000
		   2014-12-22 매각
		
		매수인 양승미
		응찰수 1명
		매각가 4,000,000
		(37.28%)
		
		허가 2014-12-29
		납기 2015-02-06
		납부 2015-01-15
		
		2015-06-04 종결
			[법원임차조사]
			
			*점유자를 만나지 못하여 조사불능
				소유권 정병훈
				1987.10.20
				
				가등기 정종택
				1991.03.30
				소유이전청구가등
				
				가압류 중소기업은행
				여신관리부
				2010.12.31
				6,409,980
				2010카단93680서울
				중앙GO
				
				강 제 근로복지공단
				2014.02.25
				근로복지공단안양지
				사가입지원1부
				*청구액:6,346,550원
				
				채권총액 6,409,980원
				
				열람일자 : 2014.09.19

(1) 말소기준이 되는 권리

기준이 되는 권리는 2010년 12월 31일 가압류이다.

(2) 등기부상의 권리분석

등기부상의 권리로서 매수인에게 인수될 권리는 선순위 가등기
(1991.03.30.등기)가 있다.

(3) 배당순서

순 위	종 류	배당자	배당액	비 고
1순위	경매비용		670,000	
2순위	가압류	중소기업은행	1,670,000	말소기준권리
3순위	강제	근로복지공단	1,660,000	

(4) 해설

농지취득자격증명의 발급여부를 입찰전에 확인하여야 한다.
매수인이 인수해야 할 선순위 가등기가 있으므로 입찰에 신중해야
한다.

지지옥션이
전국연회원 께 드리는 약속

전국연회원은 월별, 지역단위 이용료에 비해 저렴한 가격으로 정보를 이용할 수 있어 경제적입니다.
더불어 전용 상담 전화와 채팅창, 물건 분석신청과 각종 강좌 무료 수강 등 다양한 혜택이 제공됩니다.

전국연회원 혜택

1. 반값 할인 효과

월단위, 지역단위로 지지옥션 정보를 이용하는 것에 비해 전국 1년 이용료는 50%이상 저렴한 가격이어서
매우 경제적입니다. (권역1개월 합 216,000원 X 12개월 = 2,592,000원)

2. 컨설팅보고서 무료 출력 서비스

경매정보를 버튼 하나만 클릭하는 것으로도 알찬 보고서 형태로 자동 생성 및 출력할 수 있는
컨설팅보고서(특허 제10-0728136호)를 무료로 제공합니다.

3. 특수물건 심층분석 의뢰 서비스

특수물건 심층분석을 신청하시면 법무팀에서 조사하여, 분석 의견을 정리하여 제공합니다.
신청은 경매물건 상세페이지에서 하실 수 있으며, 신청 후 24시간 이내 답변드립니다.
답변은 신청회원에게 우선 공개되며 공개 48시간 후 타회원에게 공개됩니다.

4. 전용 채팅창 신설

문자 채팅으로 상담의 편리함을 더했습니다. 권리분석, 물건상담, 불편사항, 무엇이든 의견 주시면 즉시 답변 드립니다.

5. 지지옥션 특강, 정규 강좌, 사이버강좌 무료 수강

- 연간 3~7회 가량 진행하는 모든 특강 무료 참석이 가능합니다. (1인 / 모든 특강)
- 지지탑 경매특강을 무료로 수강하실 수 있습니다. (아래 두 강좌 중 택1 / 본인 혹은 지정자 1인에게 양도 가능)
    1. 지지탑경매 '일요경매특강'(1일 / 총8시간 강좌 / 10만원 상당)
    2. '실전경매솔루션'(3주 / 총18시간 강좌 / 30만원 상당)
- 유료 사이버강좌 결제 시 25% 할인된 금액으로 이용하실 수 있습니다. (2014.4.10 시행)
- 12개 사이버강좌를 무료로 이용하실 수 있습니다. (pc뿐 아니라 모바일 시청 가능)
- 상품권결제회원 등 할인회원제외

6. 지지호텔 20% 할인쿠폰 제공

- 연간 5회 지지호텔 20% 할인 쿠폰을 지급해 드립니다.
- 전국연회원 라운지 내 "지지호텔할인쿠폰"에서 발급받을 수 있습니다.
- 할인쿠폰의 유효기간은 발급 후 2개월입니다.

7. 전용 상담 전화 신설

전담 라인으로 대기 시간이 짧습니다.

"경매란 매듭풀기 게임"

지지옥션을 만나면 경매가 쉬워진다

지지옥션 회원은 권리분석이 난해한 경매물건도 쉽게 낙찰받습니다.

유치권을 비롯한 14종의 특수경매물건을 분석한 자료를 제공받기 때문입니다.

지지옥션 법무팀에서는 지금까지 5만여건의 특수물건을 매사건 수작업으로 심층분석하였습니다.

특수권리 분석 14종

① 유치권　② 법정지상권　③ 위반건축물　④ 재매각사건　⑤ 토지별도등기

⑥ 대항력있는임차인　⑦ 대지권미등기　⑧ 분묘기지권　⑨ 건물만입찰　⑩ 전세권

⑪ 가등기　⑫ 가처분　⑬ 임차권　⑭ 입찰외

 지지옥션
1588-0133 www.ggi.co.kr

이호중의

부동산경매 실전노트 Ⅲ

초판 1쇄	2016년 05월 27일

지은이	이호중
발행인	김재홍
디자인	박상아, 이슬기
교정·교열	김옥경
마케팅	이연실

발행처	도서출판 지식공감
등록번호	제396-2012-000018호
주소	경기도 고양시 일산동구 견달산로225번길 112
전화	02-3141-2700
팩스	02-322-3089
홈페이지	www.bookdaum.com

가격	14,000원
ISBN	979-11-5622-169-2 13320

CIP제어번호	CIP2016012253

이 도서의 국립중앙도서관 출판도서목록(CIP)은 서지정보유통지원시스템 홈페이지
(http://seoji.nl.go.kr)와 국가자료공동목록시스템(http://www.nl.go.kr/kolisnet)에서
이용하실 수 있습니다.